LA REINE AFRICAINE

Des mêmes auteurs

Ces abeilles qui nous guérissent, Lattès, 2001.
Les Remèdes de la ruche, Alpen, 2006.

www.editions-jclattes.fr

Roch Domerego
Christian Blanchard

LA REINE AFRICAINE

Roman

JC Lattès

17, rue Jacob 75006 Paris

ISBN : 978-2-7096-2481-7

1.

Il n’y a pas de fumée sans feu

En ce début d’été, dans la grande maison de pierre écrasée de chaleur, l’air conditionné n’était pas nécessaire pour se préserver de la fournaise ambiante. Les paysans qui l’avaient bâtie de leurs mains, quatre cents ans plus tôt, connaissaient leur affaire. Des moellons serrés les uns contre les autres sur une largeur de cinquante centimètres, des fenêtres à l’ouverture minimaliste, tel était le secret d’une bonne isolation, hiver comme été. Certes, à l’aube du troisième millénaire, les Parisiens, tendance retour à la terre, avides de vue panoramique format 16/9e, n’y auraient pas trouvé leur compte mais, à l’époque de sa construction, les hommes passaient bien assez de temps au grand air pour en être rassasiés quand ils regagnaient leur abri à la nuit tombée. De toute façon, les voisins étaient toujours trop curieux, et il ne fallait laisser à personne l’opportunité de jaser sur l’intimité du foyer. Chacun chez soi, et les secrets de famille seraient bien gardés.

Les quelques rayons de soleil, qui se glissaient à grand-peine à travers les fentes des volets de la salle à manger, dessinaient dans la pénombre des rais de lumière obliques au milieu desquels une armada de grains de poussière semblait en lévitation. Sans le tic-tac de la vieille horloge, on aurait pu croire que le temps s'était arrêté. Un raclement de gorge caverneux, suivi du claquement sourd d'un verre, étouffé par l'épaisse toile cirée qui protégeait la table, vint troubler le silence. Comme pour leur faire écho, l'horloge fit retentir un coup de gong sonore dont les vibrations parcoururent toute la pièce, entraînant le sautillement hystérique des particules de poussière. L'homme qui venait de provoquer ce séisme égoutta avec application les poils de son épaisse moustache grise avec le dos de la main, repoussa lourdement sa chaise, et se leva en s'appuyant à la table qui gémit sous l'effort en même temps que lui. Vêtu d'une combinaison qui avait été blanche autrefois, il devait avoir dépassé les quatre-vingts ans et se déplaçait légèrement voûté, comme s'il craignait que sa tête ne heurtât l'une des poutres de chêne sombre qui supportaient le plafond. Cela lui était probablement arrivé, autrefois, lorsqu'il était en mesure de déplier la totalité de sa puissante stature, mais le temps et la vie l'avaient doucement tassé, année après année, sans qu'il s'en aperçût, et personne ne l'avait informé qu'il ne risquait plus rien.

Il se dirigea vers la porte, dont il souleva le loquet métallique, et l'ouvrit lentement, pour atténuer le contraste qu'il s'apprêtait à encaisser de plein fouet. Malgré cette précaution, il dut baisser les paupières quelques secondes, le temps de s'habituer à la luminosité tranchante. Il avait toujours envié la capacité des chats à ouvrir et fermer leur iris en fonction de l'éclairage. Malgré le carillon péremptoire de la pendule, il jeta un bref coup d'œil vers le ciel, la main droite en visière, pour s'assurer de la position de l'astre solaire, et se mit en route en maugréant. Décidément, il ne s'habituerait jamais à ce fichu horaire d'été. *Deux heures d'avance sur le soleil ! Il faut toujours que les hommes imposent leur volonté à la Nature !* Pour lui, manger des tomates et de la salade verte toute l'année relevait déjà de l'absurde. Naguère, il y avait un temps pour chaque activité, et des produits pour chaque saison mais, depuis que l'homme, dans son infinie vanité, confondait la vie avec une compétition sportive – « Plus vite, plus fort, plus haut ! » – tout était devenu déraisonnable. Dans leur quête de manipulation, certains apprentis sorciers avaient même commencé à cloner des fleurs sous serre afin de faire butiner des bourdons toute l'année, espérant pouvoir appliquer par la suite la même méthode aux abeilles !... Dieu merci, il ne serait plus là pour assister à pareille hérésie.

Tout en ruminant ces pensées, qui l'énervaient d'autant plus qu'il les savait inutiles, le vieil homme arriva devant un long bâtiment crépi de rose, à l'évidence beaucoup plus récent que la ferme. Sous l'auvent de tuiles protégeant l'entrée, un chapeau de toile blanche, aux rebords desquels s'enroulait un voile sombre, était accroché à une patère. Il s'en empara, le posa avec soin sur sa tête, effectua quelques brefs mouvements rotatifs puis le couvre-chef trouva sa place exacte, comme encastré dans des encoches creusées de chaque côté du crâne dégarni. Près de la porte, sur une petite table adossée au mur, trônait un pot en fer-blanc qui ressemblait de prime abord à une grosse cafetière italienne s'il n'était corseté dans un treillis métallique muni d'un crochet à l'avant et d'un soufflet en guise de poignée à l'arrière. Le vieil homme en souleva le couvercle et jeta un bref coup d'œil à l'intérieur avant de le reposer à côté d'un exemplaire défraîchi de *La Dépêche du Midi*, édition d'Auch, dont il déchira la première page. Mû par la force de l'habitude, il parcourut machinalement les titres qui, comme toujours, lui soutirèrent un haussement d'épaules et un grommellement désabusé. Au quotidien, les nouvelles étaient rarement réjouissantes mais, passé leur date de consommation, elles donnaient un relief plutôt comique à l'agitation des hommes.

Il fit surgir dans sa main droite l'un de ces bons vieux Zippo à essence qui ne se laissent pas impressionner par les caprices du vent, alluma la torche de papier qu'il venait de confectionner et la plongea dans l'enfumoir. Dans une cagette posée sur la table, il préleva quelques petites boules de foin séché qu'il jeta dans le pot, avant de les tasser soigneusement à l'aide d'un long tournevis suspendu à un passant de sa combinaison. Il referma le couvercle, tout en actionnant doucement le soufflet entre le pouce et l'index de la main droite et regarda, satisfait, une belle fumée blanche s'échapper du bec de l'ustensile. L'enfumoir se balançait au bout de son bras à la manière d'un encensoir tandis qu'il se dirigeait vers les demeures de ses ouailles, d'un pas pesant mais assuré. Depuis toujours, ses pieds se posaient exactement aux mêmes endroits, sans jamais varier d'un centimètre.

L'effervescence qui faisait vibrer la planche d'envol des ruches, disséminées dans le pré en contrebas, évoquait le pont d'un porte-avions américain en pleine opération de bombardement sur l'Irak. Mais ici, les appareils décollaient à vide et revenaient lourds comme des Zeppelin, dans un ballet apparemment désordonné, où chacun accomplissait pourtant sa tâche avec une extrême précision.

Décollages fulgurants et atterrissages en rafales se succédaient à un rythme frénétique dans le bourdonnement intense des réacteurs surchauffés. Le travail est la religion des abeilles. Courageuses et prévoyantes, comme toutes les femelles de la Création, elles n'ont pas besoin de lire La Fontaine pour savoir que la bise reviendra et, lorsqu'elles dansent, ce n'est jamais par plaisir. Pour les humains, c'était l'heure de la sieste mais, chez elles, la vigilance restait indispensable, car leurs prédateurs sont nombreux, qu'il s'agisse d'oiseaux plongeant du ciel ou de lézards qui s'insinuent dans la ruche par la moindre fente. Elles doivent même se méfier des sérieux killers que sont les guêpes et les frelons, ces proches cousins dont elles se sont séparées au crétacé, il y a environ cent millions d'années, nul ne sait pour quelle obscure raison. Et puis, bien sûr, il y a tous les gourmands qui viennent se gaver de miel, sans aucun respect pour les fées du logis qui passent leurs journées à préparer ce divin nectar avec un soin maniaque du détail et un souci constant de l'hygiène. Une cohorte hétéroclite composée d'insectes qui, si minuscules soient-ils, n'en causent pas moins de terribles dégâts, et quelques mammifères dont les deux représentants les plus célèbres constituent un couple hautement improbable : l'ours et la souris.

Le premier, à cause de son gabarit et de son coup de patte dévastateur, est de loin le plus impressionnant, mais il constitue un danger bien moindre que la seconde. Même s'il a fait son retour depuis quelques années dans les Pyrénées, on ne l'a encore jamais vu quitter le contrefort douillet de ses montagnes, où il cause de gros soucis aux bergers – et surtout à leurs brebis –, pour les plaines de la campagne gersoise qui s'étirent à leurs pieds.

Arrivé devant la première ruche, l'apiculteur se pencha légèrement et entreprit d'enfumer l'entrée à coups de soufflet mesurés, puis posa sa drôle de cafetière sur le sol. Pour se mettre à l'abri de toute incursion intempestive, il abaissa le voile de son chapeau, avec autant de soin qu'une jeune mariée sur le point de pénétrer dans l'église. De loin, il ressemblait à un astronaute débarquant sur la lune, sa façon de se mouvoir avec lenteur accentuant l'impression d'apesanteur, et l'on n'aurait pas été surpris de voir ses deux pieds quitter le sol dans un nuage de poussière.

Après avoir enlevé la grosse pierre destinée à le lester, il retira le toit plat en tôle et l'appuya à l'arrière de la ruche. Au passage, il nota qu'il faudrait bientôt mettre un sérieux coup de débroussailleuse dans le pré. Les averses de la semaine passée, suivies de chaudes journées ensoleillées, avaient provoqué une croissance quasi tropicale des herbes folles. *Pourquoi les choses inutiles nous sont-elles données en abondance alors que l'indispensable se fait toujours désirer ?*

Encore une question que le vieil homme devrait poser à l'éventuel Créateur, même s'il avait compris que les réponses aux questions, qu'il croyait si urgentes lorsqu'il avait vingt ans, arriveraient bien assez tôt. L'approche de l'éternité confère une autre valeur à l'impatience. D'un geste de la main, il chassa cette sinistre perspective en même temps que trois ou quatre abeilles qui s'étaient posées sur le voile, juste devant ses yeux. Du bout des doigts, il décolla un coin du couvre-cadres qui faisait office de plafond et, tout en le soulevant progressivement, enfuma l'intérieur, toujours par petites pressions régulières, avant d'accrocher l'enfumoir sur le côté de la ruche. Lorsque la plaque de bois fut entièrement relevée, il lui donna deux coups secs sur la tranche afin d'en faire tomber les insectes qui y étaient encore cramponnés, puis la déposa à plat sur son chariot. Le bruissement des abeilles allait s'amplifiant. Leur demeure grande ouverte, plusieurs centaines d'entre elles remontaient des profondeurs malgré l'action répulsive de la fumée. Elles venaient tourner autour du visiteur, qu'elles reconnaissaient aussitôt, frôlant ses mains nues et s'y posant parfois l'espace de quelques secondes. À cet instant, une harmonie parfaite, toute de bruits, d'odeurs et de vibrations, s'établissait entre elles et le vieil homme, qui laissa son corps et son esprit s'emplir de cette infinie douceur en songeant que le Paradis, s'il existait, devrait ressembler à cet endroit.

Fouillant dans la poche de sa combinaison, il en tira une poignée à ressort aux fines mâchoires avec laquelle il pinça la bordure du cadre. Faisant levier avec le tournevis, il le sortit délicatement, en le maintenant bien à la verticale, de manière à ce qu'il ne vînt pas frotter contre la paroi de la ruche, ni contre le cadre voisin. Une fois qu'il l'eut complètement extrait, il s'empara d'une brosse à poils souples accrochée à sa ceinture, et en balaya doucement la surface, pour le débarrasser des abeilles qui grouillaient dessus, tout en les rassurant de sa voix chaude et profonde à l'accent chantant.

— Oui, mes belles. Je vous dérange… Mais il faut que je voie comment vous allez…

Le remplissage des alvéoles était très irrégulier, signe d'une mauvaise activité de ponte qui laissait mal augurer de l'avenir. Répétant les mêmes gestes minutieux, le vieil homme retira un à un les neuf cadres suivants, qu'il aligna ensuite sur le chariot. Chaque fois, hélas, ses craintes ne firent que se confirmer. L'examen terminé, il remit les cadres à leur place, avec sa délicatesse coutumière, les vaporisa d'un léger voile de fumée, reposa le couvre-cadres, puis le toit, et enfin la grosse pierre. Dans un soupir de lassitude, il empoigna le chariot auquel il avait accroché l'enfumoir, et le déplaça vers la ruche suivante.

Une heure plus tard, il terminait l'inspection minutieuse de la dixième colonie, dont l'état, tout aussi catastrophique que les précédentes, finit de l'accabler. Derrière le voile, de grosses gouttes de sueur ruisselaient sur son visage. Passant la langue sur ses lèvres, il reconnut le goût caractéristique du sel. Il était temps de remonter à la ferme pour se désaltérer et souffler un peu. Tout à coup, il lui sembla qu'un bourdonnement inhabituel se superposait au bruit familier, comme si les insectes avaient pénétré dans ses oreilles. Il secoua la tête pour chasser cette sensation désagréable, se pencha vers le chariot et attrapa le premier cadre de la rangée mais, au moment de se relever, fut interrompu par une douleur fulgurante qui lui comprimait la poitrine. En quelques secondes, elle irradia tout son bras gauche tandis qu'un étau enserrait sa gorge. Il lâcha le cadre, qui tomba sur le chariot, et releva son voile pour dissiper le brouillard qui surgissait devant ses yeux, mais le paysage restait obstinément flou. *Il faut refermer !* C'est la seule pensée qui lui vint à l'esprit alors que ses jambes se dérobaient. Il tenta de s'appuyer à la ruche, mais sa main gauche était incontrôlable et, au moment où elle agrippa le rebord, le sol s'ouvrit sous ses pieds. Il partit à la renverse, entraînant l'énorme cube de bois dans sa chute. Des milliers d'abeilles affolées en jaillirent aussitôt. Couché sur le dos, le vieil homme retrouva un peu de sa lucidité.

Le vrombissement des insectes occupait maintenant tout l'espace. Elles tourbillonnaient au-dessus de lui par grappes entières. Certaines venaient se poser sur son visage, mais aucune ne le piquait, comme si elles savaient qu'il n'était pas vraiment responsable de ce désastre. Il leur demanda pardon de tout son cœur, mais son cœur était en train de l'abandonner. Une odeur âcre de fumée envahit ses narines. *L'enfumoir ! Où est l'enfumoir ?* Il devait absolument se relever, mais le poids qui pesait sur sa cage thoracique ne cessait d'augmenter. En un éclair, il revit cette émission de télévision au cours de laquelle, pour battre un record inutile et stupide, on posait sur la poitrine d'un homme allongé au sol une large planche de bois chargée d'une quantité phénoménale de parpaings. La douleur gagnait en intensité et l'étouffait inexorablement. À travers le nuage d'abeilles, il aperçut des morceaux de ciel bleu que la chaleur intense colorait de blanc. Le soleil, aveuglant, était au zénith. Il savait que ceux qui le trouveraient déclareraient bêtement : « Heure du décès - 14 heures », mais leur pardonnait par avance. Ils ne connaissaient rien à la Nature. Une dernière question lui traversa l'esprit, ajoutant à sa souffrance. Qui allait prendre soin de ses chères abeilles ?

Juste derrière lui, le contenu brûlant de l'enfumoir s'était répandu dans les herbes sèches qui se mirent à grésiller avant de s'enflammer brutalement. Très vite, les parois de la ruche renversée s'embrasèrent dans une symphonie de craquements détonants, propulsant des flammèches de tous les côtés. Une multitude de foyers se déclenchèrent simultanément.

Plus rien ne pouvait arrêter l'incendie qui prenait de l'ampleur à chaque seconde, se nourrissant avidement de tout ce qu'il trouvait sur son chemin. Une énorme colonne de fumée, visible à plusieurs kilomètres à la ronde, s'élevait maintenant au-dessus du pré. Dans le lointain retentit la sirène qui appelait les pompiers volontaires à rejoindre toutes affaires cessantes la caserne du village.

Rien ne sert de courir… Les quarante ruches prirent feu l'une après l'autre, libérant dans les airs des millions d'abeilles éperdues qui emportaient avec elles l'âme de l'apiculteur.

2.

Premiers pas

Dans le wagon archi-bondé, Lara était au bord de la suffocation. Même avec le temps, la jeune femme ne s'était pas accoutumée à l'atmosphère confinée du métro parisien aux heures de pointe. Certes, dans les rames surpeuplées, le cocktail des eaux de toilette, parfums, after-shave, laques et déodorants aux fragrances multiples était moins écœurant que les remugles de sueur rance du retour vespéral, mais il agressait tout autant son odorat, habitué à détecter les senteurs aux nuances autrement plus subtiles des collines de la Drôme qui l'avaient vu grandir. Elle ne s'était jamais habituée non plus à cette indifférence silencieuse et glaciale de la foule, ni à ce sentiment de solitude collective distillé par les regards fuyants, l'absence de sourire, les pieds qu'on écrase et les corps qu'on bouscule sans un mot d'excuse.

Il y avait aussi ces hommes qui profitaient parfois de la situation pour se coller à elle plus que l'affluence ne le justifiait. Pas de geste vraiment obscène qui pût entraîner une protestation de sa part, mais une pression insidieuse de la cuisse ou du bassin, qui la mettait terriblement mal à l'aise. Piégée dans cette atmosphère confinée, que sa petite taille rendait encore plus étouffante, elle repensait à l'histoire que lui avait si souvent contée sa grand-mère maternelle.

Après des années d'insistance, celle-ci était un jour parvenue à convaincre son mari de l'emmener visiter Paris. À près de soixante-dix ans, ce dernier n'avait fait que traverser la capitale ; une première fois, de la gare de Lyon à la gare de l'Est, dans l'allégresse de l'été 1914, à bord d'un autobus chargé de jeunes gens aussi gais et insouciants que lui ; une seconde fois tout seul, à pied, dans la grisaille de novembre 1918, de la gare de l'Est à la gare de Lyon. Ces quatre années de voyage immobile au cœur de la peur, la saleté, la souffrance et la mort, dont il était par miracle sorti indemne, physiquement du moins, lui avaient ôté à tout jamais le goût de l'inconnu. À son retour, il s'était juré de ne plus quitter Die, sa ville natale, et avait tenu parole, jusqu'à ce matin de l'automne 1956, où il entra pour la première fois dans un wagon de métro. En paysan habitué aux traditions simples et cordiales de sa campagne, il porta la main à son chapeau de feutre noir et lança à la cantonade, d'une voix sonore et légèrement chantante : « Messieurs-dames, bonjour ! »

Un sentiment d'incrédulité traversa la foule, suivi de quelques sourires crispés, puis le silence reprit ses droits, plus pesant encore après cette interruption saugrenue. Il fallut des années à la grand-mère de Lara, qui, à ce moment précis, aurait voulu disparaître dans un trou de souris, pour rire de son embarras. Elle avait compris que la spontanéité de son mari était une qualité précieuse que certains des voyageurs présents ce jour-là lui avaient enviée en secret.

Quand les portes coulissantes s'ouvrirent à la station où elle descendait, Lara n'eut quasiment pas besoin de marcher pour quitter la rame. Il lui suffisait de se laisser porter par le flot impatient des voyageurs qui se ruaient sur le quai. *C'est vraiment une ville de fous !* se répéta-t-elle, comme souvent, tandis qu'elle montait les escaliers derrière un mur de têtes baissées évoquant les images angoissantes du *Metropolis* de Fritz Lang.

Une petite boule au creux du ventre lui rappela que c'était son premier jour de stage à la Brigade criminelle. Elle éprouvait exactement les mêmes émotions que lors de son entrée en maternelle : une impatience fébrile mêlée d'une sourde inquiétude. Lorsqu'elle avait obtenu son bac, avec mention Très bien, huit ans auparavant, ses parents avaient décidé de louer un studio à Paris afin qu'elle y poursuivît ses études : une licence en Droit pour commencer, puis un DESS de Psychologie, qu'elle avait l'intention de prolonger jusqu'au doctorat. Elle voulait être « psycho-crimino-analyste », selon la terminologie en vigueur, puisque le métier de *profiler* n'existait pas officiellement en France.

Arrivée devant la vénérable bâtisse du quai des Orfèvres, elle s'y engouffra comme on saute à l'élastique. Après avoir montré patte blanche à l'accueil, elle monta l'escalier jusqu'au premier étage, où elle fut reçue par une secrétaire qui l'examina d'un œil inquisiteur avant de décrocher le téléphone.

— Oui, Minouche ! répondit son patron d'une voix tellement forte que Lara l'entendit aussi distinctement que si l'écouteur était collé à sa propre oreille.

La secrétaire se prénommait Michèle mais, même si ce surnom était devenu un peu ridicule avec l'âge, celle-ci ne s'était jamais résolue à l'abandonner.

— La stagiaire est là, monsieur le commissaire.

— Qui ça ?

Lara ne savait pas si la secrétaire gardait l'écouteur à bonne distance pour préserver son tympan, ou si elle prenait un malin plaisir à la mettre mal à l'aise en lui montrant le peu de cas qu'on faisait de son arrivée. Si tel était le but, c'était plutôt réussi.

— La stagiaire, répéta Minouche d'un ton agacé, histoire de montrer qu'elle ne s'en laissait pas conter.

Silence à l'autre bout du fil.

— Ah, oui ! J'arrive !

Dix secondes plus tard, la porte s'ouvrait à la volée. Un homme d'une cinquantaine d'années, trapu, le visage légèrement hâlé, le crâne dégarni, surgit dans le bureau en enfilant à la hâte une veste défraîchie.

— Commissaire Yvon Kermadec. Bienvenue à bord.

Ses origines bretonnes transparaissaient même dans son langage. La jeune femme le regarda droit dans les yeux avec une intensité qui le frappa.

— Lara Varani. Ravie de faire votre connaissance.

Tandis que sa large main se refermait sur celle de la stagiaire, l'homme nota la beauté de ses yeux en amande et sa chevelure noire ébouriffée au-dessus d'un visage gracile qui lui donnait l'air d'un petit oiseau espiègle.

— Suivez-moi.

En haut de l'escalier, ils furent rejoints par deux lieutenants de police auxquels le commissaire la présenta rapidement. Le premier lui serra la main avec une chaleur non feinte.

— Franck Leblond.

Un authentique rocker, songea la jeune femme amusée, à la vue des Santiags fatiguées, du Perfecto râpé et de la banane affligée d'une calvitie précoce. Ne manquait que le pantalon de cuir pour compléter la panoplie. Le second la salua d'un bref signe de tête, tout en ajustant ses fines lunettes sur un visage aux traits anguleux que soulignaient des cheveux soigneusement tirés vers l'arrière en une longue queue-de-cheval.

— Marc Dacos.

Tandis que Lara emboîtait le pas aux trois hommes qui descendaient l'escalier au pas de course, le commissaire lui expliqua par-dessus son épaule.

— Pour vos débuts, on peut dire que vous avez de la chance, mademoiselle Varani. Vous allez assister aux premières constatations d'un meurtre.

Lara sentit la boule de trac envahir son ventre et ses jambes se ramollir brutalement. Cinq minutes plus tard, elle était assise à côté du commissaire, à l'arrière d'une Laguna bleu marine fonçant dans les rues de Paris, sirène hurlante et gyrophare en action. Marc, qui faisait office de chauffeur, slalomait entre les voitures avec l'aisance d'un pilote de rallye, calculant sa trajectoire au millimètre à travers les embouteillages matinaux. Cramponnée à la poignée, ballottée de gauche à droite et d'avant en arrière au gré des coups de volant, des accélérations et freinages brutaux, Lara n'était pas sûre d'avoir gagné au change par rapport au métro. Son petit déjeuner encore moins. Mais elle se sentait gagnée par un sentiment d'excitation qui allait grandissant. Imperturbable, le commissaire prit la parole.

— Nous allons porte de Bagnolet. Une femme d'une trentaine d'années a été assassinée, et probablement violée, dans le parking souterrain de son immeuble. C'est la gardienne qui l'a découverte ce matin.

— Vous croyez que c'est le *serial cutter* ? demanda Franck sans se retourner.

— Apparemment, le crime porte sa signature.

— Le *serial cutter* ? parvint à articuler Lara, l'air perplexe.

— L'homme qui sévit dans la banlieue Est depuis deux ans. Cinq viols, cinq meurtres. Pas de traces, pas d'empreintes, pas de témoins, résuma Kermadec.

— J'ai suivi l'affaire dans les journaux, mais je n'ai jamais vu ce surnom.

— C'est normal. Nous ne l'avons pas communiqué à la presse, précisa le commissaire. Question de prudence. Mieux vaut ne pas inspirer un autre tueur en puissance.

La jeune femme n'insista pas. Durant le reste du trajet, aucun des trois hommes ne prononça un mot, mais tous avaient la même pensée. Un meurtre supplémentaire, dans ce genre d'affaire, c'est à la fois un constat d'échec et une nouvelle chance pour l'enquête. L'assassin avait peut-être enfin laissé un indice. Lara, quant à elle, essayait de se rappeler tout ce qu'elle avait lu à propos de ces crimes. Une façon de lutter contre l'angoisse qui s'insinuait dans son esprit. Elle croyait pourtant s'être suffisamment préparée à ce genre de situation.

Le seul cadavre qu'elle avait vu jusque-là, c'était celui de son grand-père, mort de vieillesse en 1980, juste avant son quatre-vingt-dixième anniversaire. Selon la tradition, il reposait dans sa chambre, où famille et amis venaient se recueillir dans un chuchotement respectueux. Âgée de cinq ans, Lara n'avait pas le droit de pénétrer dans la pièce mais, comme tous les enfants, voulait absolument approcher ce que les adultes lui interdisaient.

À la fin du dîner familial, les femmes se levèrent pour débarrasser la table et faire la vaisselle, tandis que les hommes allumaient une cigarette et s'éloignaient nonchalamment du lieu des hostilités en échangeant des considérations de la plus haute importance sur l'avenir du football français. Lara profita de ce moment de confusion pour gravir l'escalier et se glisser dans la chambre, en prenant bien soin de ne pas faire grincer la porte. Elle marqua un temps d'arrêt, le cœur battant. Les flammes des bougies faisaient danser des ombres inquiétantes sur les murs. Handicapée par sa taille, la fillette n'avait qu'une vision partielle du vieil homme allongé sur son lit, un de ces majestueux vaisseaux de bois sombre, presque aussi haut qu'elle. Avec mille précautions, elle fit glisser une chaise jusqu'au pied du lit et entreprit de l'escalader afin de pouvoir contempler la scène à loisir. Son chapeau noir posé sur sa poitrine, juste au-dessus de ses mains croisées, l'aïeul semblait dormir paisiblement. Il portait un beau costume bleu marine à fines rayures blanches, réservé aux grandes occasions, qu'elle n'avait vu qu'une fois, un jour où sa grand-mère garnissait l'armoire de boules de naphtaline toutes neuves. D'ailleurs, elle en reconnaissait l'odeur entêtante, qui flottait dans la chambre, mêlée au parfum âcre de la cire. Mais surtout, ce qui la frappa, c'est que le grand-père avait gardé ses chaussures. Choquée par ce sacrilège, la petite se souleva sur la pointe des pieds, se pencha par-dessus le montant du lit et tendit la main pour défaire les lacets des gros souliers vernis.

Contrainte de s'étirer au maximum, elle sentit tout à coup que son corps dépassait le point d'équilibre et basculait vers l'avant. D'un coup de rein désespéré, elle réussit à se rejeter en arrière, mais ses pieds se reposèrent trop près du bord de la chaise, qui se déroba sur le parquet impeccablement ciré et piqua du nez, entraînant l'enfant dans sa chute. À l'étage en dessous, le vacarme fit sursauter les membres de la famille et coûta la vie à l'une des assiettes du service en porcelaine de Limoges qui avait pourtant survécu aux bombardements alliés de

1944. Pétrifiés, ils se regardèrent avec effroi, jusqu'à ce que les pleurs de Lara leur fissent comprendre que l'ancêtre n'était pas soudainement revenu de l'au-delà, porté par l'une de ses colères légendaires. Une dent de lait en moins et une énorme bosse sur le front constituèrent l'événement majeur des obsèques du lendemain, la fillette contribuant ainsi, bien malgré elle, à atténuer le chagrin ambiant et à fabriquer un souvenir tragi-comique impérissable qu'on se racontait avec force détails et grands éclats de rire à chaque réunion familiale depuis plus de vingt ans.

Lorsqu'ils parvinrent à destination, un groupe de badauds, tenus à distance par les forces de l'ordre, se pressait au pied de l'immeuble. Des photographes et des cameramen braquèrent leurs objectifs vers eux. Marc éteignit le gyrophare et coupa la sirène.

— Les charognards sont toujours là, commenta Franck d'un ton grinçant.

La foule s'écarta devant le véhicule. Un gardien de la paix, posté à l'entrée du parking, porta la main à sa casquette et leur laissa le passage. La Renault plongea dans l'obscurité. Lara sentit les battements de son cœur s'accélérer. Après une brève descente, la voiture s'immobilisa au milieu de l'allée. Marc serra le frein à main et jaillit de la voiture. Kermadec et Franck l'imitèrent. Lara les suivit avec un temps de retard. Au fond du parking éclairé par un puissant projecteur, deux hommes en combinaison blanche, masqués et gantés, s'affairaient autour d'une Mercedes, tandis qu'un troisième examinait la banquette arrière avec minutie. À distance respectueuse, quatre policiers en uniforme les regardaient travailler en silence. Le cerveau de la jeune femme enregistra machinalement la scène vue tant de fois au cinéma. Les flashes de l'appareil photo, les petits sacs de plastique transparent où l'on glisse le moindre objet trouvé sur les lieux, le pinceau destiné à relever les empreintes.

La porte arrière gauche aux trois quarts ouverte, la berline allemande était garée le nez contre le mur, à la dernière place de la rangée de droite. Un adjudant-chef vint à leur rencontre. Alerté par les voix, l'homme penché à l'intérieur se releva, les examina un instant et se dirigea vers eux à son tour. Avec un frisson, Lara nota les traces rouges sur ses mains gantées qu'il s'abstint de tendre au commissaire.

— Salut, doc, dit ce dernier. Alors ?

— Selon toute vraisemblance, c'est lui. Ou alors, c'est bien imité.

— Vous avez l'heure du décès ?

— Entre une et deux heures du matin. Je serai plus précis après l'autopsie. Comme d'habitude.

— Je peux y aller ?

— Bien sûr. Je vais en profiter pour en griller une petite.

Tandis que le légiste enlevait ses gants et plongeait la main dans la poche de son pantalon, Kermadec s'avança vers la Mercedes, suivi de ses hommes. À tour de rôle, chacun plongea la tête dans l'habitacle. Après un long conciliabule, les deux lieutenants revinrent vers Lara.

— Accrochez-vous, lui lança Franck à voix basse.

La jeune femme prit une profonde inspiration et s'approcha lentement en tentant de maîtriser son émotion. Appuyé au montant de la portière, un sourire engageant aux lèvres, le commissaire ressemblait à l'un de ces chasseurs guettant le gogo devant les boîtes à strip-tease glauques de Pigalle. Lorsqu'elle contourna le coffre de la voiture, la première chose qu'aperçut Lara, c'était une paire de pieds, dont l'un avait perdu sa chaussure. *C'est curieux, l'importance que les pieds prennent chez un mort, alors que c'est la dernière chose que l'on remarque chez les vivants.*

Deux pas de plus, et ses yeux remontèrent le long des jambes gainées d'un collant déchiqueté à l'entrejambe, dont les lambeaux ensanglantés se mélangeaient à ceux de la petite culotte parme, dérisoire rempart de l'intimité violentée. Une profonde entaille verticale ouvrait le ventre de la victime en deux, depuis le haut du vagin jusqu'au nombril ! Le regard horrifié de Lara continua sa macabre exploration et s'arrêta sur le cou béant de l'inconnue aux longs cheveux bruns, les yeux grands ouverts sur le néant, la bouche tordue en un affreux rictus. Le sang avait giclé de la carotide tranchée net et formait une pellicule encore gluante sur la banquette en cuir, tandis que le tapis de sol finissait d'absorber la grande flaque liquide qui, en séchant, constituait une croûte brun foncé.

— Maintenant, vous comprenez pourquoi nous l'avons surnommé le *serial cutter*, commenta le commissaire d'un ton neutre.

Mais la jeune femme était incapable de répondre. Ses narines venaient de capter l'horrible odeur qui émanait du cadavre. Mû par un réflexe de défense, son estomac se contracta et propulsa une boule acide dans son œsophage. Elle se détourna brusquement et courut se réfugier entre deux voitures auxquelles elle s'accrocha désespérément, tout en déversant l'intégralité de son petit déjeuner sur le sol en béton. Lorsqu'elle releva la tête, haletante, Kermadec se tenait à côté d'elle, un mouchoir en papier à la main.

— Comme je vous l'ai déjà dit : bienvenue à bord !

— Excusez-moi. Je me suis couverte de ridicule, murmura Lara, après s'être essuyé la bouche avec application.

— Ne vous inquiétez pas. Tout le monde est passé par là… Sauf Dacos, mais c'est un cas à part. La première fois, Leblond s'est même évanoui.

— Vous essayez de me rassurer ? trouva-t-elle la force de plaisanter.

Kermadec porta l'index devant ses lèvres pour lui intimer le silence.

Franck arrivait près d'eux, une petite bouteille d'eau minérale à la main. Lara avala une gorgée d'eau, qu'elle garda quelques secondes dans la bouche avant de se retourner pour la recracher derrière elle.

— Désolée. Ce n'est pas très élégant…

Le commissaire émit un sourire indulgent. Elle reprit :

— Toutes les victimes ont été mutilées de la même façon ?

— Rigoureusement identique.

— Je comprends que
parlé. C'est horrible.

— En matière de sadisme, l
humaine est sans limites. On ne vous l'a pas
à la fac ?

— Si, mais ce n'était que des mots. La réalité est beaucoup plus violente.

— Maintenant, vous savez si vous êtes vraiment faite pour ce métier.

Comme examen d'entrée, on ne faisait pas mieux.

— Excusez-moi, commissaire, les interrompit l'adjudant-chef. On vient de m'informer qu'un locataire de l'immeuble demande à vous parler. Il vous attend dans l'entrée de l'immeuble.

— Allons-y.

Le petit groupe se dirigea d'un pas rapide vers l'autre extrémité du parking. L'ascenseur se trouvait au bout d'un étroit couloir en L barré de deux portes coupe-feu.

— Je monte à pied, dit Marc en ouvrant la porte de l'escalier.

— Moi aussi, ajouta Lara, trop heureuse d'échapper à l'atmosphère oppressante du sous-sol.

Quelques secondes plus tard, ils se retrouvaient au rez-de-chaussée, où un vieil homme très digne, en robe de chambre vert bouteille, discutait avec un policier. Le commissaire fonça droit sur lui.

— Bonjour, cher monsieur. Il paraît que vous avez des informations à nous communiquer ?

— C'est-à-dire que… J'ai vu des choses, cette nuit…

Kermadec le coupa.

— Un instant. Nous allons nous installer au calme. La gardienne est là ? demanda-t-il au policier.

— Oui. Mais je crois qu'elle se repose. La découverte du corps l'a traumatisée. Quand nous sommes arrivés, elle était en pleine crise de nerfs. Il a fallu appeler un toubib.

Le commissaire frappa deux coups légers à la porte et, sans attendre de réponse, abaissa doucement la poignée. Le médecin, qui était en train de refermer sa sacoche, le regarda entrer dans la loge avec un air de réprobation.

— Commissaire Yvon Kermadec. Comment va votre patiente, docteur ?

Celui-ci changea aussitôt d'attitude.

— Aussi bien que possible après un choc pareil. Je lui ai injecté un calmant. Elle va dormir plusieurs heures. Je reviendrai en fin d'après-midi.

— Parfait, dit le commissaire, qui fit un signe de la main au petit groupe massé devant la porte.

Après avoir laissé sortir le docteur, tous pénétrèrent dans la pièce en file indienne. Kermadec passa derrière la table en formica jaune, tira une chaise et en désigna une au témoin, qui s'assit en face de lui. Marc sortit un calepin de sa poche et s'installa dans un fauteuil bordeaux aux accoudoirs garnis de napperons de dentelle blanche. Franck et Lara optèrent pour le canapé assorti.

Le commissaire posa les avant-bras sur la table, croisa les mains et lança la question rituelle.

— Donc, vous êtes monsieur… ?

L'homme eut un geste instinctif de recul, mais le dossier rigide de sa chaise lui interdisait toute retraite.

— Bernaud. Jean-Paul. Professeur de français à la retraite. J'habite au cinquième étage. L'appartement juste en face de Mme Welanski... Je n'arrive pas à croire qu'elle soit morte...

— Si vous nous disiez précisément ce que vous avez vu, monsieur Bernaud ?

— Oui, voilà... Hier soir, vers minuit et demi, après avoir regardé la télévision, j'ai descendu mon chien, Teddy.

— Quelle race ?

— Pardon ?

— Quelle race, votre chien ?

— Un épagneul breton, pourquoi ?

— Simple curiosité. Excellent chien, cela dit.

Interloquée, Lara regarda Franck et Marc, qui ne manifestaient aucune surprise.

— C'est mon seul compagnon. Je suis veuf depuis plus de douze ans.

— Je comprends.

— Nous avons fait le tour du pâté de maisons, comme d'habitude et, en arrivant au coin de la rue, j'ai reconnu la Mercedes de Mme Welanski, arrêtée devant la porte du parking.

— Vous avez pu voir si elle était seule ?

— Oui. Elle avait allumé le plafonnier, probablement pour prendre la télécommande. Elle est divorcée, vous savez... Enfin, était...

— Des enfants ?

— Un fils de cinq ans qui habite une semaine chez elle, et une semaine chez son père.

Kermadec fit la grimace. Un meurtre ne se résumait jamais à la perte d'une vie. Il occasionnait toujours de terribles dommages collatéraux, comme disent les militaires avec un joli sens de l'euphémisme. Leurs conseillers en communication ont beau jouer avec les mots, la guerre sera toujours plus proche de la boucherie que de la chirurgie.

— Continuez, je vous prie.

— Ce qui m'a surpris, c'est qu'une moto a stoppé juste derrière elle, et s'est engagée à sa suite dans la descente.

— En quoi était-ce surprenant ?

— Il n'y a qu'un seul locataire qui possède une moto dans l'immeuble, et ce n'était pas lui.

— Vous en êtes sûr ?

— On n'est pas entièrement gâteux à soixante-douze ans, vous savez ! Et je suis très observateur.

— Ce n'est pas ce que je voulais dire. Ensuite ?

— J'ai pensé que c'était un ami à elle, et j'ai attendu un peu avant de prendre l'ascenseur, histoire de voir sa tête. La curiosité, vous savez…

— C'est tout naturel.

— Comme personne ne se manifestait, nous sommes remontés.

— Nous ?

— Teddy et moi.

— Ah, oui.

— J'ai regardé plusieurs fois à travers l'œilleton. L'ascenseur ne bougeait pas. J'ai trouvé ça un peu curieux, parce que Mme Welanski ne me semblait pas du genre à faire… disons… des galipettes dans le parking. Environ vingt minutes plus tard, j'ai entendu le hurlement de la moto qui s'en allait plein gaz. Il a dû réveiller tout le quartier ! Et puis, ce matin, c'étaient les sirènes de police…

— Vous avez noté la couleur de l'engin ?

— Rouge et blanc.

— Bien entendu, le pilote portait un casque intégral ?

— Oui. Avec les mêmes couleurs.

Kermadec haussa les épaules.

Le retraité continua :

— Quand la moto est passée à ma hauteur, j'ai noté la fin de sa plaque minéralogique… SS 44.

Kermadec se retint pour ne pas décoller de son siège.

— Vous êtes formel ?

— Avez-vous entendu parler d'Oradour-sur-Glane, commissaire ?

— Évidemment. C'est la petite ville de la Haute-Vienne dont la population a été massacrée par les SS de la division *Das Reich* en juin 1944.

— Croyez-vous que les gens de notre génération peuvent oublier un tel symbole de monstruosité ?

— Certainement pas.

Le commissaire se leva et lui tendit la main.

— Merci beaucoup, monsieur Bernaud. Votre témoignage va nous être précieux. Vous voudrez bien passer dans nos locaux le plus tôt possible afin que nous enregistrions votre déposition.

Le vieil homme se racla la gorge, hésita un instant.

— Je peux vous poser une question ?

— Bien sûr.

— Croyez-vous que, si j'étais descendu dans le parking au lieu de rentrer chez moi, j'aurais pu faire quelque chose pour Mme Welanski ? demanda-t-il d'une voix qui étrangla les derniers mots.

Ses yeux embués fixaient Kermadec d'un air désespéré. Celui-ci soutint son regard sans ciller.

— Vous venez de faire beaucoup, monsieur Bernaud, croyez-moi. Pour elle, et pour les autres.

3.

Mauvaise rencontre

— Tu es déjà debout, chéri ?

Éblouie par la lumière qui ricochait sur les meubles d'aluminium soigneusement astiqués, la femme brune à la quarantaine épanouie qui venait d'entrer dans la somptueuse cuisine américaine cligna des yeux. Son visage, qui portait encore les marques de l'oreiller, sa chevelure ébouriffée, sa démarche paresseuse et son élocution hésitante témoignaient qu'elle venait juste de quitter son lit, visiblement à contrecœur. Accoudé à l'immense table en plexiglas, un grand verre de jus d'orange à la main, son mari la regarda s'approcher avec un sourire intéressé.

— Stop ! Ne bouge plus !

— Quoi ? Qu'est-ce qui se passe ? s'écria-t-elle, soudain immobile, en scrutant le carrelage autour de ses pieds.

— Magnifique, lui répondit-il avec un sourire,

sans la quitter des yeux. On se croirait au Crazy Horse : « *Laurence sans défense* »...

La silhouette de son épouse était barrée, juste au-dessus de la taille, par un trait horizontal qui laissait la partie supérieure de son corps dans l'ombre tandis que la moitié inférieure était inondée de soleil. Le fin tissu gris perle de la nuisette ne résistait pas à la puissance de cet éclairage qui la rendait aussi transparente qu'un voile et offrait une vue détaillée sur l'intimité de la femme. Face au regard suggestif de son mari, celle-ci réalisa vite l'érotisme de la situation. Elle fit quelques pas, jusqu'à ce que la lumière éclaire ses seins dont les pointes se dressèrent lentement.

— Et comme ça ? ronronna-t-elle, en passant la main dans ses cheveux, ce qui eut pour effet de hisser le bas de la nuisette au ras de son sexe bombé.

— Torride, confirma l'homme, avant d'avaler le contenu de son verre d'un seul trait.

— Je vois que le spectacle te fait de l'effet, dit-elle, d'un air gourmand.

Avec un soupir de regret, son mari se leva pour l'embrasser.

— Désolé, chérie, mais Spengler m'attend. On remet ça à plus tard. Tu veux bien ?

On aurait dit qu'il venait de jeter un seau d'eau froide sur une chatte en chaleur ! Toutes griffes dehors, Laurence le repoussa et se mit en position d'attaque.

— Tu te fous de moi, Vincent ? Hier, j'ai passé une interminable soirée télé-commandée pendant que tu t'éclatais dans un dîner d'affaires, et aujourd'hui, dimanche, tu vas faire du vélo avec ton cher patron que tu vois douze heures par jour, quasiment six jours par semaine !

L'homme pointa les deux index vers elle pour appuyer son argumentation.

— Puis-je te rappeler qu'en tant que bras droit du directeur administratif et financier, il est normal que j'entretienne de bonnes relations avec lui ? N'oublie pas que nous dirigeons un groupe de vingt mille personnes. C'est justement à cause de ces dîners que je dois faire du sport. Sinon, dans dix ans, je suis bon pour le triple pontage coronarien !

— C'est vrai. Il faut que tu sois en forme… Pour travailler, puisque ce n'est pas pour t'occuper de moi… Je devrais pourtant savoir que la libido masculine décline très vite après quarante ans. C'est dans tous les magazines féminins. Et j'ai le temps de les lire, crois-moi. De la première à la dernière page.

D'un mouvement brusque, elle tourna les talons, ce qui permit à Vincent d'admirer le spectacle hautement excitant de ses fesses un peu lourdes qui se balançaient furieusement, avant de disparaître dans l'ombre.

Vincent se leva et jeta un coup d'œil à sa montre avec une grimace.

S'il essayait de se faire pardonner, c'était parti pour une discussion sans fin. À moins qu'il ne finît par lui sauter dessus pour lui prouver : un, qu'elle était encore désirable ; deux, que sa virilité n'était pas en berne. Dans tous les cas, il serait en retard et Denis Spengler, lui, était toujours à l'heure. Il faut dire que son patron avait du temps à revendre depuis que sa femme l'avait sèchement plaqué, deux ans auparavant, pour sa meilleure amie, une décoratrice d'intérieur, avec qui elle était partie une semaine en thalassothérapie à Agadir afin de « se ressourcer ». Comble de l'ironie, c'est lui qui avait eu l'idée de ce cadeau. Les hommes pressés ont tous la même façon matérialiste de compenser leur absence. Le temps, c'est de l'argent, mais l'inverse n'est pas vrai.

Depuis ce coup du sort, comme « il faut bien que le corps exulte », selon l'élégante formule de Jacques Brel, Spengler faisait appel à des professionnelles. Un mot qu'il n'employait jamais, au demeurant. Il préférait dire *escort girls* – étudiantes désireuses d'arrondir leurs fins de mois, ou bourgeoises en mal de sensations fortes – des occasionnelles à mille euros la nuit avec lesquelles il n'était pas obligé de perdre du temps en sentimentalisme inutile. *Business is business*. Désormais, c'était sa règle de vie dans tous les domaines.

Une demi-heure plus tard, les deux hommes pédalaient côte à côte dans la forêt de Soignes qui s'étend en bordure d'Uccle, commune résidentielle de Bruxelles où somptueuses maisons et petits immeubles bourgeois cohabitent harmonieusement dans la verdure. Juchés sur de superbes engins en fibre de carbone, à cinq mille euros pièce, qu'ils changeaient tous les deux ans, comme leur voiture, afin de rester à la pointe de la frime technologique, ils se montraient en revanche très sobres au plan vestimentaire – sweat-shirts et k-ways gris et noirs – parfaitement conscients que les maillots bariolés étaient désormais réservés à plus jeunes et plus minces qu'eux. Ils n'étaient pas vraiment obèses, mais les années passées dans les fauteuils directoriaux avaient fini par enrober sournoisement les abdominaux de leur jeunesse, transformant les plaquettes de chocolat en une mousse beaucoup moins appétissante. Malgré les risques encourus, ils avaient tous deux banni le port du casque, chacun pour une raison différente. Atteint d'une calvitie très avancée, qui soulignait sa supériorité hiérarchique, Spengler avait choisi de laisser le vent caresser ce qui lui restait de cheveux. Quant à Vincent, il craignait que la prudence ne fût l'un des premiers signes de la vieillesse.

Le fond de l'air était encore frais, malgré les rayons de soleil qui se faufilaient à travers le feuillage ; pourtant, les deux hommes étaient déjà en sueur.

Il faut dire que, sous cette futaie vieille de plusieurs siècles, le plat pays ne méritait pas vraiment son appellation. Les chemins qu'ils empruntaient dessinaient une succession de montées et de descentes périlleuses qui demandaient des jambes solides et une adresse certaine dans le maniement du guidon. Il fallait se jouer du tapis instable de feuilles humides et des ornières de boue engendrées par un arrosage fréquent dans la région, ainsi que des souches rases et des racines tentaculaires dans lesquelles les roues avant montraient une dangereuse propension à s'encastrer brutalement. Quand le passage se faisait trop étroit, ils appuyaient un peu plus fort sur les pédales, chacun cherchant à prendre la tête pour affirmer sa primauté. Le sport, quel qu'il soit, repose en grande partie sur cet instinct primaire de l'affrontement, destiné à sélectionner le mâle qui dominera la meute et fécondera les femelles. Même avec des règles, des arbitres et, éventuellement, du fair-play, c'est toujours un concours de testostérone.

Après une bonne demi-heure de ce duel, « viril mais correct », comme disent les commentateurs sportifs, les deux hommes mirent pied à terre pour s'accorder une petite pause. Ils appuyèrent les vélos contre un arbre et, sans se concerter, décidèrent de soulager leur vessie malmenée par les secousses du parcours.

Après les quelques secondes de silence qui précèdent le relâchement des sphincters, deux jets puissants s'abattirent sur les feuilles mortes dans un harmonieux bruit de fontaine attestant du bon fonctionnement des prostates.

— Dire qu'on fait toute une histoire avec le Manneken Pis et son petit machin ! rigola Spengler.

— Tu es jaloux parce que personne ne te prend en photo ! répliqua Vincent en se rajustant.

Spengler l'imita et le suivit vers les vélos, où ils s'emparèrent de leurs bidons remplis de boisson énergétique.

— Pisser au coin d'une rue ! On a fait des trucs autrement plus gonflés quand on était étudiants ! Surtout au moment des bizutages... Quel dommage que les traditions se perdent. Ça forgeait le caractère et ça présentait l'avantage d'éliminer les plus faibles ! La sélection naturelle, c'est la base de l'évolution.

— À Darwin ! proclama Vincent en levant son bidon vers le ciel comme s'il se fût agi d'une coupe de champagne.

Une fois désaltérés, ils repartirent à travers le sous-bois que le soleil éclairait maintenant franchement. Un quart d'heure plus tard, alors qu'ils descendaient à vive allure un talus particulièrement raide, Vincent roula sur une énorme branche morte à moitié enfouie sous les feuilles. Déstabilisée par la roue avant, la branche bascula, faisant surgir une ramification qui s'encastra dans les rayons de la roue arrière. La course de Vincent fut stoppée net. Totalement surpris, celui-ci ne put rien faire et passa pardessus le guidon en un saut périlleux qui se termina par un atterrissage de fortune sur le dos. Emporté par la vitesse, Spengler s'arrêta un peu plus bas et remonta la pente vers Vincent, qui s'assit péniblement en se tenant la nuque.

— Ça va ?… Tu n'as rien ?

— Oui à la première question ! Non à la deuxième !… Enfin, je crois.

— C'était un magnifique plongeon, sais-tu ?

— Sauf que la piscine était vide !… Pendant un instant, j'ai regretté de ne pas avoir de casque.

— Tant que tu ne vois pas ta vie défiler, c'est bon signe… Oh, mince !

Spengler venait de redresser le vélo de Vincent et le regardait avec une grimace inquiète. Ce dernier se releva pour aller examiner les dégâts en boitillant. La violence du choc avait endommagé les rayons et sérieusement voilé la roue arrière.

— La course est finie pour toi, se moqua Spengler en lui tapant sur l'épaule. Tu n'as plus qu'à attendre la voiture-balai.

— Très drôle.

Vincent récupéra sa monture, qu'il descendit jusqu'au bas de la pente.

Derrière lui, Spengler s'exclama :

— Attends voir !... Ton maillot est déchiré dans le dos !… Hé !... Tu as une belle entaille sous l'omoplate !

— Il me semblait bien que j'étais tombé sur un truc pointu, dit Vincent, d'un ton flegmatique.

— Tu veux que je te raccompagne chez toi ?

— Non. Ne t'en fais pas pour moi.

— D'accord. Puisque tu n'es plus là pour ralentir le rythme, je vais pouvoir me lâcher un peu !

— Fais attention quand même. Tu n'as plus l'âge de jouer les champions.

— J'en connais d'autres qui n'ont plus l'âge de jouer les acrobates…

Les deux hommes se séparèrent en riant. Vincent, qui avait l'impression d'être passé sous un camion, pédalait avec précaution. Il se demanda, sans trop y croire, si Laurence lui témoignerait un peu de compassion et accepterait de soigner son dos. De son côté, Spengler roulait lui aussi à une allure modérée.

La chute de son partenaire avait quelque peu refroidi ses ardeurs. Dix minutes tout au plus, le temps que le cerveau effaçât progressivement le signal d'alerte. Finalement, songea-t-il, le vol plané de Vincent était assez comique. S'il l'avait filmé, il aurait pu le montrer lundi matin sur l'écran géant de la salle de réunion, histoire d'entamer la semaine dans une bonne ambiance ! Avec la taille ridicule des nouveaux caméscopes numériques, tout était possible, maintenant. D'ailleurs, il fallait absolument qu'il achetât le nouveau téléphone portable avec vidéo. Une petite merveille. À condition que ses correspondants en fussent équipés eux aussi. *C'est l'éternel problème de la technologie. Elle évolue trop vite pour la plupart des gens. Le temps qu'ils s'équipent, les pionniers sont déjà passés à la vitesse supérieure.*

Le chemin sinueux sur lequel il progressait longeait un ruisselet famélique, encaissé entre deux collines, où la lumière de cette fin d'été ne s'infiltrait que par taches éparses. Tandis qu'il slalomait entre les hêtres majestueux, Spengler sentit tout à coup une présence derrière lui, juste dans sa roue. Durant un court instant, il se dit que Vincent avait changé d'avis mais, vu l'état de son vélo, c'était peu probable.

Insensiblement, il força l'allure. Dans quelque domaine que ce fût, il avait horreur de se faire dépasser. Si quelqu'un voulait le « sauter », comme on dit dans le jargon du peloton, il était hors de question de lui faciliter la tâche. La configuration du terrain ne permettait pas de se retourner pour jauger l'adversaire et, de toute façon, ce serait interprété comme un signe de faiblesse. Il fallait espérer qu'il ne s'agissait pas d'un de ces jeunes cyclistes belliqueux, aux cuisses surdéveloppées. Rien de tel pour sentir le poids des années. Spengler redoubla d'efforts. Dans une montée assez raide, il se mit en danseuse, espérant décrocher la sangsue qui lui collait au train. Peine perdue. À l'oreille, il pouvait analyser chacun de ses gestes : le bruit régulier du pédalier et le claquement sec des vitesses, que son poursuivant changeait exactement aux mêmes endroits que lui, faisant craquer les mêmes branches, giflant les mêmes feuilles de l'épaule, toujours à moins d'une seconde d'intervalle. La synchronisation était telle qu'il lui semblait être à l'avant d'un tandem. Une sensation très désagréable quand on ne connaît pas la tête de celui qui est collé derrière soi dans une posture aussi intime. Ce qui l'énervait le plus, c'était de ne pas entendre le moindre bruit de respiration. Comme si l'autre pédalait en apnée, façon Lance Armstrong, alors que lui commençait à souffler comme un bœuf.

Au sommet de la côte, Spengler fut tenté de lever le pied, mais sa fierté était plus forte. Après tout, l'homme invisible commençait peut-être à souffrir, lui aussi ! Il dévala l'autre côté de la pente à tombeau ouvert, plongeant à nouveau vers le clair-obscur du ruisseau. Tant pis pour la prudence ! Soudain, une ombre se projeta sur le côté gauche du chemin. Son poursuivant avait décidé de passer à l'attaque. Sa roue avant arriva à hauteur de la sienne. Spengler allait enfin voir à quoi il ressemblait ! Mais, pour l'instant, il devait surtout regarder droit devant lui. Ils étaient presque au coude à coude. Le moindre instant d'inattention pouvait provoquer la chute. Il fut tenté de ralentir, car au bas de cette descente le sentier se rétrécissait brutalement, dans un virage à près de 90 degrés. En retrait de quelques centimètres, il aperçut le guidon que serraient des mains gantées de noir. L'homme n'avait même pas mis les doigts sur les manettes de frein, comme s'il savait déjà qui allait céder. Spengler pensa à cette scène fameuse de *La Fureur de vivre* où James Dean se jette de sa voiture juste avant qu'elle n'atteigne le bord de la falaise alors que son adversaire fait un plongeon fatal pour avoir trop attendu. Bien que ce geste entachât son amour-propre, il freina. Sa roue arrière dérapa. Il tenta de contrôler la glissade, s'attendant à voir son poursuivant passer devant lui comme une fusée, mais celui-ci avait ralenti à son tour et les deux hommes se présentèrent de front à l'entrée du virage.

Spengler, qui savait que le rétrécissement ne leur laissait aucune chance, se demanda quelle option choisir pour éviter le télescopage. Il n'eut pas le temps de réfléchir plus longtemps. Le choc redouté se produisit. Un formidable coup d'épaule le catapulta vers la droite. Désarçonné, il lâcha son guidon et mit les mains en avant pour protéger son visage des branches basses, qu'il traversa avec fracas. Il lui sembla que la forêt entière se brisait en mille morceaux sur sa tête. Pendant un court instant, il flotta entre ciel et terre et se rappela ce que Vincent avait dit à propos du casque. Est-ce que sa vie défilait devant ses yeux ? Apparemment, non… Il retomba lourdement sur le côté gauche, heurta le bord tranchant d'une souche avec une violence inouïe, rebondit et s'affala à plat ventre au milieu du ruisseau. Pendant quelques secondes, il éprouva sur son visage une sensation de fraîcheur presque agréable mais le contraste entre son corps brûlant et la température glaciale du mince filet d'eau déclencha très vite un tremblement irrépressible de tous ses membres. Il fallait qu'il sortît de là au plus vite. Une première tentative lui arracha un cri de douleur. Sa hanche gauche était coincée. Du moins était-ce la sensation qu'il éprouvait.

Appuyé sur la main droite, il tenta de se dégager. Mais, au moment où ses doigts effleuraient le haut de sa cuisse, il lui sembla que la mèche d'une perceuse électrique lui vrillait l'os iliaque. Au mieux, sa hanche était démise. Au pire, elle était brisée. Tempête sous un crâne. *Et si c'était la colonne vertébrale ?... Est-ce que je peux bouger les doigts de pied ?... Oui ! Je sens l'eau qui coule dans mes chaussures... Merci, mon Dieu !... J'aurais mieux fait de rentrer avec Vincent. Sa chute, c'était un avertissement... Putain, ça fait mal !... Où est passé le connard qui m'a balancé ?... Il va me le payer cher... À moins qu'il se soit sauvé... Je n'ai même pas vu sa tête... Ah ! Le voilà !*

Juchée sur la butte qui surplombait le ruisseau, une silhouette venait d'apparaître dans son champ de vision. Gêné par le contre-jour, Spengler ne distingua d'abord que les chaussures et les jambes, moulées dans un épais collant noir. En redressant un peu la tête, il découvrit le reste du personnage, de taille moyenne, assez athlétique. Hormis le casque et les lunettes de vélo, il portait un masque de tissu semblable à celui qu'utilisent certains cyclistes pour se protéger de la pollution dans les grandes métropoles. Un accessoire parfaitement incongru dans cette forêt. L'homme le regardait sans un geste, comme s'il n'était pas concerné par la situation. Spengler l'aurait volontiers injurié mais sa voix se fit suppliante, malgré lui.

— Qu'attendez-vous ? Il faut appeler les secours ! Je crois que j'ai la hanche cassée.

L'individu ne broncha pas.

— Vous n'avez pas de portable ? Prenez le mien. Dans la poche arrière de mon maillot.

Toujours pas de réaction.

— Vous ne comprenez pas le français ?...Vous êtes flamand ?... *I need a doctor ! Do you understand ?... My hip is broken. I have a cellular phone in my rear pocket. Take it and call for help*[1] *!**... Vite ! J'ai mal !

Le responsable de son accident se décida enfin. Il descendit le talus avec précaution, décrocha son sac à dos, s'accroupit et l'ouvrit avec des gestes mesurés. Malgré ses efforts, Spengler ne distinguait presque rien des traits de son visage. Il crut que l'inconnu cherchait une trousse de secours mais, devant ses yeux ahuris, celui-ci sortit délicatement du sac un grand bocal en plastique transparent qu'il posa à moins d'un mètre de son visage. Il fallut quelques secondes à Spengler avant de distinguer son contenu. Une masse sombre et grouillante s'agitait à l'intérieur. Aussi étonnant que cela pût paraître, on aurait dit... Un énorme paquet d'abeilles ! Il percevait maintenant leur bourdonnement affolé à travers

1. J'ai besoin d'un docteur !... Vous comprenez ?... Ma hanche est cassée. J'ai un portable dans ma poche arrière. Prenez-le et appelez les secours !

la multitude de petits trous percés à la surface du couvercle métallique.

— Qu'allez-vous faire ? Ne vous inquiétez pas, je ne porterai pas plainte. C'était un accident. Appelez de l'aide… S'il vous plaît.

La dernière formule lui avait échappé. Depuis quand ne l'avait-il pas utilisée ? Même au restaurant, il préférait le désuet « Garçon ! » qui claquait comme un ordre et correspondait mieux à son tempérament. Sans lui prêter la moindre attention, l'homme s'activait en silence. Tirant de sa poche un voile gris, il l'enfila par-dessus son casque et le serra autour du col soigneusement remonté de son blouson. Il ramassa le sac, l'accrocha sur sa poitrine, à la manière des touristes qui se protègent des pickpockets, saisit le bocal et se redressa.

— Attendez !… Je vous paierai ! J'ai de l'argent !… Beaucoup d'argent !

L'homme donna plusieurs claques sèches sur le couvercle, ce qui augmenta encore l'agitation frénétique des insectes, puis entreprit de le dévisser lentement. Il marqua un temps d'arrêt et fixa Spengler pendant une seconde d'éternité. Les deux mains du bourreau se séparèrent brutalement. Sous le regard horrifié de sa victime, il retourna le bocal vers son visage et lui imprima deux secousses brutales. Semblable à l'énergie dévastatrice libérée par une explosion atomique, l'essaim se dilata à la vitesse de la lumière. Spengler tomba dans un trou sans fond. La peur lui tordit le ventre. Ce devait être un cauchemar. Ou alors il était dans le coma. Plusieurs milliers d'abeilles hystériques jaillirent et se précipitèrent en piqué sur le directeur financier.

Certaines se retournèrent contre leur maître mais celui-ci, tout en jetant couvercle et pot dans son sac, remonta le talus, enfourcha son vélo d'un bond et disparut, happé par le sous-bois.

Spengler aurait voulu hurler, mais ne pouvait ouvrir la bouche, de peur que les insectes ne s'y engouffrent. Terrifié, il ferma les yeux et se mit à agiter les bras dans tous les sens, chaque mouvement déclenchant dans sa hanche une douleur atroce, très vite supplantée par celle que provoquaient les dizaines de dards qui se plantaient simultanément sur toute la surface de son corps. L'odeur âcre du venin le saisit à la gorge, jusqu'à la nausée. Le bruit autour de ses oreilles était assourdissant. Il les boucha de ses mains, tout en continuant de secouer la tête et le buste, comme si ces convulsions ridicules pouvaient repousser les assaillantes. Au contraire, stimulées par les mouvements spasmodiques de leur victime, qu'elles recouvraient maintenant presque entièrement, les abeilles se déchaînaient. Tétanisé par les milliers de piqûres qui avaient pénétré sa chair, Spengler n'était plus qu'un bloc de souffrance. Sa respiration se faisait de plus en plus difficile. Une main d'acier lui serrait progressivement la gorge. Il perdit connaissance. Ses mains retombèrent de chaque côté de sa tête qui roula sur le côté, offrant aux insectes les derniers centimètres carrés de peau qui leur avaient échappé. En quelques secondes, son visage disparut à son tour sous la nuée grouillante.

Peu à peu, le bourdonnement diminua et le vallon retrouva son calme initial. La curée touchait à sa fin. La mort enveloppa dans un même silence tranquille les insectes kamikazes et l'ennemi sur lequel ils s'étaient sacrifiés.

4.

En avant, toutes !

Vêtue d'un pantalon de camouflage et d'une chemise à carreaux sans manches, la silhouette aux épaules de nageuse, surmontée d'un crâne rasé semblable à celui de Demi Moore dans le très oubliable *GI Jane*, faisait parfaitement illusion. De dos. Car, de face, le visage angélique et l'éclat vert émeraude des yeux ne laissaient place à aucun doute. Le lieutenant Carole Tellier était une ravissante jeune femme que Kermadec avait présentée à Lara au retour de leur expédition dans le parking souterrain, en précisant, avec une ironie non dissimulée, que celle-ci apportait quelques grammes de féminité dans leur monde de brutes. Mais Lara n'avait pas pensé à rire. Même par politesse. À peine entrée dans la pièce, ses yeux s'étaient écarquillés de stupéfaction devant le fouillis qui régnait sur les deux bureaux accolés. Dossiers, rapports, notes de service, photos, lettres, feuilles griffonnées en tous sens : l'amoncellement était impressionnant.

Après que le commissaire les eut quittées, Carole s'était penchée et avait ramené vers elle la totalité du fatras qui encombrait la table, créant ainsi un enchevêtrement encore plus effrayant.

— Voilà. Fais comme chez toi, avait-elle dit à Lara, le plus naturellement du monde.

Devant la mine atterrée de sa nouvelle équipière, Carole expliqua :

— La majorité des trucs, c'est de la paperasse inutile. Et si tu ranges trop bien, tu deviens esclave de l'ordre. Je ne veux pas finir comme ma mère, qui donne des chaussons à ses visiteurs pour qu'ils n'abîment pas son parquet ! Et elle se demande encore pourquoi plus personne ne répond à ses invitations…

Cette spontanéité de bon augure ne s'était pas démentie. Depuis le premier jour, Carole apprenait les ficelles du métier à Lara et l'initiait aux arcanes de la « grande maison », sans négliger le moindre détail. Elle lui avait notamment expliqué que Marc Dacos nourrissait une véritable phobie des microbes, raison pour laquelle il ne serrait la main à personne, ce qui lui valait parfois quelques sérieux problèmes relationnels. Kermadec affirmait que celui-ci finirait sa vie dans un monastère bouddhiste à calligraphier des mantras. Carole, en revanche, se disait convaincue qu'il serait parfait à l'IGPN[1], un véritable repaire de névrosés, selon elle.

1. Inspection générale de la Police nationale (la « police des polices »).

L'étroite complicité entre les deux filles suscitait une certaine jalousie chez Franck Leblond, dont l'évidente attirance pour Lara amusait beaucoup le service, Carole en particulier, qui exerçait volontiers sur lui son humour corrosif.

Au moment où son amie arrivait, elle l'arrêta d'un signe de la main.

— Demi-tour sur place ! Le patron a demandé que tu ailles le voir de toute urgence.

Lara s'exécuta sans discuter. Lorsqu'elle entra dans le bureau du commissaire, elle le trouva en grande conversation avec Marc Dacos.

— Vous vouliez me voir ?

Kermadec s'interrompit et tourna la tête vers elle.

— Oui. Vous rentrez chez vous en quatrième vitesse...

— Qu'est-ce que j'ai fait ?

— Je peux finir ma phrase ?... Vous rentrez chez vous et vous prenez quelques affaires pour la nuit. On se retrouve gare Montparnasse dans une heure et demie. Au départ du TGV pour Nantes.

La jeune femme leva un sourcil.

— Loire-Atlantique ? 44, si je ne me trompe.

Le commissaire fit semblant de s'étonner.

— Je croyais qu'on n'apprenait plus les départements à l'école ?

— À l'école, non. Mais à la maison, c'était obligatoire.

Deux heures plus tard, ils avaient pris place à bord du TGV Atlantique qui glissait en silence à l'extérieur de la capitale. Lara et Kermadec étaient assis l'un à côté de l'autre. En face d'eux, Marc, véritable *serial reader*, épluchait la pile de magazines raflés au Relay de la gare Montparnasse. Le commissaire venait d'expliquer à la jeune femme que, par un incroyable hasard, une seule grosse cylindrée était immatriculée SS 44.

— La chance est avec nous ! s'exclama Lara.

— À première vue, oui, tempéra le commissaire. Cela me semble trop beau. Depuis le temps que nous traquons ce maniaque.

— Justement. La roue a tourné.

Kermadec fit une moue dubitative en regardant par la fenêtre. Depuis l'enfance, il adorait prendre le train, symbole de départ vers un autre univers qu'il se plaisait à imaginer sans retour. À cinquante ans, le charme opérait encore, même si l'avènement du TGV, trop rapide, trop propre, trop feutré dans sa manière de transpercer l'espace comme une flèche, avait quelque peu lissé les sensations. Il se rappelait avec nostalgie les vieux trains à vapeur suant et haletant, l'énorme secousse lorsque le convoi s'ébranlait, les retardataires courant sur le quai pour sauter dans les wagons en marche sous les yeux amusés ou inquiets des voyageurs et des badauds. Il revoyait le visage des mécanos à l'arrivée, effrayants sous leur masque de suie, comme s'ils revenaient de l'enfer. Jean Gabin dans *La Bête humaine* ! Malgré les remontrances de sa mère, il aimait rester debout dans le couloir, la vitre baissée, le visage fouetté par le vent, à regarder s'effilocher le panache de fumée blanche craché par la locomotive qu'il guettait à la sortie des longues courbes.

— À quoi pensez-vous ?

La voix de Lara le fit presque sursauter. Il tourna la tête. Elle avait vraiment des yeux magnifiques. Que pouvait-il répondre ?... Les locomotives à vapeur ?… Pourquoi pas la marine à voile ?… S'il voulait passer pour un dinosaure… Il fit un geste évasif.

Heureusement, celle-ci enchaîna aussitôt.

— Vous n'êtes pas originaire de Saint-Nazaire, par hasard ?

Il la regarda d'un air désolé.

— Ce genre de coïncidence n'existe que dans l'imagination délirante des scénaristes. Et je vous rappelle que je suis breton. Or, les technocrates parisiens ont décidé il y a très longtemps que la Loire-Atlantique ne faisait plus partie de la Bretagne, déclara-t-il avec le plus grand sérieux.

— Pardonnez-moi cette confusion géographique, dit-elle, faussement désolée.

Lui, d'ordinaire très discret sur sa vie privée, raconta alors qu'il était né à Saint-Brieuc. Son père, marin-pêcheur, avait disparu dans le naufrage de son chalutier au large de Terre-Neuve, en 1959, et sa mère avait tout fait pour que son unique garçon – il avait trois sœurs – ne mît jamais les pieds sur un bateau, malgré la pression de la tradition familiale.

— Elle vit toujours ? demanda Lara.

— Oui. Dans la maison que mon père avait héritée de ses parents, et ainsi de suite, de génération en génération, jusqu'à la nuit des temps. J'y passe toutes mes vacances.

— Et je suppose que vous y prendrez votre retraite ?

Dacos fit une grimace amusée. Le commissaire encaissa le coup sans broncher et tenta une sortie par l'humour.

— Bien sûr. Mais pas avant une bonne vingtaine d'années.

Lara n'insista pas. Elle avait compris que l'âge était un sujet tabou. Effectivement, lorsqu'il y pensait – ce qu'il s'interdisait le plus souvent – Kermadec n'osait imaginer ce que pèseraient des années entières à ne rien faire. Il pourrait se remettre au vélo. Entretenir sa forme… Pour mourir en bonne santé ?… La vie était un combat perdu d'avance, que l'homme s'obstinait pourtant à mener jusqu'au bout. Et si sa femme mourait avant lui ? Statistiquement, c'était peu probable. Supposons quand même. En prendrait-il une autre ?... Plus jeune ?... Il en voyait certaines qui ne laissaient pas sa libido indifférente. Pas d'inquiétude de ce côté-là, surtout depuis que la mode était au string apparent. Le problème, c'est qu'elle voudrait un enfant. Non merci ; il avait déjà donné. Et elle ne connaîtrait rien à Hitchcock, ni Woody Allen. Encore moins Léo Ferré ou Jacques Tati. Il savait déjà qu'avec le temps, lorsque les ébats laisseraient place à la discussion, cela finirait par l'agacer.

— Puisque nous en sommes aux confidences, Varani, c'est corse ou italien ? enchaîna-t-il, pour faire diversion.

— Je ne répondrai qu'en présence de mon avocat, plaisanta-t-elle.

— Vous avez tout intérêt à collaborer avec nous. La justice en tiendra compte.

— D'accord, monsieur le commissaire. C'est corse.

— Votre père est flic, ou truand ?

Désapprouvant le cliché, Lara leva les yeux au ciel mais dut acquiescer.

— Capitaine de gendarmerie en retraite.

Kermadec lui rendit son sourire.

— Un collègue ! Je comprends d'où vient votre vocation. Et je parie qu'il était parachutiste en Indochine, où il a rencontré votre mère.

Le regard de Lara se voila.

— C'est un peu plus compliqué.

Le commissaire sentit qu'il serait grossier d'insister. Heureusement, la sonnerie de son téléphone portable vint à sa rescousse. Il fouilla dans la poche de sa veste.

— Excusez-moi... Ah, salut, Jean-Louis… Oui, nous sommes dans le train. Tout est en place ?… D'accord…. À tout à l'heure.

Marc lui lança un regard interrogateur.

— L'équipe de Saint-Nazaire vient de signaler que le gars est bien rentré chez lui.

— On l'a identifié ? demanda Lara.

— C'est un ouvrier électricien qui travaille aux Chantiers de l'Atlantique.

— Sur le *Queen Mary II* ?

— Vous vous intéressez à la construction navale ?

— Le plus gros paquebot de tous les temps ! C'est un événement… Il a un casier judiciaire ?

— Néant. Même pas un excès de vitesse, dit Kermadec avec une pointe de regret.

— Il est breton ?

Le commissaire soupira et lâcha à regret.

— Son père est marin-pêcheur à Lorient.

Lara prit un air étonné.

— Que disiez-vous à propos des scénarios invraisemblables ?

Kermadec tendit la main vers la pile de magazines qui encombrait la tablette et en prit un au hasard, qu'il mit d'autorité dans les mains de la jeune femme.

— Que diriez-vous d'un peu de lecture ?

Quand leur train entra en gare de Nantes, la nuit était quasiment tombée. Très vite, ils se retrouvèrent pris dans la bousculade rituelle des voyageurs qui se pressaient devant la porte comme un troupeau de moutons à la sortie de la bergerie. Sur le quai, Lara repéra au premier coup d'œil le duo qui les attendait. Costume et imperméable mastic pour le quinquagénaire corpulent à la calvitie avancée, jeans et veste en cuir pour le trentenaire aux cheveux ras, encore filiforme, quoique un léger renflement au-dessus de la ceinture dénotât un penchant probable pour le demi-pression et le jambon-beurre. Lorsqu'ils les rejoignirent, Kermadec donna une chaleureuse accolade à son collègue avant de lui présenter Marc et Lara.

— Le commissaire Le Guen est le patron de la brigade criminelle de Nantes. Nous étions condisciples à l'École nationale supérieure de police de Saint-Cyr-au-Mont-d'Or.

— Je constate avec plaisir qu'il n'y a pas que des Corses dans la police, nota Lara.

Beau joueur, Kermadec apprécia. Lorsqu'ils arrivèrent au Renault Espace gris métallisé, Le Guen s'installa au volant. Kermadec prit place à côté de lui, Lara s'assit à l'arrière, entre Marc et William, son collègue nantais.

— J'ai réservé au Novotel. C'est à cinq minutes, dit Le Guen en mettant le contact. Je suis vraiment content de te voir ! Cela fait combien d'années ?… Trois ? Quatre ?

— Je ne sais plus.

— Tu es toujours fâché avec les dates ?

— Donne-moi une raison de ne pas l'être.

En riant, Le Guen évoqua le jour où, sans le prévenir, la femme de Kermadec avait invité tous ses amis pour son quarantième anniversaire.

— Il est arrivé dans le salon où nous l'attendions, un verre à la main, et nous a regardés d'un air sinistre, avant de déclarer : « Franchement, je ne vois pas l'intérêt de fêter le temps qui passe. »

Kermadec poussa un soupir.

— Au fait, j'ai oublié de te prévenir : Mlle Varani est psychologue.

— Diable ! Il faut que je surveille mes paroles. Ah, nous sommes arrivés.

Vingt minutes plus tard, après avoir fait leur choix dans la myriade de saladiers disposés sur le buffet, ils étaient tous installés autour d'une table ronde située dans un coin reculé de la salle à manger. Au premier coup de fourchette, William, qui avait chargé son assiette à ras bord, répandit une partie de son contenu sur la nappe. Son patron se moqua gentiment de lui.

— Bravo ! Fais-nous passer pour les cousins de province qui ne savent pas se tenir à table.

Le lieutenant piqua un fard et tenta de se défendre.

— C'est toujours le même problème. Ils proposent un buffet « à volonté », avec des assiettes ridiculement petites où on peut tout juste caser un œuf dur et une tomate.

Kermadec le tira d'affaire.

— Jean-Louis, si tu nous donnais des nouvelles de notre homme.

— Il est sorti tout à l'heure faire quelques courses à la supérette voisine et a réintégré tranquillement son domicile. Aux dernières nouvelles, d'après le clignotement lumineux à sa fenêtre, il est devant la télé.

Kermadec s'interrogea tout haut.

— Malgré toutes ces années, et tout ce que j'ai vu, je ne comprends toujours pas comment on peut mener une vie normale après avoir commis des crimes aussi atroces. Qu'en dites-vous, ma chère Lara ?

La jeune femme, qui était sur le point de porter sa fourchette à la bouche, la garda en suspens.

— Je ne suis pas sûre que ma réponse vous plaise.

— Dites toujours.

Elle posa son couvert.

— Enfreindre certains tabous, comme ôter la vie, c'est franchir une frontière invisible qu'on ne pourra jamais repasser dans l'autre sens. Je dirais donc que toute personne qui commet un meurtre, un homicide volontaire s'entend, est forcément malade mentalement. A fortiori un serial killer, qui planifie, prépare et répète plusieurs fois le même acte.

— Pourquoi pensiez-vous que l'argument ne me conviendrait pas ?

— Parce qu'il sous-entend que les criminels ne sont pas vraiment responsables de leurs actes, avec les conséquences juridiques que cela implique.

— J'avoue que, d'un strict point de vue humaniste, votre raisonnement est très juste, admit Le Guen. Mais vous oubliez le problème de la récidive.

— Éternel débat. Tout le monde reconnaît qu'il faudrait plus de juges, plus d'hôpitaux psychiatriques, plus de médecins, plus d'infirmières… mais l'État n'a jamais les moyens de ses ambitions.

La discussion se poursuivit avec animation jusqu'au dessert, au cours duquel ils firent le point sur le planning du lendemain. Kermadec insista auprès de son ami pour que Marc, qui travaillait sur le dossier depuis deux ans, participât directement à l'interpellation. Le départ fut fixé à 4 heures. La tension générée par l'opération commençait à se faire sentir et ils se séparèrent rapidement.

Le lendemain matin, le silence le plus absolu régnait dans l'habitacle bercé par le ronronnement du moteur, où chacun des passagers essayait de finir sa nuit. Lara n'avait pratiquement pas dormi, victime de cauchemars dont les images macabres – le visage ensanglanté de la femme du parking penché sur elle pour demander vengeance dans un râle – lui donnaient encore la chair de poule. Comme prévu, il était à peine 5 heures lorsqu'ils parvinrent à destination. La petite rue à l'entrée de laquelle ils se présentèrent était fermée par une barrière métallique. En voyant l'Espace arriver, un policier en faction esquissa un salut de la main et déplaça l'obstacle. Cinquante mètres plus loin, William se rangea le long du trottoir. Ils descendirent sans un bruit. Marc désigna à Lara une camionnette blanche garée un peu plus loin.

— Voilà le soum.

— Pardon ?

— Le sous-marin. C'est le véhicule dans lequel on fait les planques.

La porte latérale coulissante s'ouvrit et deux hommes en sortirent. Ils se saluèrent, puis quatre policiers en tenue, surgis de l'obscurité, les rejoignirent. Après un rapide conciliabule autour de Le Guen, le petit groupe se dirigea vers une immense porte cochère, dont un policier ouvrit délicatement l'accès piéton en prévenant à voix basse :

— Attention à la marche !

Un de ses collègues resta avec lui à l'extérieur, tandis que les deux autres se postaient à l'intérieur, de part et d'autre de l'ouverture. Sous le porche sombre, l'horizon bouché par les épaules des hommes qui la précédaient, Lara ne distinguait pas grand-chose. Rapidement, les deux policiers de la camionnette s'installèrent à gauche, derrière les poubelles,

Marc et William à droite, dans un renfoncement. Kermadec prit la jeune femme par le bras.

— Suivez-nous.

Ils pénétrèrent dans un hall d'escalier exigu et collèrent leur visage au carreau de la minuscule fenêtre donnant sur la cour intérieure.

— C'est là, chuchota Le Guen en pointant l'index contre la vitre.

La jeune femme se glissa entre les deux hommes. À l'abri d'une marquise en verre, juste à côté d'une mobylette hors d'âge, elle aperçut, dans la faible lumière d'une applique, la masse imposante d'une superbe moto rouge et blanche. Un frisson la parcourut. Elle voyait l'engin s'engouffrer dans la gueule du parking derrière la Mercedes.

— C'est la moto ? dit-elle bêtement.

— Absolument, confirma Le Guen, et son propriétaire est là-haut.

Lara leva les yeux vers la façade, presque déçue par la banalité de l'endroit. *À quoi tu t'attendais, ma grande ?... Au château du comte Dracula ?...* En guise de réponse, la fenêtre du premier étage s'éclaira. Une angoisse brutale la saisit à la gorge. Kermadec sentit le parfum de la jeune femme envahir ses narines. Une odeur légèrement épicée qu'il respira avec une volupté d'autant plus étrange que les circonstances ne s'y prêtaient vraiment pas. La jeune femme regarda sa montre, qu'elle avait du mal à lire dans l'obscurité. *Encore trois quarts d'heure !* Elle, qui n'avait jamais chassé, commençait à ressentir l'excitation de l'affût. Malgré l'humidité et le froid ambiants, ses mains étaient brûlantes.

Ses joues aussi. Il lui sembla que l'artère de sa tempe, qu'elle sentait battre distinctement, rythmait les secondes. Un engourdissement bienfaisant s'empara d'elle.

Lorsque la cloche d'une église fit retentir le premier des six coups, elle sursauta. Le battement de sa tempe s'accéléra brutalement. À l'inverse, les secondes semblèrent ralentir leur course. Au bout de quelques minutes, Le Guen s'impatienta.

— Mais qu'est-ce qu'il fout, bordel ?

Tout le monde retenait son souffle. Cette fois, le temps s'était carrément arrêté. Un flot de suppositions diverses traversait les esprits.

— Qu'est-ce qu'on fait ? demanda Le Guen, fébrile.

Kermadec restait étrangement calme.

— Il va être en retard au boulot.

— Comment peux-tu… Le voilà !

La lumière de la fenêtre venait de s'éteindre. Quelques secondes plus tard, la porte donnant sur le palier s'ouvrit à la volée. Visiblement pressé, l'homme surgit, un casque à la main. Il referma la porte, puis descendit les marches à toute allure. Lorsqu'il atteignit le rez-de-chaussée, Marc et William sortirent du renfoncement. Ils surgirent derrière lui à l'instant où il posait le casque sur le réservoir de la moto et introduisait la clé de contact.

— Maxime Pélen ?

Ce dernier se retourna d'un bloc. William brandit sa carte en s'approchant de lui.

— Pas si près, murmura Kermadec.

— Police. Veuillez retirer la clé, s'il vous plaît.

Faisant mine de s'exécuter, l'homme tendit la main vers le guidon mais, en une fraction de seconde, il la referma sur l'avant du casque, auquel il fit décrire un rapide arc de cercle. La trajectoire de l'arme improvisée s'acheva en plein sur la tempe de William. Sous la violence du choc, celui-ci s'écroula sur les pavés disjoints. Lara ne put retenir un cri.

— Oh, mon Dieu !

— Le fils de pute ! rugit Le Guen.

Profitant de l'effet de surprise, le motard se rua vers Marc en ouvrant le bras droit afin d'armer sa deuxième frappe mais, durant le bref instant où ce geste découvrait entièrement son buste, le policier détendit la jambe gauche d'un coup sec et lui décocha un terrible coup de pied à la base du sternum qui le foudroya sur place.

L'homme s'effondra, entraînant la moto dans sa chute. Au même moment, les deux hommes de Le Guen déboulèrent dans la cour. Alors que le premier tenait son pistolet braqué vers l'individu knock-out, le second se baissa, le retourna sur le ventre et le menotta dans le dos. Pendant ce temps, Marc s'agenouillait près de William, vite rejoint par Lara et Kermadec, tandis que Le Guen courait appeler les secours. Allongé sur le côté droit, le jeune policier était inconscient. Marc posa son médius sur le cou, tout en regardant sa montre, afin de mesurer le rythme cardiaque puis, une main sur le ventre, les yeux toujours rivés au cadran, vérifia le rythme respiratoire. Lara le questionna avec inquiétude.

— Comment va-t-il ?

— Les fonctions vitales sont en marche. Le pouls est correct.

— Il va rester évanoui longtemps ?

— Une minute, une heure… Ou plus… Avec un choc à la tête, on ne peut rien prédire.

Conjurant aussitôt ce pronostic pessimiste, William commença à gémir et cligna des yeux. Lara lui prit la main.

— William, vous m'entendez ?

— Je suis au paradis ? articula-t-il péniblement.

Kermadec se pencha vers lui.

— Vous croyez que les flics vont au paradis ?... Vous rêvez, mon vieux !

— Ah, la vache !

William venait de passer la main gauche sur sa tempe, où un énorme hématome était en train d'enfler à vue d'œil. Il prit appui sur un coude pour tenter de se redresser. Marc l'en empêcha.

— Ne bouge surtout pas. On attend l'ambulance.

— L'ambulance ? Pour quoi faire ?… J'ai juste un putain de mal de tête…

— Tu sais où tu es ? Quel jour on est ?

— Évidemment que je sais… Il est où, l'autre enfoiré ?… Tu l'as eu ?

— T'inquiète. C'est réglé.

Lara expliqua.

— Il l'a séché sur place. D'un seul coup de pied !

— Merci, Bruce Lee.

À ce moment précis, l'un des hommes de Le Guen s'écria :

— Commissaire, il revient à lui !

— J'y vais, dit Kermadec en se dirigeant vers le suspect qui, les yeux à peine ouverts, se mit à tousser sporadiquement.

— Asseyez-le.

Les deux policiers le firent rouler sur le côté, puis le saisirent sous les épaules pour l'installer en position assise. La bouche grande ouverte, l'homme respirait encore avec difficulté. Il avait l'air d'un poisson qu'on vient de sortir de l'eau. Debout devant lui, le commissaire consulta ses papiers d'identité.

— Alors, monsieur Pélen, c'est ainsi que vous réagissez lorsqu'un officier de police vous aborde ? Vous avez quelque chose à vous reprocher ?

L'individu jeta un regard incrédule autour de lui. L'homme qui le dominait de toute sa hauteur, les deux inconnus qui l'encadraient, les trois personnes autour de la silhouette allongée un peu plus loin, les policiers en uniforme à l'entrée du porche, la retraitée du rez-de-chaussée, alertée par le vacarme et les cris, qui venait aux nouvelles en robe de chambre, sans avoir pris le temps d'arranger sa mise en plis… Il n'y avait jamais eu autant de monde dans la petite cour. Kermadec éleva la voix.

— Vous comprenez ce que je vous dis ?

Pélen redressa la tête avec difficulté et dit d'une voix rauque.

— Vous êtes vraiment de la police ?

— Non, c'est carnaval. Vous n'étiez pas au courant ?

— Putain ! C'est pas vrai !… Je croyais que c'était bidon.

— Pardon ?

— J'ai cru que c'étaient des mecs qui voulaient me piquer ma moto. Comme ceux qui se déguisent en flics pour voler les grosses bagnoles... Je sais plus comment ça s'appelle…

— Le car-jacking.

— C'est ça ! Quand j'ai vu la tronche des deux lascars et comment ils me tombaient dessus, j'ai tout de suite pensé que c'étaient des racailles. Ma bécane, elle m'a coûté plusieurs mois de salaire. J'allais pas me laisser dépouiller comme ça.

— Et vous avez gravement blessé un policier.

— Je suis désolé.

Kermadec hocha la tête.

— C'est vrai qu'elle est belle, cette moto, dit-il tout à coup en désignant la Yamaha 750. Ce doit être agréable à piloter.

— C'est grandiose, vous voulez dire.

— Vous ne devez pas beaucoup respecter les limitations de vitesse avec un engin pareil ?

— Attendez… Vous ne faites pas un cirque pareil pour un excès de vitesse, quand même ?

— Ça dépend.

— De quoi… ?

Les mensonges les plus simples sont les plus efficaces, avait appris Kermadec.

— La semaine dernière, vous avez été flashé à plus de cent quarante kilomètres heure sur l'A 86, en région parisienne.

— La semaine dernière ?... À Paris ?... Vous devez faire erreur. Je ne vais jamais à Paris. C'est une ville de dingues. Attendez... Quel jour vous dites ?

— Jeudi.

— Ah, non, c'est vraiment pas possible.

— Et pourquoi donc ?

— Jeudi dernier, j'avais prêté ma moto à un copain. Ça ne me plaisait pas trop, mais sa mère venait d'avoir un accident. Il devait descendre à Bordeaux de toute urgence.

Kermadec s'accroupit brutalement, ce qui déclencha un craquement sinistre à l'intérieur de ses genoux, et pointa son doigt vers le visage de l'homme. Il sentait d'instinct que Pélen ne lui mentait pas, et cette certitude provoquait en lui une immense déception.

— Ne te moque pas de moi, d'accord ?

Pélen le regarda, les yeux écarquillés.

— Mais c'est la vérité ! Je vous jure !

— Et toi, où étais-tu ?

— J'étais au boulot, comme d'habitude. Vous pouvez vérifier. C'est facile. J'ai au moins trente témoins !

— Tu y es allé comment ?

— Mon pote m'avait laissé sa mob pourrie.

— Celle-là ? demanda Kermadec, en désignant le tas de ferraille derrière eux.

— Exact.

Le commissaire baissa tout à coup la voix.

— Tu veux dire que ton copain habite ici ?

— Disons plutôt qu'il squatte chez moi. On s'est rencontrés aux Chantiers. C'est un intérimaire, et comme il n'avait pas d'appart...

— Il est là-haut ? demanda Kermadec en montrant du doigt la fenêtre du deuxième étage.

— Ça ne risque pas ! lança Pélen, comme s'il s'agissait d'une évidence.

— Et pourquoi donc ?

— Il est sur le *Queen Mary II*.

— Il travaille de nuit ? À quelle heure rentre-t-il ?

— Vous ne suivez pas l'actualité ? Le navire a appareillé hier matin, pour les essais en mer.

Le commissaire ne laissa rien paraître de la fébrilité qui l'envahissait.

— Et ton copain est à bord ?

— Ben, oui. Il est mécanicien.

— Comment s'appelle-t-il ?

— Mathieu Vèze.

— À quoi il ressemble ?

— Rien de spécial. Taille moyenne, cheveux châtains, yeux marron. Un mec normal, quoi.

Ça, c'est ce que tu crois, songea Kermadec avant de se redresser d'un bond en lançant aux deux policiers :

— Vous l'emmenez à Nantes et vous le gardez au chaud jusqu'à notre retour.

— Pas de problème, répondit le plus âgé des deux.

En deux enjambées, le commissaire retourna vers le petit groupe, où trois pompiers étaient en train de charger William sur leur brancard.

— Tu tiens ton homme ? demanda Le Guen.

— Pas exactement. Mais là où il est, il ne peut plus nous échapper.

Son ami le regarda sans comprendre.

— Tu peux m'expliquer ?

Kermadec lui posa une main sur l'épaule et l'entraîna vers la sortie à la suite des secouristes.

— Il faut que tu nous organises un petit voyage en mer.

— Pardon ?

5.

Tous les coups sont permis

— Toujours rien ?

Sourcils levés, la secrétaire ouvrit ses mains vers le plafond en signe d'impuissance. Vincent referma la porte du bureau et regarda sa montre une fois de plus. Il était presque 9 heures. La réunion de direction commençait dans moins de cinq minutes, et Spengler était aux abonnés absents. Un retard absolument inconcevable de sa part. Son adjoint, qui avait composé une dizaine de fois son numéro de portable, et laissé plusieurs messages, sentait grandir son inquiétude en même temps qu'un remords tardif. Il aurait dû lui téléphoner hier, mais son esprit était mobilisé sur un autre front. Lorsqu'il était rentré sans gloire, il avait dû essuyer le feu nourri des sarcasmes de son épouse qui, tout en se moquant de ses capacités sportives, avait pris un plaisir sadique à désinfecter sa blessure avec la délicatesse d'un infirmier militaire, avant de lui annoncer, d'un air guilleret, qu'elle allait passer la journée avec sa meilleure amie.

Vers 22 heures, sitôt rentrée, elle était restée enfermée une éternité dans la salle de bains pendant que son mari, qui avait travaillé tout l'après-midi sur ses dossiers en retard, luttait vaillamment contre le sommeil devant un téléfilm américain éventé. Quand Laurence finit par se glisser dans le lit, lui tourna le dos et éteignit la lampe de chevet en grommelant « bonne nuit » dans un bâillement ostensible, il comprit que toute tentative de rapprochement serait vaine.

— Monsieur Danier !

Plein d'espoir, Vincent se retourna d'un bloc vers la secrétaire qui le hélait dans le couloir.

— Vous l'avez trouvé ?

Elle prit un air ostensiblement agacé.

— Non ! Le président demande que vous montiez en salle de réunion.

Vincent était à la fois déçu et terriblement excité. L'absence de son patron lui offrait une occasion inespérée d'assister à ce meeting hebdomadaire du lundi qui réunissait les six chefs de département des laboratoires Willmann autour du président de la société et de son directeur général. Il se dirigea au pas de course vers l'ascenseur, qui le propulsa en quelques secondes au vingtième étage du bâtiment. À peine sorti, il fut envahi par un sentiment de puissance intérieure qui l'incita à redresser les épaules.

Peut-être était-ce le silence religieux qui contrastait avec l'agitation des autres niveaux, l'éclairage tamisé, la vue imprenable sur la capitale belge ou, plus trivialement, l'épaisseur de la moquette dans laquelle il avait l'impression de s'enfoncer jusqu'aux chevilles mais, en parcourant le couloir, Vincent sentait clairement battre le cœur du pouvoir. Lorsqu'il pénétra dans la salle de réunion, les cinq directeurs finissaient de s'installer autour de l'immense table ronde, tels de modernes chevaliers du roi Arthur qui auraient troqué leur épée et leur bouclier contre un téléphone et un ordinateur portables… et remplacé la quête du mythique Graal par celle du profit. Hasard ou destinée, le président Willmann se prénommait d'ailleurs Artur, mais sans h. Un détail auquel il tenait énormément. Âgé de soixante-dix ans, hiératique, les cheveux gris plaqués en arrière, ce qui faisait ressortir ses yeux bleus, il était le troisième du nom. Grâce à l'argent que son grand-père, natif d'Utrecht, avait amassé au début du XXe siècle dans le trafic d'armes avec les Boers en Afrique du Sud, son père, chercheur de talent, avait pu ouvrir, en 1932, un laboratoire pharmaceutique à la croissance aussi fulgurante que mystérieuse durant la Seconde Guerre mondiale. Les mauvaises langues avaient longtemps parlé d'un juteux commerce de médicaments avec l'armée allemande ou, pire encore, de collaboration avec les « médecins de la mort », mais rien ne fut jamais prouvé. Et les journalistes qui s'étaient risqués à relayer ces thèses avaient tous été condamnés pour diffamation.

Le temps, qui enfouit tous les secrets, même les plus vils, avait fait le reste, et les laboratoires Willmann étaient à présent une entreprise prospère, donc respectée, selon les critères moraux en vigueur dans le monde des affaires. Leur propriétaire s'était même vu décerner le titre de baron pour « services rendus à la nation ». La pérennité de la lignée était assurée par la nomination récente d'Artur Willmann IV à la direction de la production. Autour de la table, chacun savait qu'il était le dauphin du grand patron, et le directeur général lui-même, malgré ses mérites, ne nourrissait aucun espoir de s'élever plus haut dans la hiérarchie de l'entreprise. Fossoyeur des utopies égalitaires, le capitalisme européen, comme la monarchie, a toujours été d'essence dynastique.

Vincent se dirigea d'un pas assuré vers le seul fauteuil vide, et s'y installa avec une satisfaction gâchée par un désagréable sentiment de culpabilité. *Et si Spengler était tombé dans un fossé après que nous nous sommes séparés ? Si personne n'avait entendu ses appels au secours et qu'il ait passé la nuit dans la forêt ?*

Willmann s'immisça dans le cours de ses pensées.

— Ainsi, mon cher Vincent, vous ne savez pas où est notre ami Denis ?

— Non, monsieur le président. Nous avons fait du vélo ensemble hier matin dans la forêt de Soignes et… je suis tombé.

Comme un enfant qui vient d'avouer devant toute la classe qu'il a mouillé son pantalon, il lui sembla que chacun éclatait d'un énorme rire qui résonna dans son cerveau à lui faire éclater les tempes. *Surtout, ne pas baisser les yeux.* Il soutint le regard glacial du président.

— Ma roue arrière était trop abîmée pour continuer ; j'étais blessé…

— Épargnez-nous les détails, je vous prie.

— Je suis rentré chez moi, et nous ne nous sommes pas parlé depuis.

Willmann ouvrit de grands yeux étonnés.

— Denis ne vous a pas appelé pour prendre de vos nouvelles ?

— Non.

— Et il ne vous est pas venu à l'idée de l'appeler ?

Parce qu'elle le torturait depuis ce matin, c'était la question qu'il ne voulait pas s'entendre poser. *Je me demandais surtout comment me réconcilier avec ma femme pour avoir une chance de lui faire l'amour le soir ! Spengler pouvait aller se faire foutre !...* La vérité n'est pas toujours bonne à dire. Il tenta donc une parade dérisoire.

— Si, bien sûr. Mais je me suis plongé dans mes dossiers et je n'ai pas fait attention à l'heure. Le soir, j'ai pensé que lui aussi avait eu d'autres préoccupations.

Temps mort.

— Savez-vous pourquoi j'aime l'alpinisme, Vincent ?...

— Non, monsieur le président.

— Parce que c'est une formidable école de solidarité. En montagne, on part et on rentre ensemble. Chacun est responsable de la vie de son compagnon de cordée. Si vous donnez le meilleur de vous-même, vous allez au sommet. Si l'un des deux fait une erreur, elle se paie comptant. Dans un milieu aussi hostile, il est hors de question de fuir ses responsabilités. C'est l'essence même du travail d'équipe. Vous comprenez ce que je veux dire ?

Ce que je comprends surtout, c'est que, s'il est arrivé quelque chose à Denis, je peux m'inscrire au chômage... Mon Dieu, faites qu'il se soit endormi entre les jambes d'une de ses putes.

— Dès la fin de la réunion, vous demanderez à votre secrétaire d'appeler tous les hôpitaux de la ville. Puis vous irez au domicile de Denis. S'il n'y est pas, vous prendrez votre satané vélo et vous passerez la forêt de Soignes au tamis. Je veux savoir où est passé notre ami avant ce soir, 18 heures.

Vincent risqua une timide suggestion.

— Nous ne prévenons pas la police ?

Willmann lui porta l'estocade.

— Si la police était efficace dans ce pays, il y aurait moins de victimes dans les cimetières et plus de coupables dans les prisons.

Déstabilisé, Vincent esquissa un sourire à mi-chemin entre l'approbation et la contrition qui se termina en franche grimace. Mais Willmann ne le regardait déjà plus.

— Peter, c'est à vous.

Aussi massif et sanguin que Willmann était sec et pâle, Peter Blanke, le directeur général, formait avec lui un tandem qui n'était pas sans évoquer Laurel et Hardy, à cette différence près qu'ils n'avaient jamais fait rire personne. Au contraire. Il prit la parole d'une voix forte que son accent guttural, révélateur de son origine allemande, rendait plus autoritaire encore.

— Comme vous le savez, devant l'inflation des dépenses de santé qui plombent les budgets des pays occidentaux et incitent leurs gouvernements à en ralentir l'augmentation par tous les moyens, nous avons décidé, il y a quelques années, de travailler sur les médicaments dits « de confort », moins dépendants des systèmes de santé officiels, puisque non remboursables, mais qui répondent à de réels besoins et qui représentent un marché beaucoup plus rentable. Robert va vous communiquer les résultats obtenus par son équipe sur l'un de ces médicaments d'avenir.

Robert Klein, le patron de la recherche, remonta ses lunettes sur le haut de son front, toussota et prit la parole.

— Pendant que la concurrence se battait sur le terrain de l'impuissance masculine, où nous avons malheureusement été pris de vitesse il y a quelques années, nos chercheurs ont été invités à se pencher sur le problème du plaisir féminin.

La qualité du silence démontra que l'attention de l'auditoire venait de s'accroître de façon significative.

— Si vous me permettez cette métaphore littéraire, je dirai que, dans l'acte sexuel, le problème de l'homme, c'est l'introduction, alors que celui de sa partenaire, c'est la conclusion.

Il marqua une pause afin de ménager ses effets.

— Différentes enquêtes ont établi que 20 pour cent des femmes n'atteignaient jamais l'orgasme. Nous avons donc pensé que le premier laboratoire capable de produire une pilule garantissant la jouissance féminine accomplirait une action hautement charitable.

Et extrêmement profitable, traduisirent aussitôt les logiciels qui tenaient lieu de cerveau à ses pairs.

— Je viens de recevoir les résultats des essais cliniques de la phase trois sur lesquels notre équipe a travaillé durant ces neuf derniers mois. Ce n'est bien sûr pas la dernière étape… mais, avec un taux de réussite de 84 pour cent, je crois pouvoir dire qu'ils sont très concluants.

Un soupir de satisfaction balaya la salle. La ronde des chiffres venait de prendre son envol. Une drogue bien plus puissante que toutes les lignes de coke de la terre enivrait ces hommes, pourtant habitués à brasser des centaines de millions. Les visages s'illuminaient, les yeux brillaient d'émotion. Ils voyaient déjà leur bonus annuel exploser et la valeur de leurs stock-options s'envoler. Pour un peu, ils se seraient jetés dans les bras les uns des autres. Le président se tourna vers Alexander Haas, directeur marketing et publicitaire de génie qu'il avait arraché à son plus gros concurrent cinq ans auparavant, moyennant un chèque record.

— Que diriez-vous de laisser filtrer quelques informations sur nos travaux en direction d'un ou deux journalistes bien choisis, histoire de doper notre valeur sur le marché ?

De concert, les sept têtes approuvèrent la stratégie d'un air entendu. Artur Willmann IV fut le premier à revenir sur terre. Pour lui, c'était moins une question d'argent – l'avenir de la famille était assuré pour plusieurs générations et le montant exact de sa fortune le problème de son fiscaliste attitré – que de réussite et de puissance.

— Pouvons-nous avoir une idée du planning, mon cher Robert ?

Le patron de la recherche fit glisser ses lunettes sur son nez.

— La phase quatre des essais vient juste de commencer. Si tout se déroule sans problème, je pense que nous pourrons passer à la fabrication industrielle dans trois ans.

Bizarrement, cette autre bonne nouvelle ne suscita pas l'enthousiasme escompté. Chacun avait encore en mémoire les mouvements sociaux qui, l'année précédente, avaient secoué le centre de production, situé dans le nord de la France, et gravement perturbé le lancement d'un nouveau médicament contre les jambes lourdes. Néanmoins, personne ne voulait embarrasser l'héritier, dont c'était le domaine, en évoquant le sujet. Avec un sourire satisfait, celui-ci dissipa en quelques mots la gêne visible qui venait de s'abattre sur l'assemblée.

— À cette époque, nous aurons ouvert notre nouvelle usine au Maroc, où les ouvriers seront ravis de travailler, quelles que soient les conditions.

Un nouveau soupir de satisfaction s'échappa des poitrines. Vincent, qui connaissait bien la situation en France, songea aux deux mille cinq cents employés dont la vie allait basculer du jour au lendemain. Toujours moins pour certains, toujours plus pour d'autres, c'était la dure loi du marché. Bien qu'il se trouvât du bon côté de la barrière, une petite voix intérieure le perturbait quelquefois, donnant un goût amer à ce que les autres savouraient comme une victoire totale. Il s'en était ouvert un soir à Laurence, qui lui avait suggéré de se reconvertir dans l'humanitaire si sa bonne – mauvaise ? – conscience le torturait trop. Dans ce cas, ce serait tout seul, car elle n'avait pas la vocation. Devant sa réaction, Vincent ne lui avait plus jamais fait part de ses états d'âme. Le président, quant à lui, était fier de voir son fils marcher sur ses traces avec la même conviction. Heureusement que la main-d'œuvre des pays pauvres était là pour maintenir la pression, disait-il, sinon la voracité des salariés occidentaux ne connaîtrait aucune limite. Trop paresseux et trop exigeants. Le plus amusant, paradoxalement, c'est que l'instauration des trente-cinq heures en France, et leur cortège de compensations financières, avaient ruiné l'État, fait gagner beaucoup d'argent aux grosses sociétés et étranglé les petites entreprises. Décidément, les gens de gauche ne comprendraient jamais rien à l'économie, les Français, en particulier, toujours en avance d'une révolution, mais en retard permanent sur l'évolution.

— Quel sera le prix de vente de cette pilule miracle ? s'inquiéta Thierry de Rancourt, le directeur commercial, arbitre des élégances, fervent adepte du costume trois-pièces, été comme hiver, qui veillait à toujours assortir soigneusement la couleur de sa cravate et de sa pochette avec celle de ses chaussettes.

— Aux alentours de soixante euros la boîte de quatre comprimés, répondit le directeur général.

— Quinze euros l'orgasme, c'est beaucoup moins cher qu'une visite chez le coiffeur, ou une épilation du maillot, énonça sans rire Max Ripert, le directeur des ressources humaines et doyen du groupe, ce qui lui conférait le privilège d'être le seul à tutoyer le président.

C'est le moment que choisit la sonnerie du portable de Vincent pour retentir. L'ouverture endiablée de « Guillaume Tell » déchira l'atmosphère feutrée. Comment avait-il pu oublier de l'éteindre dans un lieu aussi sacré ? C'est ce qu'il put lire dans les regards qui le fixaient, comme une bande de loups découvrant un mouton égaré sur leur territoire de chasse. Affolé, Vincent plongea la main dans la poche de sa veste et en ressortit l'objet du crime de lèse-réunion. Il jeta un bref coup d'œil à l'écran et poussa un cri où se mêlaient joie et soulagement.

— C'est Denis !

Absolution garantie. Il avait eu raison de laisser son téléphone allumé ! La lueur menaçante dans les yeux de ses juges venait de s'éteindre. Willmann se laissa aller contre le dossier de son siège avec un soupir d'agacement, espérant que son directeur financier aurait une bonne excuse à fournir. Rasséréné, Vincent prit la communication avec une certaine fierté.

— Vincent Danier ?

La voix n'était pas du tout celle qu'il attendait. Un signal d'alarme s'alluma dans son cerveau.

— Qui êtes-vous ? Que faites-vous avec ce téléphone ?

— Je suis le capitaine Dewarin, de la gendarmerie.

Vincent aurait voulu disparaître. Hélas, comme dans ses pires cauchemars, il lui fallait se mettre à nu devant tout le monde.

— Il est arrivé quelque chose à Denis ?

Le rideau tomba sur les sept visages qui l'entouraient.

— Je préférerais vous en parler de vive voix. Vous êtes bien au siège des laboratoires Willmann ?

— Oui, bien sûr…

— Je serai là dans moins de dix minutes.

Son interlocuteur venait de raccrocher. Vincent garda le téléphone collé à l'oreille pendant quelques secondes, afin de retarder l'instant de vérité. Il était à nouveau sous le feu croisé des regards qui hésitaient entre interrogation et accusation. Sa bouche finit par s'entrouvrir pour laisser passer les mots qu'il aurait tant voulu ne pas avoir à prononcer.

— C'était un officier de la gendarmerie.

Silence de mort.

— Il n'a rien voulu dire. Il arrive.

Le visage fermé, Willmann repoussa son fauteuil et se leva en reboutonnant sa veste.

— Messieurs, vous comprendrez que, devant la gravité de la situation, la réunion est levée. Danier, suivez-moi ; nous allons attendre ces messieurs dans mon bureau. Peter, vous venez avec nous.

Vincent nota que le président venait de l'appeler par son nom de famille, comme s'il prenait ses distances. D'ailleurs, tandis qu'il quittait la salle, les autres refermaient leurs dossiers en faisant mine de ne plus le voir. Il était déjà sorti de leur existence. Coincé entre le président et le directeur général, Vincent avait l'impression de parcourir le couloir de la mort en direction de la salle d'exécution. *La Dernière Marche*. Sean Penn magnifique, comme toujours. La moquette n'avait plus du tout la même consistance. À chaque pas, il devait fournir un effort surhumain pour arracher ses semelles à la vase qui les aspirait. À l'extrémité de l'interminable corridor s'ouvraient les portes de l'Enfer : le bureau de la secrétaire de Willmann, véritable cerbère du sanctuaire présidentiel dont elle contrôlait l'unique accès avec une hargne féroce. Première arrivée, dernière à partir : rares étaient les employés qui pouvaient se vanter de rencontrer Marguerite Kudrein dans les couloirs. Au demeurant, nul n'en éprouvait la moindre envie, tant son caractère était à l'image de son physique : desséché, glacial et imperméable à toute émotion. On racontait, en riant sous cape car les murs avaient des oreilles, que cette vieille fille revêche, qui avait largement dépassé l'âge de la retraite, continuait à travailler bénévolement par dévouement envers le président dont elle était amoureuse en secret depuis le milieu des années 50, lorsqu'elle était entrée chez Willmann comme on entre en religion.

Son absolue loyauté et sa phénoménale capacité de travail l'avaient peu à peu rendue indispensable, à la manière de ces domestiques qui finissent par faire partie de la famille. Bien entendu, son pouvoir occulte – fantasme ou réalité, on ne savait pas vraiment – faisait d'elle la femme la plus crainte et la plus détestée de la compagnie, mais aussi, selon toute logique, la plus courtisée. Tentatives de séduction aussi dérisoires qu'inutiles. Au long de toutes ces années, « Mademoiselle Kudrein », comme elle mettait un point d'honneur à se faire appeler – sauf par le président qui l'avait baptisée « Maggie » lorsqu'elle était jeune –, avait appris à détecter les hypocrites aussi sûrement qu'un cochon renifle les truffes. Elle savait très bien que les plus gentils l'avaient surnommée « la Dame de fer », et les autres, c'est-à-dire la majorité, « Miss coup de rein ».

Au moment où les trois hommes arrivèrent dans son antre, elle se raidit et lança à Vincent un coup d'œil meurtrier marquant clairement sa désapprobation quant à la présence d'un simple directeur-adjoint dans l'antichambre du saint des saints. Durant un bref instant, Blanke songea qu'elle ferait un parfait cobaye pour leurs chercheurs. Si une pilule parvenait à lui faire connaître l'orgasme, alors les femmes du monde entier y accéderaient sans problème. Willmann s'arrêta devant elle.

— Maggie, nous attendons un représentant de la loi d'ici quelques minutes. Vous voudrez bien demander à la sécurité de le faire monter directement dans mon bureau.

— Tout de suite, président.

Quoique respectueux, ce raccourci était sa façon de marquer sa proximité avec le patron. Un imperceptible sourire se dessina au coin de ses lèvres. Un rictus, plutôt. Sans savoir de quoi il retournait, elle avait vite compris que c'était une punition, et non une récompense, qui attendait Vincent. D'ailleurs, il avait déjà l'allure d'un condamné. Elle s'empressa de contacter la réception.

— Sandrine…

— Mademoiselle Kudrein ?... J'allais justement vous appeler. Deux gendarmes viennent d'arriver. Ils demandent à voir M. Danier.

— Faites-les accompagner chez le président, s'il vous plaît.

Elle prononça cette phrase avec la même volupté sadique qu'elle aurait éprouvée à clamer en place publique : « Bourreau, fais ton office ! »

Lorsque les gendarmes se présentèrent à l'entrée du bureau, la casquette à la main, ils faillirent être pétrifiés sur place. La pièce qui s'ouvrait devant eux devait faire à peu près cent cinquante mètres carrés. Reflet du passé exotique de la famille Willmann, elle était meublée dans un style néo-colonial qui mélangeait allègrement teck, acajou, rotin et bambou.

Rapportés d'Afrique par le grand-père, toutes sortes d'accessoires guerriers – masques, boucliers, arcs, sagaies, casse-tête – ornaient un mur entier, tandis qu'une multitude de statuettes, vases, sculptures diverses, parsemaient les différents meubles. Comme pour équilibrer ce décor « premier » – le mot « primitif » a été supprimé du vocabulaire pour cause de politiquement incorrect – le second mur était occupé par une gigantesque bibliothèque qui contenait l'essentiel de la littérature, soit plusieurs milliers de volumes reliés plein cuir, soigneusement classés par ordre alphabétique. Une véritable jungle de vigoureuses plantes vertes, que Marguerite arrosait deux fois par semaine avec un soin maniaque, un canapé d'angle Chesterfield et ses quatre fauteuils couleur havane, qu'on aurait dit tout droit sortis d'un club londonien, finissaient de donner à l'endroit l'allure d'une maison de riche planteur britannique. Ne manquaient au décor que le tapis en peau de léopard et les animaux empaillés. Les traditionnelles défenses d'éléphant étaient là, en revanche, dressées sous la table de travail dont elles supportaient le gigantesque plateau d'ébène. L'Afrique saignée à Blanc. Deux immenses baies vitrées ouvraient sur une terrasse arborée, d'une superficie à peu près identique à l'espace intérieur. Dans un coin de cet incroyable jardin suspendu trônaient deux souches de baobab, encadrant le départ d'un practice de golf, au gazon impeccablement entretenu, qui permettait au président de travailler son putt entre deux rendez-vous.

— Entrez, messieurs, je vous en prie !

Les gendarmes sursautèrent. Debout dans le coin salon, Willmann leur faisait signe de la main. Pour avoir vu sa photo dans les rubriques « people » des journaux, ou lors de ses apparitions à la télévision, ils le reconnurent immédiatement, et s'approchèrent en adoptant un air dégagé.

— Capitaine Roger Dewarin. Et voici l'adjudant Tim Van Loy.

— Artur Willmann. Je vous présente notre directeur général, Peter Blanke, et M. Danier, que vous avez eu au téléphone tout à l'heure. Si vous voulez bien vous asseoir.

Encore une fois, Vincent remarqua que le président n'utilisait plus son prénom. Il avait même omis de préciser sa fonction. Les deux gendarmes s'assirent face à lui, sur le canapé, tandis que Willmann s'installait dans le fauteuil voisin du sien. Blanke choisit un siège un peu à l'écart. Le capitaine posa sa casquette et croisa les mains, avant d'annoncer, sur le ton solennel qu'utilisent les militaires pour annoncer la perte d'un homme au champ d'honneur :

— Messieurs, je suis au regret de vous apprendre que le corps de Denis Spengler a été retrouvé hier soir dans la forêt de Soignes.

— Il est mort ?

Vincent n'avait pu retenir cette question dont il savait pourtant combien elle était stupide. L'officier poursuivit son compte-rendu administratif.

— Selon les premières constatations, il a succombé à l'attaque d'un essaim d'abeilles.

— Je vous demande pardon ?

Cette fois, c'était Willmann qui n'avait pu s'empêcher d'exprimer son étonnement.

— Hier, en fin d'après-midi, nous avons été alertés par le nombre anormalement élevé de promeneurs qui se plaignaient d'avoir été piqués par des abeilles particulièrement agressives, au point que tout un secteur de la forêt était devenu impraticable. C'est en recherchant l'essaim que les pompiers ont découvert le cadavre de votre collaborateur dans un ruisseau. Son vélo était coincé dans les branches basses d'un arbre, où le nid devait être accroché. Selon toute probabilité, il l'a percuté après avoir raté un virage au bas d'une descente assez raide, ce qui a déclenché la fureur des insectes.

Effondré, Vincent pencha la tête et la prit entre ses mains.

— Oh, mon Dieu ! C'est horrible.

Willmann intervint, comme pour l'excuser.

— M. Danier était avec Denis dans la forêt hier matin, mais il a fait une chute qui a endommagé son vélo, et il l'a laissé continuer la promenade tout seul.

En d'autres circonstances, Vincent lui aurait fait remarquer que leurs sorties en VTT n'avaient rien d'une paisible promenade à bicyclette mais, à cet instant, cela n'avait aucune importance. L'officier écarta les mains.

— Cet accident vous a probablement sauvé la vie.

Vincent redressa la tête, livide.

— Il avait proposé de me raccompagner. J'ai refusé.

— Personne ne pouvait prévoir une chose pareille. Vous n'avez pas à vous sentir coupable.

Afin de laisser son interlocuteur se reprendre, le capitaine observa un silence poli que Willmann interrompit.

— Est-ce qu'il est mort sur le coup ?

— Une minute, tout au plus. Il avait à peu près deux mille piqûres sur l'ensemble du corps, ce qui a déclenché un arrêt respiratoire, presque aussitôt suivi de l'arrêt cardiaque.

— C'est à peine croyable. N'est-ce pas, Peter ?

Le directeur général eut une moue approbatrice. L'officier sortit un téléphone de sa sacoche.

— Nous avons récupéré son portable dans la poche arrière de son maillot, mais nous ne savons pas qui prévenir en priorité. Pouvez-vous nous aider ?

Vincent tendit la main, prit l'appareil d'une main tremblante et, après quelques manipulations rapides, le rendit au capitaine.

— « Mimi ». C'est le surnom qu'il donnait à sa mère. Elle s'appelle Mireille.

L'officier ramassa sa casquette et se leva. Tout le monde fit de même.

— Où est le corps ? interrogea le président en raccompagnant les gendarmes vers la porte.

— Il a été transporté à la morgue, aux fins d'autopsie.

— Pour un accident ?

— Simple procédure de routine.

— Je comprends. Merci de vous être dérangés, messieurs.

6.

Parfums d'enfance

— Et alors ? demanda la mère de Lara, en posant l'assiette de pâte de coing sur la table.

— Nous avons pris une vedette de la Marine nationale pour rejoindre le *Queen Mary II*. Hélas, quand nous sommes arrivés à bord, Vèze avait disparu. L'équipage continue de fouiller le navire, mais ils ont peu de chances de le retrouver.

— Comment ça ! Il ne s'est tout de même pas jeté à l'eau !

Son mari intervint.

— Gabrielle, tu as une idée de la taille du *Queen Mary II* ? C'est une véritable ville flottante.

— Ah, mon Dieu ! Quelle angoisse de savoir que ce monstre est toujours en liberté, lâcha-t-elle, en finissant de découper un triangle de pâte orangée. Georges, donne ton assiette.

— Il y en a trop ! Tu veux que je finisse comme le gros Raymond, obligé de dormir assis dans son fauteuil pour ne pas mourir étouffé ?

Amusée, Lara les regardait avec tendresse. Son père, grand et massif, le cheveu coupé très court, comme lorsqu'il était en activité, le regard vif sous ses épais sourcils, solidement accoudé à la table, et sa mère, petite et menue, la mise en plis impeccable, toujours en mouvement. Ils ne changeaient pas, et c'était bien ainsi. Ces instants de bonheur paisible la renvoyaient à son enfance, presque uniquement peuplée de bons souvenirs. Même adolescente, elle ne se rappelait pas avoir connu de véritable conflit avec ses parents, à la fois parce qu'elle avait été plutôt raisonnable et qu'ils s'étaient montrés extrêmement attentifs et ouverts. La seule chose qui avait contrarié sa mère, c'était son récent choix professionnel. Depuis le jour où Lara lui avait annoncé son intention de devenir *profiler*, Gabrielle n'avait eu de cesse de la convaincre que c'était une très mauvaise idée. La pensée que sa fille dût côtoyer des psychopathes à longueur d'année lui était proprement insupportable. À l'inverse, son père qui, en vingt ans de service, n'avait arrêté que des petits délinquants ou des automobilistes en excès de vitesse, et pour qui les seuls cadavres rencontrés avaient péri accidentés ou suicidés, était ravi de ce choix. Comme si sa carrière prenait un nouveau départ par procuration. Tandis qu'ils dégustaient la pâte de coing, Gabrielle, intarissable comme à son habitude, se fit un plaisir de livrer à sa fille les nouvelles du voisinage. Lara apprit ainsi que Mylène, son amie d'enfance, était enceinte pour la troisième fois.

Percevant un léger sentiment de reproche mêlé de regret dans le ton employé par sa mère, elle changea rapidement de sujet et demanda des nouvelles d'Émile, un apiculteur septuagénaire, grand ami de ses parents, qu'une sciatique tenace avait contraint à cesser son activité. La mort dans l'âme, celui-ci avait dû abandonner ses chères abeilles, auxquelles il vouait une véritable passion, et s'installer en ville, chez sa sœur. Déjouant tous les pronostics, « le vieil ours », comme il se surnommait lui-même, s'était rapidement pris d'affection pour le jeune homme qui avait repris son exploitation à la suite de l'annonce parue dans un magazine professionnel. Originaire de Sisteron, ce dernier avait également fait forte impression sur Gabrielle, qui ne manquait pas une occasion de vanter ses mérites à Lara.

— Excusez-moi, mais je crois que je vais vous abandonner, dit celle-ci en étouffant un bâillement.

Elle se leva et alla embrasser ses parents. Lorsqu'elle eut disparu en haut de l'escalier, Georges entoura de son bras noueux la taille de son épouse.

— Sacrée petite bonne femme.

— Tu te souviens quand on me l'a mise dans les bras, à l'aéroport ? Rien que d'y penser, j'en ai encore la chair de poule.

— Et comment ! C'était le plus beau jour de notre vie.

Le samedi matin, réveillée de bonne heure par un silence auquel elle n'était plus habituée, Lara se laissa flotter un moment dans une bienheureuse quiétude avant de se décider à quitter sa couette. À peine avait-elle franchi le seuil de la chambre que l'odeur entêtante du café lui sauta aux narines. En bas de l'escalier, elle croisa son père qui revenait de la boulangerie, une boule de campagne dans une main, un sachet de croissants dans l'autre. Elle se jeta à son cou, appréciant avec plaisir la fraîcheur de ses joues, l'une de ses « madeleines » favorites.

— Bien dormi, ma fille préférée ?

— Pourquoi, tu en as d'autres ? dit-elle sur un ton de reproche.

— On ne sait jamais, répliqua-t-il avec un haussement d'épaules en allant poser le pain et les croissants sur la table.

Tandis que Gabrielle versait le café dans le bol marqué « Lara » que sa fille utilisait depuis l'âge de cinq ans, celle-ci dévissa le couvercle du pot de miel, trempa sa cuillère et la porta à la bouche avec gourmandise. Les yeux mi-clos, elle laissa ses papilles s'imprégner du nectar ambré avant de déclarer :

— Tu as raison. Il se débrouille plutôt bien, le successeur d'Émile.

— Il s'appelle David, précisa Gabrielle.

Une heure plus tard, sous la lumière d'un agréable soleil de fin d'été, mère et fille déambulaient bras dessus, bras dessous, au milieu des allées du marché qui, deux fois par semaine, plantait ses étals sur le flanc de la magnifique cathédrale gothique bâtie au XIIe siècle. Ancienne institutrice et directrice de l'école communale, Gabrielle était une figure de la ville. Leur promenade fut donc très vite ponctuée de joyeuses exclamations, d'embrassades et de bavardages à n'en plus finir. Après avoir commandé un poulet chez le rôtisseur, où doraient une dizaine de volatiles ruisselants dans un irrésistible parfum d'herbes de Provence, elles se dirigèrent vers l'extérieur de la place.

— Mais c'est Milou, là-bas ! s'exclama Lara.

— Il a dû venir donner un coup de main à David. C'est plus fort que lui.

Coiffé d'un béret noir, le paysan sortait un carton du vieux Land Rover garé juste derrière le stand « Miels de pays », tandis que le vendeur, un homme de taille moyenne, assez athlétique, était lancé dans une discussion animée avec une cliente. Lara et sa mère s'approchèrent. La jeune femme s'exprimait dans un français hésitant teinté d'un fort accent anglais.

— Expliquez-moi un chose. On m'a dit une jour que tous les miels étaient naturellement bio. Ce n'est pas vrai ?

— Pour qu'un miel soit vraiment bio, chère madame, il faut que les abeilles butinent dans des champs où l'on n'a pas utilisé de produits chimiques – engrais, pesticides ou herbicides – et qu'on ne les ait pas traitées, elles ou leurs ruches, aux antibiotiques. Sinon, leur miel en contiendra des traces.

— Ah, je comprends. Donnez-moi un pot toutes fleurs, s'il vous plaît.

— Cinq cents grammes ou un kilo ?

— Un kilo.

Au moment où il arrivait près de l'étal, le vieil Émile aperçut les deux femmes.

— Oh ! Coquin de sort ! Gaby ! Et la pitchoune !

Il posa son carton sur la table, sortit du stand, enlaça Lara de ses bras robustes et l'embrassa à sa manière un peu rude, ses pommettes saillantes heurtant brutalement les joues de la jeune femme, tandis que les poils de sa moustache en bataille lui râpaient la peau. Ce contact rugueux qui, lorsqu'elle était enfant, provoquait chez elle un mouvement de recul et une grimace d'aversion, constituait maintenant un vrai plaisir. Le vieil homme la regarda, émerveillé.

— Toi, on peut dire que tu te fais rare. Comme toutes les belles choses.

Derrière l'étal, le jeune homme aux cheveux bruns adressa à Lara un sourire amusé et interrogateur. Elle lui tendit la main qu'il emprisonna d'une poigne chaude et ferme.

— Vous devez être Lara. J'ai beaucoup entendu parler de vous.

— Alors, je te l'avais pas dit, que c'était la plus belle fille du monde ? asséna le vieil homme, les bras grands ouverts, comme s'il vantait les qualités d'une bête de concours à la foire agricole.

— Tu étais en dessous de la vérité, répliqua David.

Gabrielle rosit légèrement, comme si le compliment lui était adressé. Lara esquissa une moue de satisfaction.

— Je crois que je devrais venir plus souvent. C'est très bon pour mon ego.

Deux clientes s'arrêtèrent devant le stand. David fit un petit signe de la main.

— Excusez-moi, le devoir m'appelle.

— Nous allons vous laisser travailler, s'excusa Gabrielle. Que diriez-vous de venir déjeuner tous les deux à la maison, demain ?

— Avec plaisir, répondit David.

— Dis à ton mari que j'apporterai le vin, ajouta Émile.

Le lendemain midi, alors que Gabrielle servait le café, son mari sortit du buffet une bouteille d'eau-de-vie et trois verres. David fit un signe de dénégation.

— Non merci, monsieur Varani. Avec tout ce que nous avons déjà bu, je crois que j'ai largement dépassé la dose autorisée.

— Vous ne pouvez pas refuser, intervint Lara. Pour un Corse, c'est un affront.

— Je le sais, mais vous avez remarqué que je suis venu en moto ?

La jeune femme le regarda en souriant.

— Ne vous inquiétez pas. Je vous raccompagnerai.

David lui lança un regard incrédule puis, après un instant de réflexion, saisit le verre que Georges venait de remplir.

— Dans ces conditions...

— Comme disait Jean Ferrat : « La femme est l'avenir de l'homme », déclara Émile d'un ton solennel.

— En fait, c'est un poème de Louis Aragon mis en musique par Ferrat, précisa David.

— Et sur ses vieux jours, Aragon préférait les hommes, ajouta Lara.

Émile vida son verre cul sec, fit claquer sa langue, réfléchit un instant, et laissa tomber :

— Du moment qu'il n'a pas changé le titre du poème.

Ce qui déclencha l'hilarité générale.

Une demi-heure plus tard, sur la route qui serpentait à travers les collines, David admirait l'habileté avec laquelle Lara pilotait la puissante KTM, négociant les virages au cordeau, plaçant de franches accélérations dans les courtes lignes droites, sans le moindre à-coup. Collé contre son dos, il humait avec plaisir le parfum qui émanait de son cou délicat. À la base de la nuque, la forme incurvée du casque laissait entrevoir une étroite bande de peau parsemée d'un fin duvet de cheveux noirs qui voletaient dans le vent.

Peu habitué à se laisser conduire – c'était même la première fois – il avait d'abord failli s'agripper aux hanches de la jeune femme, mais s'était très vite ravisé. D'abord parce que celle-ci lui semblait trop frêle pour constituer un appui fiable, ensuite parce que le geste lui semblait trop intime. Les mains fermement accrochées au porte-bagages, ses cuisses enserrant celles de Lara, il poussait sur les repose-pieds luttant contre l'inclinaison de la selle qui faisait glisser son bassin vers les reins de son – sa ? – pilote. C'est drôle comme une femme derrière un homme, sur une moto, cela paraît tout à fait naturel, alors que l'inverse est beaucoup plus ambigu, se dit-il, en revoyant les images terriblement kitsch de Brigitte Bardot en short moulant et cuissardes noires, chevauchant une Harley-Davidson rutilante. La mélodie lui trotta dans la tête.

« Quand je sens en chemin,
Les trépidations de ma machine,
Il me monte des désirs
Dans le creux de mes reins. »

Heureusement, ils arrivaient en vue de la ferme. Lara rétrograda et s'engagea sur le chemin de terre qui menait à la vieille bâtisse devant laquelle elle s'arrêta en douceur. David mit pied à terre pendant que la jeune femme coupait le contact et abaissait la béquille d'un coup de talon énergique. Il enleva son casque et la regarda avec une expression admirative.

— Vous vous débrouillez très bien.

Elle descendit de l'engin tout en passant la main dans ses cheveux pour leur redonner l'allure ébouriffée qu'elle affectionnait.

— Pour une femme, vous voulez dire ? demanda-t-elle avec un brin d'ironie.

— C'est possible. Tous les hommes sont un peu macho, admit-il. Même inconsciemment.

— Mais il n'y en a pas beaucoup qui ont l'honnêteté de le reconnaître.

Il fit semblant d'ignorer le compliment.

— Qui vous a appris à piloter ?

— Quand nous habitions au-dessus de la gendarmerie, je passais mon temps à admirer les motos garées dans la cour. Alors, dès que j'en ai eu l'âge, mon père m'a mise sur une 125.

Ils contournèrent la maison et, sans se concerter, s'engagèrent côte à côte sur le chemin qui grimpait à flanc de colline. David questionna Lara sur ses études et s'étonna de son parcours atypique. Celle-ci n'avait pas très envie de lui expliquer à quoi elle se destinait vraiment. *Pourquoi les femmes qui choisissent un métier un tant soit peu particulier – c'est-à-dire* a priori *réservé aux hommes – sont-elles toujours obligées de se justifier ?*

— En fait, j'avais commencé mes études avec l'intention d'entrer dans la magistrature. Ensuite, je me suis dit qu'il serait plus intéressant de comprendre les gens plutôt que les juger.

David lui sourit.

— C'est un joli cheminement intellectuel. Inhabituel, mais tout à fait cohérent. Et plein d'humanisme.

À cet instant, la jeune femme eut un peu honte de son mensonge, mais il était trop tard pour faire marche arrière. Elle passa à autre chose.

— Vous avez ajouté des ruches, non ? dit-elle en désignant le terrain en contrebas.

— Quelques-unes, oui. Et je vais en mettre d'autres l'année prochaine. Je compte aussi agrandir la miellerie. On peut faire des choses magnifiques, ici. La Nature est encore préservée. Il faut en profiter. C'est un privilège qui se fait rare.

Lara contempla la vallée. À chacune de ses visites, elle appréciait un peu plus la chance d'avoir grandi dans cet environnement exceptionnel. À ses pieds, la ville de Die, tranquillement blottie au bord de la Drôme qui marquait la frontière naturelle entre les rigueurs du plateau du Vercors, au Nord, et les douceurs de la Drôme provençale, au Sud, donnait l'impression que le temps n'avait pas de prise sur elle. Les cloches de la cathédrale, dont les deux tours blanches se détachaient au-dessus des toits alentour, sonnèrent trois fois. Combien de temps encore ce havre de paix échapperait-il à la frénésie des hommes ?

— Vous voulez voir les abeilles ? demanda David.

Lara fit une grimace.

— Non, merci.

Le jeune homme lui lança un regard interrogateur.

— Je me suis fait attaquer par des guêpes quand j'avais douze ans, en ramassant des framboises dans la forêt avec mon père, sous la dent de Die. J'avais dérangé un essaim.

— Des guêpes ?... Ce n'est pas du tout la même chose.

— Pour vous, peut-être. Pour moi, du moment qu'ils ont un dard, tous les insectes sont dangereux : frelons, bourdons, guêpes, abeilles, peu importe…

— Si elles vous ont piquée, c'est uniquement parce qu'elles se sont senties menacées.

— Je sais. Il ne faut jamais surprendre un animal, sinon il prend peur et vous attaque. Le problème, c'est qu'il ne vous laisse pas le temps de vous expliquer.

— Il y a pourtant moins de risques à visiter une ruche qu'à faire une balade en moto. L'abeille est une merveille de douceur. Elle consacre la totalité de sa courte existence à faire du miel, qui est l'un des aliments les plus exceptionnels de la Création. Sans parler de la gelée royale, du pollen ou de la propolis.

Si vous allez vers elle sans peur et sans agressivité, elle ne vous fera aucun mal. C'est un principe universel.

— Donne de l'amour et tu en recevras, l'interrompit Lara. Ce serait trop beau. Demandez à Gandhi, à Martin Luther King… Ou à Jésus.

David sourit de toutes ses dents.

— J'admets que cela fonctionne mieux avec les animaux.

La jeune femme esquissa une moue sceptique, contempla les ruches avec appréhension, et se retourna vers lui. Il planta ses yeux droit dans les siens.

— Vous me faites confiance ?

Elle le dévisagea attentivement, et pointa l'index vers lui, menaçante.

— Je vous préviens : une seule piqûre, et je ne vous adresse plus jamais la parole.

— Je prends le risque.

Ils se dirigèrent lentement vers le rucher. Au fur et à mesure qu'ils approchaient, la jeune femme ralentissait le pas. David se retourna et, découvrant la distance qui les séparait, lui tendit la main pour l'encourager. En le rejoignant, elle la saisit naturellement et, de nouveau, éprouva cette sensation de chaleur et de force contenue.

— Ne vous mettez pas devant l'entrée, lui recommanda-t-il d'une voix douce, alors qu'ils s'arrêtaient près de la première ruche. Et ne faites pas de mouvement brusque.

— Vous les avez prévenues que c'était une visite de courtoisie ? plaisanta-t-elle pour se rassurer.

L'intense bourdonnement envahissait tout l'espace sonore. David s'agenouilla, obligeant Lara à en faire autant d'une légère pression de la main.

— Détendez-vous. Elles sont trop occupées pour nous prêter attention.

Contenant les battements de son cœur, la jeune femme observa l'agitation à l'entrée de la ruche.

— On dirait le métro aux heures de pointe, lâcha-t-elle dans un souffle.

— Quelle âme de poète… Vous voyez les gardiennes postées devant le trou de vol ?... Grâce à un marquage chimique spécifique de l'essaim, elles peuvent identifier chacune des occupantes de la ruche à l'odeur, et repousser d'éventuelles étrangères qui viendraient piller les réserves. S'il s'agit d'un gros prédateur – frelon, lézard, mulot ou autre –, les soldats viendront leur prêter main-forte.

— Elles exercent toutes une fonction différente ?

— Selon l'âge, oui. Durant les trois premiers jours de son existence, l'ouvrière est nettoyeuse et veille à l'entretien des alvéoles dans lesquelles, du printemps à l'automne, la reine pond quotidiennement entre mille cinq cents et deux mille œufs, soit l'équivalent de son propre poids. Ensuite, cette ouvrière devient nourrice et s'occupe de l'élevage du couvain, c'est-à-dire l'ensemble constitué par les différents stades de l'évolution : œuf, larve et nymphe. À cette période, ses glandes salivaires pharyngiennes fonctionnent à plein régime et produisent la gelée royale qu'elle donne aux larves.

— Il s'écoule combien de temps entre la ponte de l'œuf et la naissance de l'abeille ?

— Vingt-quatre jours pour le faux-bourdon, vingt et un pour l'ouvrière et seize pour la reine, qui est pourtant la plus grosse : deux centimètres de long pour vingt-cinq centigrammes, alors que le mâle mesure quinze millimètres pour vingt-trois centigrammes, et l'ouvrière, douze millimètres pour dix centigrammes.

— Comment se détermine la différence ?

David fit une mimique de perplexité.

— Le mâle est issu d'un œuf non fécondé. Pour les femelles, en revanche, c'est l'un des grands mystères de la ruche. Il s'agit du même œuf fécondé, simplement pondu dans une alvéole de taille plus grande pour la future reine. Mais, alors que la larve d'ouvrière est nourrie de gelée royale entre le troisième et le sixième jour, puis de miel, de pollen et d'eau pendant les trois jours suivants, la larve de reine est exclusivement nourrie de gelée royale du troisième au neuvième jour. Ensuite, dans les deux cas, la cellule est refermée par un bouchon de cire, et la nymphe entame son développement en autarcie.

— C'est tout ?

— Absolument. Et cette infime différence d'alimentation permet à la reine d'être la seule femelle entière et de vivre entre trois et cinq ans, tandis qu'une ouvrière reste stérile, avec une espérance de vie moyenne de quarante-cinq jours.

— Je comprends pourquoi on attribue de telles vertus à la gelée royale !... Continuez, c'est passionnant.

— Au onzième jour de son existence, l'abeille devient architecte et maçonne. Ses glandes pharyngiennes s'atrophient et les glandes cirières prennent le relais pour produire les minuscules écailles – moins d'un milligramme chacune – qui servent à la fabrication des alvéoles, où seront stockés les œufs, le miel ou le pollen. Il faut une chaîne d'une centaine d'abeilles pour construire chaque cellule, dont la forme hexagonale assure une gestion optimum de l'espace et qui, raffinement suprême, est inclinée vers le haut de treize degrés pour préserver son contenu. Songez qu'il y a environ vingt mille cellules par cadre, ce qui représente huit mille heures de travail et plus de cent grammes de cire, dont la production nécessite la consommation d'un kilo de miel !

— Et je crois me souvenir qu'il y a dix cadres dans le corps de la ruche, précisa la jeune femme.

— Exact. C'est pourquoi les apiculteurs utilisent maintenant des cadres gaufrés aux rayons préformés.

— Ne craignez-vous pas qu'avec ce genre de procédé les abeilles perdent un jour leur savoir-faire ancestral ?

David se gratta le menton.

— Voilà une question intéressante, à laquelle je n'avais jamais pensé. Il faudra que je la pose à mes confrères... Vers le quinzième jour, l'abeille se transforme en manutentionnaire. Elle récupère le nectar de fleur rapporté par la butineuse dans son jabot en l'aspirant directement avec sa langue, puis le transmet à l'une de ses « sœurs », qui le transmet à une autre… une cinquantaine de fois, jusqu'à ce que la dernière le dépose dans une alvéole, où le miel achèvera sa maturation. À son arrivée dans la ruche, le nectar contenait 80 pour cent d'eau ; à la sortie, le miel n'en contient plus que 20 pour cent. Durant ce processus, que la science nomme trophallaxie, mais que je préfère appeler un « long baiser d'amour », chaque abeille ajoute au nectar les sécrétions de ses glandes salivaires, riches en ferments, ce qui rend le miel immédiatement assimilable par l'organisme humain, puisque prédigéré par l'insecte.

La jeune femme fut sensible à la beauté de la formule utilisée par David.

— C'est donc un aliment qui réalise l'union parfaite entre l'animal et le végétal ?

— Exactement. Et, pour que cette transformation se fasse dans les meilleures conditions, n'oublions pas les ventileuses, chargées de créer un courant d'air avec leurs ailes afin de réguler la température, l'hygrométrie et le taux de gaz carbonique de la ruche.

Devant tant d'amour et de perfection, Lara avait oublié toutes ses craintes.

— Enfin, vers l'âge de vingt et un jours, l'ouvrière quitte le bercail et, après quelques vols d'orientation destinés à se repérer, entame son activité de butinage, deuxième partie de sa laborieuse existence. La plus fatigante.

— Jusqu'où vont-elles butiner ?

— Elles cherchent toujours au plus près de la ruche, dans un rayon d'un kilomètre, si possible. Au-delà de trois kilomètres, elles consomment autant de miel qu'elles en produiront avec le nectar récolté, ce qui annule le bénéfice du vol.

— Combien ramènent-elles de nectar à chaque voyage ?

— Quatre centigrammes, environ. La fabrication d'un kilo de miel demande cinquante mille vols. Plus d'une fois le tour de la Terre !

Lara leva un sourcil admiratif.

— Et quelle quantité de miel une ruche produit-elle ?

— Une sédentaire, jusqu'à trente kilos, les bonnes années ; mais les ruches de transhumance, qu'on déplace en fonction des floraisons, peuvent dépasser cent kilos.

— Je regarderai mon pot de miel d'un autre œil, dorénavant… Comment retrouvent-elles le chemin de la ruche ?

— Elles utilisent un mélange de repères visuels, magnétiques et olfactifs d'une extrême précision. Un véritable GPS. Lorsque l'une d'elles a trouvé une nouvelle source de nourriture, elle est capable d'en communiquer la composition florale, la concentration du nectar ou la quantité de pollen, la distance et l'emplacement exacts à ses consœurs.

— Par quel moyen ?

— On appelle cela la « danse en huit » ou « danse frétillante ». Pour faire simple, disons que la façon de dessiner le chiffre et la vitesse de frétillement constituent un plan de vol parfaitement clair pour ses consœurs.

— C'est génial.

— La Nature tout entière est géniale. On ne devrait jamais l'oublier.

— Combien sont-elles, dans la ruche ?

— Entre trente et soixante mille. Mais le nombre importe peu. Ce qui compte avant tout, c'est l'essaim. J'aime à le considérer comme un animal en soi.

Une fois encore, Lara fut frappée par l'originalité de la réflexion.

— Et la reine ne sort jamais ?

— Quasiment pas. Une première fois, à l'âge de dix jours, pour l'unique vol nuptial, durant lequel une dizaine de faux-bourdons la remplissent de cent millions de spermatozoïdes, dont elle ne gardera que cinq à sept millions de spécimens. Mais tous ceux qui la fécondent y laissent la vie.

— Elle les dévore ? Comme la mante religieuse ?

— Non, elle n'y est pour rien. Au moment de l'éjaculation, l'appareil génital du mâle est arraché de son abdomen. Il tombe à terre et meurt instantanément.

Éros et Thanatos dans toute leur splendeur, songea Lara, qui y vit un joli sujet de réflexion.

— Elle sortira encore une fois ou deux, au moment de l'essaimage, qui se produit généralement au printemps, lorsque la population est à son maximum et la récolte de miel très abondante. Le couvain devenant trop envahissant, la reine quitte la ruche avec environ les deux tiers de la colonie, guidée par les éclaireuses qui vont chercher un nouvel emplacement où s'installer. C'est un spectacle fabuleux. Un nuage d'abeilles de dix mètres de diamètre qui se déplace doucement, à trois mètres du sol. Très impressionnant, mais sans danger, contrairement à ce qu'on pourrait croire. Comme elles n'ont pas de territoire à protéger, les abeilles n'ont aucun réflexe défensif. C'est pourquoi il est relativement facile de récupérer un essaim naturel.

— Et que devient la ruche abandonnée ?

— Elle n'est pas abandonnée ; au contraire. Pendant les préparatifs du départ, les cirières ont construit une trentaine de cellules royales à l'intérieur desquelles la reine a pondu avant de partir. La première à sortir massacrera les autres dans leurs cellules.

— Et si deux reines naissent en même temps ?

— Elles se piqueront à mort jusqu'à ce qu'il n'en reste qu'une. Contrairement à celui des ouvrières, leur aiguillon est lisse, ce qui leur permet de l'utiliser plusieurs fois. De plus, leur stock de venin est de sept cents microgrammes, contre seulement cent à cent cinquante chez une ouvrière.

Ils poursuivirent leur contemplation en silence. Peu à peu, Lara se laissait apprivoiser par l'harmonie du lieu et de l'instant. Derrière le bourdonnement, en apparence confus, il lui semblait percevoir l'esquisse d'un chant choral. Une sensation de bien-être l'envahissait lentement. Elle regarda David. Son visage reflétait un mélange d'amour et d'admiration d'une telle intensité qu'on aurait juré qu'il observait les insectes pour la première fois. *S'il posait ce genre de regard sur une femme, elle ne devait pas résister très longtemps*, se surprit-elle à penser.

Intriguée par le spectacle d'un groupe d'abeilles qui traînaient sur la planche d'envol le cadavre d'un congénère un peu plus gros qu'elles, Lara s'exclama :

— Regardez celles-là ! Que font-elles ?

— Ce sont les nettoyeuses. Elles se débarrassent d'un faux-bourdon, que les ouvrières ont dû tuer. À cette époque de l'année, elles complètent les réserves pour l'hiver. Alors, elles commencent à chasser ou supprimer les mâles, qui deviendraient des bouches inutiles durant la saison froide. Comme les organes sexuels occupent une grande partie de leur abdomen, ils n'ont pas de dard pour se défendre…

— Mais… La reine ne pond plus, et les ouvrières ne vivent qu'un mois et demi…

— Sauf les abeilles d'hiver. À la fin de l'automne, les plus résistantes forment une grappe compacte autour de la reine et entrent dans une sorte d'hibernation qui leur permet de survivre jusqu'au printemps. Par grand froid, elles se collent aux cellules du couvain et font vibrer leurs muscles thoraciques pour produire de la chaleur, tout en opérant une rotation régulière entre l'intérieur de la grappe, où la température se maintient à vingt degrés, et l'extérieur, où elle peut tomber jusqu'à huit degrés.

— C'est un monde parfait, mais sans pitié pour les mâles.

— C'est une société matriarcale. Sans pitié, mais sans cruauté. Manger, être mangé ; tuer, être tué : c'est une question d'équilibre… Et d'amour. Comme dans toute la Nature.

Devant l'étrangeté de la réflexion, la jeune femme songea qu'elle avait affaire à une curieuse espèce d'apiculteur. Elle se redressa avec précaution, imitée avec un peu de retard par David, qui en profita pour laisser glisser sa main hors de la sienne. Le moment de magie passé, chacun avait senti que rien ne justifiait la prolongation de ce contact devenu trop intime.

— Depuis que l'homme est apparu, ce bel équilibre a été rompu. Son intelligence exceptionnelle lui a certes permis de devenir le prédateur universel. Mais son énorme capacité de nuisance a fini par se retourner contre lui... Il n'a pas su intégrer la leçon de Copernic et voudrait encore que l'Univers tourne autour de lui.

Il regarda la vallée, comme Lara l'avait fait tout à l'heure.

— N'est-ce pas terrible de savoir que toute la beauté qui nous entoure est appelée à disparaître, à plus ou moins brève échéance ?

La jeune femme eut l'impression qu'il avait lu dans ses pensées.

— Les villes se développent sans cesse, de manière tentaculaire et anarchique, dévorant inexorablement ce qui reste de territoire vierge. Elles se démultiplient en brûlant toujours plus d'énergie, comme les cellules cancéreuses, qui consomment six à dix fois plus de sucre que les cellules saines, dans une quête universelle d'immortalité. Sans comprendre que leur folle croissance mène à la destruction totale.

— Vous comparez notre civilisation à un cancer ? questionna la jeune femme, tandis qu'ils reprenaient la direction de la maison.

— Bien sûr. Un cancer généralisé contre lequel les médecins – c'est-à-dire les hommes politiques – se contentent de prescrire de l'aspirine, alors qu'il faudrait procéder de toute urgence à une chirurgie douloureuse, mais vitale. Malheureusement, comme en médecine, ce sont les industriels qui prennent les vraies décisions, en fonction de leurs seuls intérêts, sans se préoccuper de l'état du patient... L'économie est depuis toujours la pire ennemie de l'écologie.

Ils arrivaient à la ferme. La jeune femme regarda sa montre.

— Il faut que je rentre, déclara-t-elle, une pointe de regret dans la voix. Sinon, je vais rater mon train.

— Vous avez cours demain matin ?

Lara avait déjà oublié son mensonge.

— Hein ?... Oui... Je reprends la moto, alors ?

— Pas de problème. Je descendrai la récupérer demain chez vos parents. Le voisin me déposera, dit-il d'un ton détaché.

Lara déposa délicatement un baiser sur sa joue droite, puis saisit son casque.

— Nous pourrions peut-être nous tutoyer ?

Sans lui laisser le temps de répondre, elle se retourna en enfilant son casque, enjamba la moto, mit le contact et enclencha la première.

— À bientôt, dit-elle, une légère interrogation

dans la voix, comme pour s'assurer qu'il avait envie de la revoir.

— Vous savez… Tu sais où me trouver, répondit-il dans un sourire, avant qu'elle ne fît demi-tour et démarrât sèchement en faisant naître un léger nuage de poussière derrière elle.

7.

Sortie de route

« Arrivée en provenance de Bruxelles, vol… »

Le reste de l'annonce susurrée par la voix éthérée sortie des haut-parleurs se perdit entre les murs du hall de l'aéroport, relativement tranquille à cette époque de l'année. Les migrations estivales étaient terminées et le flot des voyageurs se composait essentiellement d'hommes d'affaires qui fendait la cohorte tranquille des retraités, sans pouvoir imaginer un seul instant qu'un jour ils feraient à leur tour partie de cette tribu placide et résignée. Thierry de Rancourt franchit les portillons métalliques en tête du peloton. Il voyageait léger : une grosse mallette rigide qui contenait ses dossiers et son ordinateur portable, ainsi qu'une chemise et une cravate neuves en cas de besoin. Se détachant du groupe d'autochtones bronzés qui attendaient les voyageurs, un chauffeur en costume bleu marine, coiffé d'une casquette et portant une paire de lunettes noires se dirigea vers lui.

— Bienvenue à Nice, monsieur de Rancourt, dit-il en s'emparant de son bagage avec autorité.

Le directeur commercial, qui s'apprêtait à chercher son nom parmi la dizaine de panneaux brandis au-dessus des têtes, se demanda comment l'homme l'avait reconnu, mais ne laissa rien paraître de son étonnement, et lui emboîta le pas tandis qu'il se dirigeait vers la sortie à grandes enjambées. Dehors, une grosse limousine noire était garée le long du trottoir, juste après l'emplacement réservé aux taxis. Son guide pointa la main gauche dans sa direction, provoquant un bref couinement et trois flashes des clignotants. Arrivé à la voiture, il ouvrit la porte arrière droite, s'effaça pour le laisser monter et lui tendit sa mallette, avant de refermer d'un geste sec. Rancourt apprécia en connaisseur le bruit de coffre-fort émis par le claquement sourd de la portière, qui procurait une agréable sensation de robustesse et de sécurité. Il se cala voluptueusement au fond de la banquette de cuir gris clair tout en étendant ses jambes devant lui avec un soupir d'aise. *Ce Joseph Sarwak sait recevoir*, songea-t-il avec plaisir.

Près de deux mois auparavant, il avait reçu le premier appel téléphonique sibyllin de cet étranger à l'accent indéfinissable, se présentant comme un agent d'affaires libanais, mandaté par une société du Qatar désireuse de financer une campagne de vaccination auprès des populations musulmanes d'Afrique noire.

D'après ce que Rancourt avait pu comprendre, au fil de leurs différentes conversations, il y avait une belle opportunité à saisir sur cet alléchant marché, traditionnellement chasse gardée des multinationales anglo-saxonnes. Après deux rendez-vous annulés à la dernière minute, l'homme l'avait finalement invité à passer la journée à son domicile, situé sur les hauteurs de Grasse, tout en insistant sur l'absolue confidentialité du rendez-vous, ce qui n'avait pas manqué d'attiser la curiosité – et la convoitise – du directeur commercial. Il était flatté que l'homme eût choisi de négocier directement avec lui. Si l'affaire se concrétisait, il l'apporterait au président sur un plateau, ce qui lui vaudrait de substantielles retombées financières, et permettrait surtout de prouver à Willmann qu'il était temps que Blanke laissât la place à plus compétent que lui. Pour l'instant, la seule fausse note de ce début de journée était précisément d'ordre musical. Depuis qu'ils avaient quitté l'aéroport, les enceintes de l'habitacle crachaient *La Chevauchée des Walkyries* à un niveau difficilement supportable pour Rancourt, que la grandiloquence de Wagner agaçait au plus haut point. Il aurait volontiers fait sienne la phrase de Woody Allen : « Quand j'écoute trop Wagner, j'ai envie d'envahir la Pologne ! » *Est-ce qu'il se rendait compte, devant, de la puissance du son ? Croyait-il lui faire plaisir ?*... Comme pour répondre à son attente, l'interphone placé à hauteur de sa tempe grésilla.

— Monsieur de Rancourt ?

— Oui, répondit-il d'un ton qu'il voulait agacé.

— M. Sarwak tenait à vous faire goûter l'une des spécialités de son pays. Si vous voulez bien ouvrir le mini-bar qui est devant vous, entre les deux sièges.

Son hôte était vraiment très attentionné. Il se radoucit quelque peu en songeant aux promesses dont ce rendez-vous était porteur.

— C'est fort aimable à lui… Vous serait-il possible de baisser le volume sonore à l'arrière, s'il vous plaît ?

— Vous n'aimez pas Wagner ?

— Si, mais c'est un peu fort.

— C'est la bande originale d'*Apocalypse Now*.

L'interphone fut coupé sur cette réponse énigmatique qui laissa le directeur commercial perplexe. Il se pencha vers l'avant et tira sur le bouton métallique de la petite porte en noyer verni qui résista. Il exerça une traction plus forte. La trappe lui resta entre les mains, entraînant avec elle un bocal en plastique qui tomba sur le plancher de la voiture. Rancourt crut d'abord qu'il s'agissait d'un pot de friandises, avant de réaliser qu'une horde d'insectes était en train de s'en échapper. Leur bourdonnement recouvrit instantanément les cuivres wagnériens. *Des abeilles ?…*

Durant une fraction de seconde, il se demanda bêtement dans quel pays on pouvait être assez stupide pour offrir des abeilles vivantes ! Mais l'horreur de la situation le submergea aussitôt. Les premières piqûres sur ses mains firent naître une multitude de points extrêmement douloureux qui irradièrent très vite à travers tout son corps. Il se jeta sur la poignée de la portière. Elle était bloquée ! Il tenta d'ouvrir la fenêtre. Bloquée elle aussi ! À tâtons, car il était obligé de fermer les yeux au milieu du nuage tourbillonnant dont il tentait de protéger son visage, l'homme d'affaires trouva le bouton de l'interphone, qu'il enfonça avec l'énergie du désespoir. Il colla sa bouche contre la grille métallique en la couvrant de ses mains disposées en porte-voix et hurla sa détresse :

— Au secours ! Arrêtez !

Tout ce qu'il perçut en retour fut une augmentation brutale du volume musical. Les hélicoptères s'abattaient sur le village vietnamien dans le staccato de leurs mitrailleuses lourdes. Rancourt se jeta sur la vitre de séparation contre laquelle il donna de grands coups de poing inutiles. Les abeilles s'engouffraient dans le bas de son pantalon et remontaient le long de ses jambes. Elles se glissaient dans son cou, s'agglutinaient sur son crâne, pénétraient dans ses oreilles, chacune plantant son dard et injectant une dose de venin qui paralysait peu à peu son organisme. Il se brossa frénétiquement les cheveux pour chasser les insectes, mais ses doigts boursouflés commençaient à perdre toute sensibilité.

Il enleva sa veste, et s'en entoura la tête qu'il plongea entre ses genoux pour tenter d'échapper au cauchemar. Ce faisant, il laissait son dos entièrement à découvert avec, comme unique protection, le fin tissu de la chemise bleu ciel que les abeilles se mirent en devoir de transpercer méthodiquement. Il lui sembla que tout son corps gonflait comme un ballon, tandis que ses poumons rétrécissaient peu à peu dans sa poitrine, leurs milliers de petites alvéoles se fermant les unes après les autres. Sa gorge ne laissait plus passer qu'un mince filet d'air, émettant un sifflement rauque qui s'amplifiait. Avant même d'avoir pu comprendre ce qui lui arrivait, il s'enfonça lourdement dans un trou noir. Juste avant que son cœur ne s'arrêtât de battre, il entrevit le sourire désolé que lui adressait un visage familier. *Denis ?...* Ses mains lâchèrent la veste, et il bascula vers l'avant dans un bruit sourd. La curée se poursuivrait sans lui.

À l'avant, le chauffeur consulta sa montre, baissa le son à l'aide de la commande placée sur le volant et pressa le bouton de l'interphone. Rien ne lui parvint que le vacarme assourdissant des abeilles. Il sélectionna un autre titre de la bande originale du chef-d'œuvre de Coppola sur le lecteur CD et remonta le volume afin de savourer pleinement la beauté de la mélodie qui ouvre magistralement le film. La voix envoûtante de Jim Morrison envahit l'habitacle. *« This is the end... »* Ses mains gantées de cuir se détendirent sur le volant.

Lorsqu'il s'arrêta devant la cabine de péage à la sortie « Cannes », le jeune employé à qui il tendit son ticket lui adressa un sourire de complicité, tout en cherchant à percer le mystère des vitres fumées.

— Excellent album.

Mais le chauffeur, impassible, ne répondit rien et paya sans même le regarder.

Frimeur ! songea le guichetier, qui avait toujours rêvé de découvrir, depuis son poste d'observation, les jambes de Sharon Stone, le sourire de Nicholson ou le décolleté de Madonna. Entrevoir, ne fût-ce qu'un instant, une parcelle de cette célébrité qui baignait la Côte d'Azur depuis des décennies et constituait le sel de sa réputation.

Après avoir quitté l'autoroute, la limousine monta vers Grasse, qu'elle traversa tranquillement avant de poursuivre vers Castellane. Une dizaine de kilomètres plus loin, elle bifurqua à droite et s'engagea sur la départementale. Le chauffeur ralentit, puis baissa de quelques centimètres les vitres arrière. Dans ses rétroviseurs extérieurs, il aperçut les premières abeilles qui commençaient à s'échapper. Tout en continuant de rouler à faible allure, il augmenta progressivement l'ouverture, ce qui permit à l'ensemble des survivantes de quitter l'habitacle pour regagner la nature, où elles s'égaillèrent, enivrées par les parfums odorants de la campagne et la liberté subitement retrouvée. Encore dix minutes de route et, des vitres à présent grandes ouvertes, ne sortaient plus que quelques retardataires.

Le conducteur avisa un chemin de terre sur sa gauche et s'y engagea avec précaution. Parvenu à l'abri d'un promontoire rocheux, qui le dissimulait totalement à la vue, il s'arrêta, coupa le contact, exhala un profond soupir de soulagement et ferma les yeux durant quelques secondes. Se reprenant aussitôt, il saisit un sac à dos posé sur le siège passager et descendit de la voiture. Une fois dehors, il jeta un coup d'œil par la fenêtre arrière. Recroquevillé sur la moquette, Rancourt était figé dans la position de défense adoptée juste avant sa mort. L'homme fut brutalement tiré de sa macabre contemplation par une vive douleur à la nuque. Une de ses passagères venait de le piquer. Saisissant l'insecte entre le pouce et l'index, il l'arracha d'un geste mesuré, puis, sans même une grimace, retira le dard planté dans son cou.

Il sortit du sac à dos un chapeau d'apiculteur, le posa sur sa tête et rabattit le voile devant son visage. Il ouvrit ensuite la portière en grand, se glissa dans l'habitacle, débarrassa Rancourt de sa veste, dénoua la cravate, déboutonna la chemise, qu'il ôta avec difficulté, puis entreprit de faire glisser le pantalon le long des jambes, ainsi que le caleçon, avant d'enlever les chaussettes. Malgré l'aération prolongée, l'odeur de venin était encore très tenace et l'atmosphère chargée d'agressivité. Les dernières abeilles se jetèrent sur lui et tentèrent de le piquer, mais l'homme n'y prêtait aucune attention.

Plongeant la main dans le sac à dos, il en sortit un vieux pantalon de toile troué et taché, un t-shirt qui avait été blanc dans une autre vie, un pull marron mangé par les mites, ainsi qu'une vieille paire de chaussures en cuir dont les lacets avaient été remplacés par des bouts de ficelle. Maladroitement, transpirant à grosses gouttes derrière le voile protecteur, il enfila le tout au directeur commercial qui, même dans ses pires cauchemars, n'aurait jamais supposé être ainsi attifé un jour. Il lui ajouta enfin un imperméable crasseux, qui aurait fait passer celui du lieutenant Columbo pour un Burberry's flambant neuf. Ressortant du véhicule, l'homme jeta un rapide coup d'œil alentour, s'accroupit, saisit le corps par les chevilles et le tira doucement vers lui jusqu'à que le bassin atteignît le rebord du siège. Il s'accroupit, passa ses bras dans le dos du cadavre, puis le fit basculer sur son épaule, avant de se redresser avec sa charge dans un « han ! » étouffé. À petits pas, il le transporta jusqu'au pied d'un pin, où il le lâcha comme un vulgaire sac de pommes de terre. S'agenouillant, il sortit de sa poche une boîte de graisse à traire dont il enduisit les deux mains déformées par les piqûres, avant de les frotter énergiquement sur la terre meuble qui pénétra sous les ongles, puis de les passer en mouvements brusques dans la chevelure soignée qui ne fut bientôt plus qu'une tignasse hirsute et malpropre.

Il se releva, contempla sa mise en scène d'un air satisfait et, tout en enlevant son chapeau, regagna la limousine dont il claqua brutalement la porte arrière, avant de reprendre sa place au volant. Après un demi-tour délicat au milieu des rochers, il s'éloigna lentement. À son grand soulagement, la départementale était déserte lorsqu'il déboucha du chemin. Il braqua à droite en exerçant une franche pression sur l'accélérateur. Le puissant moteur V8 émit un feulement subtil mais efficace. Les roues répondirent à cette sollicitation brutale en mordant l'asphalte dans le crissement impatient des énormes pneus et propulsèrent la lourde masse de la limousine vers l'avant. Le conducteur pouvait enfin se détendrc. Il lui faudrait encore s'arrêter dans une station-service pour passer un bon coup d'aspirateur à l'arrière et remettre en place la tablette du mini-bar, mais il serait de retour au garage en fin d'après-midi, comme prévu.

8.

Histoires de reines

Comme à son habitude, Carole était plantée devant la fenêtre, en train de boire son troisième café de la matinée. Ingurgiter serait d'ailleurs plus juste, car elle les avalait toujours en deux ou trois gorgées rapides, sans prendre le temps d'en apprécier le goût. En fait, la seule chose qui comptait, c'était le shoot de caféine qu'elle avait besoin d'injecter dans son organisme à intervalles réguliers. En entendant s'ouvrir la porte du bureau, elle se retourna et posa sa tasse.

— Tu veux un thé ?

— Volontiers, dit Lara, en accrochant son blouson au portemanteau.

Avec une grimace qui marquait son peu de goût pour cette boisson insipide, Carole versa l'eau dans le mug à l'effigie de Betty Boop dont elle avait fait cadeau à sa jeune recrue le lendemain de son arrivée.

— C'était bien, ton week-end en famille ?

— Trop court, comme toujours. Quand je vois le calme qui règne là-bas, je me demande parfois ce que je fais ici.

— Le métier que tu as choisi, non ?

Lara fit tourner le sachet de thé dans la tasse sans grande conviction. Carole la fixa d'un air amusé.

— Des années de psychologie et tu n'as pas appris qu'on n'apprécie vraiment que ce qui nous manque ?… De toute façon, tu es faite pour ce métier. Ce serait scandaleux qu'une fille comme toi gâche son talent à élever des fromages de chèvre !

Lara se mit à rire et finit sa tasse avant de raconter sa visite du rucher avec une pointe de fierté. Carole lui adressa une moue faussement admirative et demanda d'un ton détaché :

— Il a quel âge, cet apiculteur ?

— Cette manie des interrogatoires, dans la police… Environ trente-cinq ans, je pense.

— Physiquement, il est comment ?

Lara leva les yeux et sourit avec indulgence devant la naïveté de la question.

— Je préfère dire qu'il dégage une formidable impression de sérénité et d'harmonie avec la Nature. Quand il parle de ses abeilles, c'est une véritable déclaration d'amour. Je n'aurais jamais imaginé qu'on puisse éprouver un tel sentiment pour des insectes. Il te plairait beaucoup.

— Ça m'étonnerait.

— Pourquoi ?

Carole la regarda droit dans les yeux.

— Parce que je préfère les filles.

Même si le look de Carole était parfaitement clair quant à ses préférences sexuelles, elle ne s'était jamais exprimée de façon aussi directe. Néanmoins, Lara ne fut pas vraiment surprise devant cette confidence, qui sonnait à la fois comme une provocation et une déclaration.

À ce moment précis, Franck ouvrit la porte.

— Ne lui parle pas de l'apiculteur..., lâcha Carole entre ses dents.

— Qu'est-ce que tu marmonnes ? demanda le policier en entrant dans la pièce.

Mais il n'attendit pas la réponse et s'avança pour embrasser Lara.

— Alors, ce week-end en famille ?

— Tu n'as pas plus original, comme question ? ironisa Carole.

— Tu es jalouse ? lui rétorqua-t-il.

Il sembla à Lara que les joues de Carole s'empourpraient légèrement. Pour faire diversion, celle-ci lui envoya un direct au cœur.

— Lara a réalisé que nous faisions un métier de dingues. Elle va tout plaquer pour devenir apicultrice dans la Drôme.

— Sérieusement ? s'inquiéta Franck une fraction de seconde, avant de réaliser que sa collègue se moquait de lui.

Il tira une chaise placée dans un coin de la pièce et s'y installa à califourchon.

— Il faut être complètement dingue pour risquer sa vie avec des bestioles pareilles, dit-il en haussant les épaules.

Lara s'indigna.

— Ces bestioles, comme tu dis, sont parfaitement inoffensives. J'en ai eu la preuve hier. Je dirai même qu'elles véhiculent une quantité d'amour phénoménale. C'est le seul insecte... et même le seul animal, qui procure autant de bienfaits à l'homme, sans rien lui demander en échange. Sauf respecter leur environnement commun.

— Ravi de l'entendre... Il faudra le dire au type qu'elles ont tué en Belgique, il y a trois semaines.

Les deux filles ouvrirent des yeux incrédules. Franck leur apprit alors la fin tragique du directeur financier des laboratoires Willmann, que ses amis belges lui avaient racontée lors de son week-end passé à Bruxelles.

Lara fronça les sourcils.

— C'est curieux. Normalement, ce genre d'attaque ne se produit qu'en Amérique.

Tout en mâchouillant son stylo, Carole émit l'hypothèse qu'il pouvait s'agir d'un phénomène de mutation génétique...

— Des abeilles ont traversé l'Atlantique dans la soute d'un avion, avec un chargement de fleurs, et la reine a été fécondée par un mâle européen après son arrivée.

Devant la mine étonnée et vaguement narquoise de Lara et Franck, elle expliqua qu'elle était une grande amatrice de documentaires animaliers.

— On y apprend des choses très intéressantes, ajouta-t-elle, comme pour se justifier.

Franck fit la grimace.

— Si tu n'as rien de mieux à faire de tes soirées.

Tout à coup, Lara jeta un coup d'œil à sa montre et se leva d'un bond.

— Excusez-moi, mais je dois voir le boss et vous savez mieux que moi qu'il a horreur qu'on le fasse attendre.

— Normal. Le retard est une tentative de dominer l'autre, ajouta Franck. Pour un patron, c'est insupportable.

— Tu t'intéresses à la psychologie, maintenant ? se moqua Carole.

Quelques instants plus tard, Lara entrait dans le bureau du commissaire, qui murmura un vague bonjour, assez proche du grognement, sans même lever les yeux de son ordinateur. À l'inverse de Carole, sa table de travail était d'un dépouillement monacal, au point qu'on aurait pu se demander si son occupant y exerçait une quelconque activité. Kermadec avait mis du temps pour s'initier à l'informatique, mais aujourd'hui, il était ravi que ses prodiges technologiques eussent permis de réduire à la portion congrue les montagnes de documents qui constituaient son quotidien lorsqu'il était entré dans la police ; une époque qui lui semblait remonter à la Préhistoire.

Lara sut immédiatement que le commissaire était d'une humeur de chien. Les recherches entreprises par l'équipage depuis leur odyssée à bord du *Queen Mary II* n'avaient rien donné et le paquebot accostait à la fin de la semaine. Le Guen avait promis de mettre en place un dispositif de surveillance sur les quais mais, vu le nombre d'issues possibles, il n'y avait guère d'espoir. Vèze connaissait le navire comme sa poche. Il pouvait très bien se laisser glisser à l'eau et nager quelques dizaines de mètres afin d'échapper à la surveillance.

Bien que l'idée eût effleuré Kermadec, il n'allait quand même pas demander une équipe d'hommes-grenouilles pour patrouiller dans les eaux du port ! Pourquoi pas la Marine nationale ou les nageurs de combat ?… C'était la première fois de sa carrière qu'un assassin lui échappait alors qu'il l'avait ciblé, et cet échec le contrariait au plus haut point. Lara fit valoir que, sans nourriture ni boisson depuis plusieurs jours, le criminel devait être dans un état d'extrême faiblesse.

— À moins qu'il n'ait prévu une cachette bien avant notre arrivée à bord, objecta le commissaire.

Lara secoua la tête, sceptique.

— Où il aurait entreposé de quoi survivre pendant plusieurs jours ?… Non, je ne crois pas. C'est une attitude de terroriste entraîné à la clandestinité. Pas de serial killer.

C'est le comble, se dit-il en l'écoutant développer ses arguments avec intérêt. Voilà que cette fille aux yeux de biche, à qui il était censé apprendre le métier, échafaudait une théorie qui tenait la route. Il ne savait pas encore s'il devait s'en réjouir, ou se reprocher de n'y avoir pas pensé tout seul. *C'est peut-être cela, le début de la vieillesse… ou de la sagesse*, corrigea-t-il, pour ne pas se faire trop de mal. Sans doute valait-il mieux s'y habituer progressivement. Les bouddhistes, qui ont l'art de la formule consolatrice, ne disent-ils pas que le maître enseigne à l'élève afin qu'il le dépasse ?... De plus, dans ce cas précis, l'élève était extrêmement séduisante. Et même si Kermadec faisait partie de ces hommes qui considèrent que l'intelligence d'une femme est plus importante que son tour de poitrine, l'un n'empêche pas l'autre, déclarait-il parfois, histoire de vérifier si son auditoire avait le sens de l'humour.

— Ôtez-moi d'un doute. Combien de temps un homme peut-il tenir sans manger ? questionna-t-il.

Lara tenta de rassembler ses souvenirs de SVT, qui n'était pas sa matière favorite.

— Environ un mois, s'il a de l'eau. Sinon, pas plus de cinq jours, je crois. À moins qu'il ne pense à boire son urine.

— Alors, il suffit de le laisser mourir de faim, lâcha-t-il.

La remarque n'était pas très « politiquement correcte » mais, quel que fût le sujet, le commissaire n'avait pas pour habitude de prendre des gants. Ainsi, lorsqu'ils avaient évoqué la peine de mort au cours d'une de leurs conversations, Kermadec n'avait pas caché qu'il ne voyait pas en quoi supprimer un criminel multirécidiviste était plus cruel qu'abattre un chien enragé. Lara n'en avait d'ailleurs pas été surprise outre mesure. Elle savait que le commissaire et ses hommes vouaient à leur métier une véritable passion qui conférait à la recherche du coupable un caractère quasi obsessionnel, notamment dans certaines enquêtes particulièrement difficiles. Cette constatation ne faisait que confirmer ce dont elle se doutait depuis le jour où elle avait choisi ce métier : quelles que fussent les circonstances, il lui faudrait toujours s'efforcer de conserver une bonne dose de recul pour éviter que l'implication professionnelle ne finît par envahir sa vie personnelle.

Kermadec frappa son bureau du plat de la main.

— Il est hors de question de baisser les bras ! rugit-il. Je vais faire jouer mes relations et demander que le *Queen Mary II* fasse des ronds dans l'eau aussi longtemps jusqu'à ce qu'on ait mis la main sur ce salopard !... S'il crève dans son trou, nous le retrouverons à l'odeur !

Lara objecta que cette proposition poserait certainement quelques problèmes logistiques, et même humanitaires. Le commissaire balaya son bureau d'un revers de la main.

— Ne me parlez pas de ces professionnels de la protestation qui défendent les droits des assassins au nom des grands principes démocratiques ! En toute logique, je considère que ceux qui ont violé la loi ne devraient pas lui demander de les protéger. Et j'ai dans mes archives quelques photos de scènes de crimes qui sauront vaincre les résistances les plus coriaces ; je suis prêt à parier que personne de la maison, ou au-dessus, ne voudra courir le risque de voir une nouvelle victime s'ajouter à la liste. Surtout si je m'engage à faire savoir à la presse qu'il en portera l'entière responsabilité pour avoir refusé de m'écouter.

La jeune femme dut reconnaître qu'effectivement l'argument était imparable.

À peine avait-elle regagné son bureau que la sonnerie de son portable se mit à retentir. Le numéro qui s'affichait lui était inconnu.

— Lara ?

Elle reconnut immédiatement la voix de son interlocuteur.

— David ?… Comment avez-vous eu mon numéro ?

En face d'elle, Carole lui lança un regard qui en disait long.

— On ne devait pas se tutoyer ? la taquina-t-il.

— Hein ?... Si, bien sûr. Excuse-moi.

— Je me suis permis de le demander à ta mère, tout à l'heure, en allant chercher ma moto. En fait, je voulais te laisser un message... Je ne pensais pas que tu décrocherais. Tu n'es pas en cours ?

— Euh... Non… Si… Mais on fait une pause café.

— Et les profs se plaignent de leurs horaires de travail, ironisa le jeune homme.

Mal à l'aise, Lara se hâta de changer de sujet.

— Tu as parlé d'un message…

— Je serai à Paris jeudi… Un rendez-vous de dernière minute. Je me demandais si tu accepterais de dîner avec moi.

Lara sentit un bouillonnement intérieur l'envahir, mais s'efforça néanmoins de ne rien montrer à Carole.

— Un instant… Je consulte mon agenda.

Il y eut un blanc à l'autre bout de la ligne.

— Je plaisante !

Le jeune homme poussa un soupir de soulagement.

— Je peux te rappeler jeudi, en fin d'après-midi, pour convenir du rendez-vous ?

— D'accord.

Elle reposa le téléphone sur la table et, de son air le plus dégagé, soutint le regard interrogateur de Carole, dévorée par la curiosité.

— C'était lui, n'est-ce pas ?

Lara fit mine de ne pas comprendre.

— L'homme qui murmure à l'oreille des abeilles, précisa son amie.

La jeune femme ne put retenir un sourire de satisfaction.

— Il monte à Paris pour son boulot jeudi, et il m'a invitée à dîner.

Carole approuva d'un signe de tête.

— C'est ce qu'on appelle joindre l'agréable à l'utile.

— Je ne te savais pas aussi romantique.

— Tu devrais savoir qu'il ne faut pas se fier aux apparences, ironisa la jeune femme, qui aimait cultiver l'autodérision.

Quelques minutes plus tard, Lara se mettait à la recherche de sites Internet susceptibles de l'aider à enrichir ses connaissances sur le monde des abeilles. La veille, dans le train, elle se serait presque reproché d'avoir négligé l'existence de cet univers fabuleux alors qu'il était si proche d'elle durant son enfance. Elle mesurait mieux, à présent, ce qu'avait dû coûter la séparation au père Émile et, à la tendresse qu'elle lui portait depuis toujours, venait s'ajouter un immense respect pour l'homme qui avait consacré la totalité de son existence à prendre soin de ses insectes. Jusque-là, elle croyait, comme tout un chacun, qu'un apiculteur se contentait de « faire du miel ». Elle venait de comprendre que son rôle, et celui des abeilles, allaient bien au-delà de cette définition simpliste et par trop restrictive. Malgré l'influence indéniable de David dans cette prise de conscience, elle savait que sa rencontre avec les abeilles était le début d'une passion qui n'était pas près de s'éteindre, quel que fût l'avenir de sa relation avec le jeune homme, et cette certitude la rassurait.

— C'est une impression, ou tu as quitté le bureau ?

Lara était tellement absorbée par sa lecture que la question de Carole la fit sursauter.

— Excuse-moi ! Je suis en train de lire une chose incroyable à propos du pollen, qui va beaucoup t'intéresser.

Carole fit un geste de dénégation.

— Je sais que les abeilles sont une société de filles, mais je ne crois pas avoir la vocation.

Son amie releva la tête en souriant.

— Tu m'as bien dit que ton allergie au pollen te faisait détester le printemps ?... Écoute… « Le pollen est une source nutritive exceptionnelle, vitale pour les habitantes de la ruche. Sans lui, les abeilles ne pourraient sécréter ni cire, ni gelée royale. On le surnomme “le steak de la ruche”, car il contient autant de protéines assimilées que sept œufs ou cinq cents grammes de viande de bœuf ! La majorité de ces protéines sont des acides aminés essentiels non synthétisables par l'organisme. Il renferme également de la provitamine A, des vitamines B, C, D et E, ainsi que de nombreux sels minéraux. Son action protège notre organisme contre les agressions des radicaux libres, ces molécules qui contribuent au vieillissement de notre organisme. »

Carole émit un petit sifflement admiratif.

— « Les abeilles visitent environ quatre-vingts fleurs à chaque voyage et peuvent ramener de huit à vingt milligrammes de pollen, qu'elles récoltent à l'aide de leurs pattes antérieures et moyennes et transportent dans les corbeilles des pattes postérieures. Une fois livrées à la ruche, les pelotes sont déposées dans les alvéoles qui entourent le couvain, puis humidifiées, malaxées et écrasées par les ouvrières pour former une couche homogène recouverte d'une fine pellicule de miel ou de propolis, dont la fermentation donnera le pain d'abeille. L'apiculteur récupère le pollen en posant, à l'entrée de la ruche, des grilles munies de peignes, qui délestent les abeilles d'une partie des précieux grains à leur retour. Toutefois, pour préserver l'équilibre de la colonie, il ne doit pas prélever plus de 10 pour cent de la récolte annuelle, qui varie de trente à quarante kilos. »

— Excuse-moi, mais je ne vois pas en quoi…

— J'y arrive, dit Lara en ralentissant le débit de son phrasé. « Il existe deux sortes de pollens : le pollen anémophile, transporté par le vent, et le pollen entomophile, transporté par les insectes. Or, c'est le premier qui est responsable des allergies saisonnières, car la majorité des allergènes sont détruits par les enzymes salivaires des abeilles. On peut donc se désensibiliser progressivement, en faisant des cures de pollen, au printemps et à l'automne, selon la procédure décrite ci-dessous. »

Carole se leva et vint se pencher sur l'épaule de Lara, afin de consulter le tableau affiché à l'écran.

— J'ai du mal à le croire.

— Ils précisent qu'il faut prendre du pollen frais congelé, qui conserve mieux l'ensemble de ses qualités nutritionnelles. Je demanderai confirmation à David.

— Volontiers. Dans ce cas, je me fournirai même chez lui.

Lara poursuivit sa lecture.

— Ils disent aussi que c'est un excellent remède pour prévenir l'hypertrophie de la prostate.

Carole se redressa :

— Je me sens beaucoup moins concernée par cet aspect-là. Tu devrais plutôt en parler au patron.

Elles éclatèrent de rire en même temps.

9.

Confidences pour confidences

— Et comme boisson, messieurs-dames ? demanda la serveuse avec son délicieux phrasé légèrement saccadé.

David regarda Lara.

— Tu veux du vin ?

— Non, merci. Je vais prendre une bière.

— Deux Asahi, s'il vous plaît, demanda-t-il à la jeune Asiatique qui inclina la tête en souriant et nota la commande.

— Je trouve que c'est une boisson qui se marie très bien avec la cuisine japonaise, expliqua Lara.

David lui sourit avec indulgence.

— Tu n'as pas à te justifier. C'est un préjugé machiste de penser que la bière est réservée aux routiers et aux supporters de foot. En Angleterre, les filles en boivent sans complexe.

— Normal, dit Lara. Les Anglais sont bien plus tolérants que les Français.

— Tu dis ça parce qu'ils ont inventé l'*habeas corpus* ?

Elle resta songeuse.

— Ainsi que les policiers sans arme, la décolonisation sans guerre…

— Et la mini-jupe ! ajouta-t-il en riant.

Les deux jeunes gens s'étaient retrouvés une demi-heure auparavant, devant l'Opéra Garnier. C'est Lara qui avait choisi ce restaurant japonais qu'elle appréciait pour la qualité de sa cuisine et sa tranquillité, notamment les soirs de semaine, où la fréquentation clairsemée garantissait une véritable intimité.

La serveuse vint poser les deux bouteilles sur la table et repartit après un léger hochement de tête caractéristique de la courtoisie orientale. Lara tendit la main vers sa bouteille, mais, en parfait galant homme, David s'en empara et remplit le verre de la jeune femme avant de se servir à son tour.

— Tu n'as pas accepté le Japonais uniquement pour me faire plaisir, au moins ? s'inquiéta tout à coup Lara.

— En fait, je rêvais d'une choucroute garnie arrosée de Kronenbourg, répondit celui-ci le plus sérieusement du monde.

— « On est ce qu'on mange », rétorqua-t-elle sur le même ton.

David ne se laissa pas démonter.

— Puis-je te rappeler qu'Hitler était végétarien ?

Elle eut une moue réprobatrice avant de répliquer négligemment.

— Et toi, savais-tu que son père pratiquait l'apiculture ?

Beau joueur, le jeune homme encaissa le coup avec élégance.

— Touché !... J'aurais dû me douter que les grands psychopathes n'avaient pas de secret pour toi.

Lara hocha la tête.

— Hitler, Staline, Mao... Plus de cent millions de morts à eux trois !... À l'aune de ces chiffres vertigineux, le pire des serial killers sera toujours un amateur.

David approuva en silence et avala une gorgée de bière. Elle l'imita, avant d'aborder le sujet qui la préoccupait depuis que, le matin même, France-Info avait annoncé la découverte du cadavre d'un vagabond tué par des abeilles au-dessus de Grasse. Elle lui parla également de l'attaque survenue en Belgique, dont elle prétendit avoir eu connaissance par un copain de fac qui avait passé le week-end à Bruxelles. Pour être crédible, tout mensonge doit comporter une part de vérité, avait-elle compris depuis longtemps.

— D'après toi, les abeilles américaines seraient-elles en train d'envahir l'Europe ? conclut-elle.

Après l'avoir écoutée avec attention, le jeune homme lui fit un rapide cours d'histoire naturelle. Jusqu'à l'arrivée des Européens, l'Amérique ne connaissait que les *Melipona*. Installées dans la zone tropicale, celles-ci constituaient une race unique d'abeilles aux yeux bleus, dépourvues de dard, qui ne stockaient pas leur miel dans des rayons verticaux, comme leurs congénères, mais dans des alvéoles empilées à l'horizontale ; une méthode trop peu rentable au regard des critères occidentaux. Au fil du temps, les colons avaient donc apporté avec eux des abeilles du Vieux Continent.

En 1956, on avait introduit sur le territoire brésilien des reines africaines, qui possédaient la précieuse caractéristique de pondre inlassablement d'un bord à l'autre du cadre, tandis que leurs ouvrières, de vraies stakhanovistes du butinage, récoltaient davantage de miel et de pollen que les européennes, tout en étant beaucoup plus résistantes aux maladies. Capables d'essaimer jusqu'à huit fois dans l'année, elles pouvaient s'introduire avec leur escorte dans une ruche européenne, en tuer la reine et la coloniser totalement en six semaines. Échappant très vite à tout contrôle, elles avaient envahi le continent sud-américain, puis l'Amérique centrale, avant de remonter vers la Californie, le Nouveau-Mexique, l'Arizona et le Texas. Au Nevada, elles avaient même résisté à des hivers particulièrement rigoureux, mais on savait maintenant que le froid diminuait notablement leur agressivité. Tout comme les habitants du Nouveau Monde, les abeilles américaines étaient donc des métisses issues de l'Ancien.

La serveuse déposa devant eux les plateaux contenant les sushi, les bols de soupe et de salade.

— Bon appétit, dit-elle, avec le signe de tête habituel.

Ils sortirent les baguettes de leur sachet en papier et les décollèrent l'une de l'autre dans un craquement sec.

— La Nature opère parfois de curieux renversements de situation, observa Lara.

David reprit une gorgée de bière avant de répondre.

— Elle ne fait que renvoyer l'homme à ses responsabilités… et à ses erreurs. Mais, pour l'instant, rien ne dit que des africanisées sont à l'origine de ces deux morts. Il peut s'agir d'un simple effet du hasard.

La jeune femme n'était pas du genre à se satisfaire d'une réponse aussi sommaire.

— Tu crois au hasard ?

Il laissa passer quelques secondes.

— Jusqu'à preuve du contraire, l'existence de toute chose, depuis le big bang, semble régie par le hasard. Mais je n'aime pas la notion de croyance. Croire, c'est se limiter ; accepter le concept d'une vérité absolue qui interdit tout questionnement. Pour progresser, l'humanité doit se débarrasser des dogmes qui génèrent l'obscurantisme. Et l'oppression.

Plus elle l'écoutait, plus Lara sentait qu'il régnait entre eux une grande complicité intellectuelle.

— Supposons que ce soient des africanisées. Comment auraient-elles pu franchir l'Atlantique ?

— Par la poste.

Lara faillit s'étrangler.

— Pardon ?

— Un apiculteur américain place une reine, en compagnie de sa « cour » d'une cinquantaine d'ouvrières, dans une boîte en plastique garnie de sucre candi. Il expédie le paquet à un confrère européen ; à leur arrivée, celui-ci les installe dans une ruche dont il a retiré la reine originelle et il obtient une ruche africanisée.

— Quel serait le but de l'opération ?

— Une recherche quelconque faite par un apprenti sorcier… Il est possible qu'une expérience, *a priori* anodine, ait mal tourné, à cause d'une mauvaise manipulation ou d'un essaimage précoce.

— Laisse-moi faire le calcul. Si je me souviens bien… Mille cinq cents à deux mille œufs par jour pendant huit à neuf mois… En une saison, elle aura pondu aux alentours de cinq cent mille ouvrières ? L'équivalent de dix ruches ! Cela signifie qu'il y aura d'autres attaques !

— À condition d'adhérer à cette hypothèse. S'il s'agit d'une invasion, la distance qui sépare les deux accidents implique qu'elle est déjà bien avancée. Mais, comme je te l'ai déjà dit, le changement climatique modifie l'attitude des insectes. Elles sont dotées d'une grande capacité d'adaptation. Avec un peu de patience et beaucoup de douceur, on peut parfaitement tenir un rucher d'abeilles africaines.

La serveuse s'approcha de leur table et leur tendit la carte des desserts, avant de commencer à débarrasser.

— Je vais prendre une glace miel/noix de coco, dit Lara presque aussitôt. C'est un mélange qui me semble parfaitement adapté à notre conversation.

— Tu as raison. Deux, s'il vous plaît, dit-il à l'adresse de la serveuse.

Dès qu'elle eut tourné les talons, le jeune homme planta son regard dans celui de Lara.

— Si tu me parlais un peu de toi ?... Raconte-moi d'où viennent tes yeux.

Lara s'adossa à sa chaise.

— Je les dois à ma mère, qui était vietnamienne. Elle est morte en me mettant au monde, le 19 mars 1975. J'ai été recueillie par une Française, installée à Saigon, qui s'efforçait de trouver des familles d'accueil aux petits orphelins. Georges et Gaby l'avaient rencontrée à Paris, par l'intermédiaire de leur médecin de famille. Une semaine avant l'arrivée des troupes nord-vietnamiennes, elle m'a confiée à une compatriote qui prenait l'un des derniers vols réguliers quittant la capitale. L'avion précédent s'était écrasé au décollage. À Roissy, mes parents adoptifs ne savaient même pas si j'étais à bord. Ce fut le jour le plus long de toute leur existence.

— C'est tout ce que tu sais ?

— Il y avait huit cent mille orphelins dans le pays au moment du départ des derniers soldats américains. La confusion était telle qu'il est impossible de retrouver la moindre trace de mon passé.

La serveuse déposa les glaces devant eux. Lara saisit sa cuillère et détacha délicatement une portion de chaque parfum qu'elle laissa fondre sur sa langue.

— Enfant, j'ai longtemps rêvé que j'étais le fruit d'une grande histoire d'amour. À l'adolescence, j'ai envisagé d'autres scénarios, moins exaltants. Peut-être ma mère se prostituait-elle. Peut-être a-t-elle été violée… Si mon père a survécu, j'ai probablement une ribambelle de frères et sœurs gavés de hamburgers et de Coca-Cola quelque part aux États-Unis.

David observa quelques instants de silence.

— Ce n'est pas trop lourd à porter ?

— Il existe de pires handicaps. J'ai décidé d'en faire un atout. Ce genre de situation t'oblige à considérer un certain nombre de questions sous un angle totalement différent… Je ne sais pas d'où je viens, mais nous ne savons pas non plus où nous allons. Qu'est-ce qui est le plus important ?… L'absence de racines, c'est une forme de liberté. Je ne suis soumise à aucun déterminisme familial. Au plan psychologique, en tout cas.

— C'est ce qu'on appelle une vision positive.

— Tu connais le principe bouddhiste ? Soit ton problème a une solution, et il est inutile de t'inquiéter. Soit il n'en a pas, et c'est tout aussi vain.

— Si tout le monde adoptait ce raisonnement, tu pourrais chercher un autre métier !

Lara plongea sa cuillère dans la coupe de glace en riant.

— La plupart des gens ne connaissent pas leur chance. À l'adolescence, quand les filles me parlaient de leurs problèmes « intergénérations », cela me rendait folle. Certaines se fâchaient avec leurs parents, au point de ne plus leur adresser la parole, le plus souvent pour une broutille…

Elle releva la tête, mi-amusée mi-inquiète.

— Tu t'entends bien avec les tiens ?

David laissa passer quelques secondes.

— Ils sont morts quand j'avais cinq ans… Leur voiture a quitté la route dans un virage, près de Sisteron, alors qu'ils venaient me chercher chez mes grands-parents maternels, où je passais les vacances scolaires. On n'a jamais su pourquoi.

Lara glissa sa main gauche sur celle du jeune homme.

— Je suis désolée.

Il lui sourit tendrement et changea de sujet.

— Est-ce que tu es retournée au Vietnam ?

— Je ne suis pas sûre d'être prête. Je crois aussi que je ne veux pas faire ce voyage toute seule. Il y aura tellement d'émotions à partager.

— Sais-tu que l'Asie est le berceau de toutes les abeilles de la planète ?

— Toujours le hasard ? ironisa Lara.

— L'important, c'est ce qui arrive. Peu importe pourquoi.

La jeune femme entrelaça ses doigts dans les siens.

— Tu as raison. De toute façon, nous ne connaîtrons jamais l'origine des choses.

Une demi-heure plus tard, lorsqu'ils quittèrent le restaurant, l'air frais leur fouetta le visage. À peine dehors, David posa le bras sur l'épaule de la jeune femme en un geste protecteur. Chacun songeait à cette part d'intimité que l'autre venait de lui révéler. Mettre son âme à nu est beaucoup plus impudique que dévoiler son corps.

— Je te raccompagne ? proposa le jeune homme.

— J'espère bien, plaisanta Lara. Tu ne laisserais quand même pas une faible femme seule dans les rues à la nuit tombée !

Presque aussitôt, elle se demanda si sa réponse ne constituait pas une invitation trop directe. Mais ce dîner n'avait fait que confirmer l'alchimie qui s'était produite dès leur première rencontre. Tous deux savaient clairement qu'ils étaient attirés l'un par l'autre. À quoi bon se conformer aux règles absurdes du jeu de la séduction ?

— Où habites-tu ?

— Mes parents m'ont acheté un studio rue de Seine, quand je suis montée à Paris pour mes études.

— C'est drôle… Je loge dans un petit hôtel de l'autre côté du boulevard Saint-Germain !

La jeune femme eut envie de le taquiner encore à propos du hasard, mais s'arrêta net en passant devant un kiosque à journaux encore ouvert.

— Tu permets que j'achète *Le Monde* ? Je n'ai pas eu le temps de le prendre tout à l'heure.

Tandis qu'elle faisait la queue, Lara parcourut machinalement les titres des journaux disposés devant elle. Tout à coup, son regard s'arrêta sur la une du *Soir*. Après quelques secondes de surprise, la jeune femme s'empara du quotidien belge, qu'elle déplia fébrilement avant de se plonger dans sa lecture.

— Mademoiselle ?

La voix du vendeur la ramena à la réalité. Elle lui montra *Le Soir*, ainsi que *Le Monde*, qu'elle venait de saisir, et tendit un billet de dix euros. Après avoir fourré la monnaie en vrac dans sa poche, elle se retourna vers David qui l'attendait en retrait.

— Regarde ! dit-elle en étalant le journal devant lui.

À la une du quotidien se trouvait la photo d'identité grand format d'un homme à l'allure élégante, surmontée de la question – *« Avez-vous vu cet homme ? »* – et soulignée d'un commentaire en caractères plus petits – *« Thierry de Rancourt, directeur commercial des laboratoires Willmann, a disparu depuis une semaine »*.

— Et alors ? demanda David. Tu peux me donner la traduction française ?

— Lis la suite, ordonna Lara, avec un soupir d'agacement.

Le jeune homme parcourut l'article dans lequel on expliquait que l'homme d'affaires s'était mystérieusement volatilisé la semaine précédente, sans laisser le moindre indice.

« La direction de la société et la famille, s'attendant à une demande de rançon, ont d'abord choisi de ne pas prévenir la police mais, devant l'absence totale de revendication, ils décident aujourd'hui de rompre le silence et lancent un appel à témoin. »

Suivait un numéro vert, accessible vingt-quatre heures sur vingt-quatre.

— Je ne vois toujours pas...

— Regarde à l'intérieur.

En page deux, un premier encadré retraçait succinctement la biographie de l'homme d'affaires et son brillant parcours professionnel. Lara pointa son doigt sur le second, titré *« La malédiction ? »* qui rappelait *« la mort accidentelle, le mois précédent, du directeur administratif et financier des laboratoires Willmann, Denis Spengler, attaqué par des abeilles alors qu'il faisait du VTT dans la forêt de*

Soignes » et s'interrogeait sur la tragique malchance qui frappait la société. David replia le journal et regarda Lara, stupéfait.

— Comment as-tu fait le lien entre les deux hommes ?

— Les laboratoires Willmann. Mon copain m'avait dit qui était Spengler. C'est incroyable, non ?

— J'avoue que c'est troublant, même si je ne vois pas le rapport.

— Moi non plus. Mais si je travaillais chez Willmann, je commencerais sérieusement à m'inquiéter.

Ils se dirigèrent vers la place de l'Opéra où plusieurs taxis attendaient à la station et s'engouffrèrent dans le véhicule de tête, une grosse Mercedes blanche qui démarra en douceur. Lara s'assit tout contre David, mais celui-ci ne semblait pas disposé à profiter de cette intimité. Après quelques minutes de trajet, elle se redressa.

— Les scientifiques de chez Willmann ont peut-être fait venir des abeilles africaines pour se livrer à je ne sais quelle expérience, comme tu l'as dit... Il y a eu un accident au cours duquel Spengler a été tué, et on a transporté son corps dans la forêt pour faire croire à une attaque.

— Et le directeur commercial ?... Un autre accident ?… Ils sont sacrément maladroits, chez Willmann. Je devrais leur proposer mes services.

Perplexe, Lara se cala à nouveau contre l'épaule du jeune homme. Lorsqu'ils arrivèrent devant chez elle, la jeune femme signala au chauffeur un renfoncement où s'arrêter sans gêner la circulation. Elle aurait aimé que leur tête-à-tête se poursuivît toute la nuit, uniquement pour se parler et mieux se connaître. Mais elle savait qu'une fois au lit, les hommes ne sont pas très enclins à raconter leur vie. Encore moins après l'amour, puisqu'ils s'endorment le plus souvent comme des bienheureux. En outre, l'affaire Willmann la taraudait plus qu'elle ne l'aurait voulu et l'empêchait d'être vraiment disponible.

Devant la porte de son immeuble, David se pencha vers elle. En levant la tête, elle se demanda s'il attendait qu'elle l'invitât à monter. Leurs bouches se rapprochèrent naturellement pour un premier baiser. Lara retrouva sur les lèvres de David le mélange de douceur et de fermeté, éprouvé au premier contact, qui lui procura une formidable sensation de plénitude. La main posée au creux de ses reins y fit naître un frisson qui parcourut tout son être. Lorsque le jeune homme relâcha son étreinte, elle crut que ses jambes allaient la trahir.

— Fais de beaux rêves.

— Tu sauras trouver ton chemin ? demanda-t-elle d'une voix hésitante.

— Ne t'inquiète pas pour moi. J'ai connu des endroits plus inhospitaliers.

Spontanément, elle plaqua la main derrière sa nuque et l'attira à elle pour un nouveau baiser, encore plus long et fougueux que le précédent. Il la repoussa doucement.

— Il vaut mieux que je m'en aille.

Il déposa un dernier baiser sur ses lèvres, en toute chasteté cette fois, se retourna et s'en alla d'un pas vif. Plantée sur le seuil, Lara le regarda s'éloigner, partagée entre soulagement et déception.

Lorsqu'elle rentra dans son studio, la jeune femme alla s'affaler sur le fauteuil, sans même prendre le temps d'enlever son blouson. Aussi loin qu'elle se souvînt, il ne lui semblait pas avoir déjà éprouvé ce mélange d'émoi et d'attirance animale pour un homme. Après quelques minutes de rêverie, le temps que son taux d'adrénaline retrouvât une valeur normale, elle se releva et se dirigea vers la salle de bains. Une fois sous la douche, elle entreprit de se savonner avec force, comme si ce nettoyage vigoureux pouvait aider à chasser le mélange confus de pensées qui agitait son cerveau. Après s'être brossé les dents et rincé le visage à l'eau glacée, elle se glissa sous la couette où elle tenta de mettre de l'ordre dans ses idées en relisant plusieurs fois l'article du *Soir*. La lassitude finit par prendre le dessus et une torpeur apaisante l'envahit.

Le lendemain matin, il lui fallut un long moment pour s'extraire du sommeil. Elle avait l'impression d'avoir passé la nuit au milieu d'une nuée d'abeilles. Les morceaux de la soirée se recollaient peu à peu. Le visage de David s'imposa à elle. Cette simple pensée déclencha une onde bienfaisante qui envahit tout son corps. Mais, au moment où elle s'étirait avec volupté, la photo de Thierry de Rancourt s'interposa en gros plan, gâchant aussitôt la magie de l'instant. *« Le directeur commercial des laboratoires Willmann a disparu la semaine dernière. »* Presque en même temps, la voix du journaliste de France-Info résonna à ses oreilles : « On a retrouvé le corps d'un homme tué par des abeilles au-dessus de Grasse. » Une réaction en chaîne se déclencha dans son cerveau. Ses yeux s'ouvrirent d'un coup. Elle repoussa la couette d'un mouvement brusque et s'assit sur le lit. Son taux d'adrénaline venait de transpercer le plafond.

10.

Avis de recherche

Depuis qu'elle avait sauté du lit, Lara ne cessait de retourner son hypothèse dans tous les sens pour en tester les failles éventuelles. Même s'il lui manquait encore des morceaux du puzzle, elle était persuadée d'être sur la bonne voie. Bousculant tous ceux qui se trouvaient sur son passage, elle grimpa les marches du métro deux par deux.

— Pardon !… Excusez-moi !… Pardon !

La foule endormie ne protesta pas vraiment. De toute façon, le frêle gabarit de la jeune femme incitait à l'indulgence.

Arrivée au bureau, elle se précipita vers Franck, qui attendait depuis cinq bonnes minutes devant la machine à café que son cerveau se mît en route après une dure nuit passée à enterrer – noyer serait plus juste – la vie de garçon d'un de ses vieux copains.

Ce genre de fête lui laissait toujours un goût amer, non seulement à cause de la quantité d'alcool ingurgitée, mais aussi de la tristesse qu'il éprouvait à voir leur bande de joyeux célibataires rétrécir d'année en année comme une peau de chagrin. Au fur et à mesure des défections, et malgré les serments réitérés d'unité, les derniers irréductibles enviaient – sans oser le dire – ceux qui avaient trouvé la « femme de leur vie », et se demandaient avec anxiété lequel d'entre eux resterait seul à brandir le drapeau de l'indépendance masculine. Lorsque Lara s'approcha d'un pas décidé et lui tendit une joue délicatement parfumée, le rocker sentit qu'il était au bord de la reddition.

— Bonjour, Franck. Tu as cinq minutes à me consacrer ? J'aimerais te parler d'un truc.

Il faillit répondre qu'il était prêt à lui consacrer toute la journée, et plus encore, mais se contenta d'opiner de la tête et suivit la jeune femme dans le couloir en abandonnant sans regret son gobelet de café tiède. Rien n'était plus important que ce qu'elle avait à lui dire, même si elle voulait simplement son avis sur la météo des prochains jours. Lorsqu'elle poussa la porte du bureau, il fut soulagé de voir que Carole n'était pas encore arrivée. Mais sa joie fut de courte durée. Ils avaient tout juste échangé deux banalités d'usage que celle-ci surgissait derrière eux, brisant illico l'intimité du moment.

— Salut, les enfants !

Les épaules de Franck s'affaissèrent tandis que les deux jeunes femmes s'embrassaient.

— Que nous vaut l'honneur ? lui demanda sa collègue en se débarrassant de son blouson.

— C'est moi qui lui ai demandé de venir, répondit Lara à sa place, en sortant *Le Soir* de son sac à dos. Je suppose que vous ne lisez pas la presse belge ?

— Pas vraiment, marmonna Franck.

— Pourtant, on y apprend des choses très intéressantes, ajouta-t-elle, en étalant le journal sur le bureau.

Les deux policiers parcoururent rapidement le titre de la une et restèrent bouche bée. Lara les regarda avec satisfaction avant de tourner les pages du quotidien jusqu'à l'article de fond, qu'elle entreprit de lire à haute voix. Lorsqu'elle eut terminé, un long silence s'installa dans la pièce. Carole s'assit à sa place tout en tripotant sa casquette noire marquée du sigle FBI, tandis que Franck, les yeux mi-clos, lissait machinalement sa banane. Lara reprit la parole.

— D'abord, deux hommes tués par des abeilles à mille deux cents kilomètres de distance – ce qui est hautement improbable en Europe, je vous le rappelle – et qui n'ont *a priori* rien à voir l'un avec l'autre. Puis un homme, lié à la victime de la première attaque, qui disparaît sans explication. J'aimerais savoir ce que vous en pensez.

Carole haussa les sourcils et émit une moue dubitative. Franck la regarda avec intérêt.

— Si tu nous disais d'abord ce que tu en penses… toi.

Lara prit une profonde inspiration et se lança.

— Je ne sais pas encore comment, ni pourquoi, mais je crois que Thierry de Rancourt et l'inconnu de Grasse pourraient n'être qu'une seule et même personne.

Carole intervint.

— Tu suggères que le cadavre d'un vagabond, tué par des abeilles dans le sud de la France, serait en réalité celui d'un cadre important de l'industrie pharmaceutique basé à Bruxelles, dont le collègue a été tué lui aussi par des abeilles deux semaines plus tôt ?

Lara écarta les mains en signe d'impuissance.

— Je sais qu'à première vue cela paraît absurde. Mais il n'y a pas eu de demande de rançon. Ce n'est donc pas un enlèvement.

— Des dizaines d'adultes disparaissent chaque année. Volontairement, le plus souvent.

— Jamais des gens comme lui, trancha Lara.

Franck reprit la parole en tirant vers lui une chaise sur laquelle il s'assit à califourchon, comme à son habitude.

— Connaissant ton esprit méthodique, je suppose que tu n'as pas échafaudé cette hypothèse par hasard. Va jusqu'au bout de ton raisonnement.

Lara raconta brièvement l'histoire des abeilles africaines et exposa sa théorie sur l'accident survenu à Spengler en laboratoire. Elle évoqua la possibilité d'un deuxième accident, le corps transporté dans le Midi, déguisé pour égarer les recherches, tout en admettant ne pas être très sûre de cette deuxième partie. Une nouvelle fois, Franck lissa sa banane du bout des doigts.

— Quelque chose ne colle pas.

— C'est le moins qu'on puisse dire, ajouta Carole, d'un ton plus que sceptique.

Lara concéda volontiers qu'il ne s'agissait que d'une supposition.

Franck reprit le fil.

— Et si Rancourt était descendu de son plein gré dans le Sud ?... Pour mener à bien leurs recherches, les gens de chez Willmann avaient besoin d'un spécialiste des abeilles... Or, si je ne m'abuse, les abeilles aiment le soleil et les fleurs. Deux choses qu'on trouve en abondance...

— Dans le Midi ! s'exclama Lara, en se redressant sur sa chaise. Tu crois que Rancourt assurait la liaison avec l'apiculteur ?

— Possible. Après l'accident qui a coûté la vie à Spengler, il est peut-être allé discuter des modalités d'une nouvelle expérience. À moins qu'il n'ait été chargé de contacter un autre apiculteur.

— Pour l'instant, peu importe. Cela expliquerait pourquoi les laboratoires Willmann n'ont pas bougé après sa disparition. Ils ne savaient pas comment justifier sa présence dans la région !

Carole posa sa casquette sur le bureau et objecta que cela n'expliquait toujours pas pourquoi le directeur commercial était vêtu comme un SDF. S'il s'agissait bien de lui... Franck hocha la tête.

— Évidemment. Il faudrait commencer par comparer les empreintes digitales ou dentaires du cadavre inconnu avec celles de Rancourt. Si l'identification s'avérait positive, on pourrait ouvrir une enquête.

— Quelle enquête ? répliqua Carole. Tu imagines sérieusement faire une demande pareille aux autorités belges ? Au mieux, on se couvre de ridicule avec une hypothèse des plus improbables sur une affaire qui ne nous concerne en rien ; au pire, on nous envoie finir notre carrière à Nœux-les-Mines.

Découragée, Lara se laissa retomber contre son dossier.

— Elle a raison. Kermadec ne marchera jamais.

— Il y aurait peut-être un moyen d'étayer l'hypothèse en question, reprit Franck. Si Rancourt s'est bien rendu dans le Sud de son propre chef, il a probablement pris l'avion pour Nice.

— J'y ai pensé. Mais comment veux-tu le vérifier ? Avec la paranoïa ambiante, nous ne pouvons pas appeler les compagnies aériennes sans un mandat officiel. C'est un cercle vicieux.

Le silence s'installa à nouveau dans la pièce, jusqu'à ce que Franck proposât négligemment de contacter l'un de ses copains à Bruxelles. Lara fit un bond sur son siège.

— Un de tes copains belges est dans la police ?

Le rocker prit un air offensé.

— Tu croyais que je fréquentais des médecins… ou des avocats ?… Je suis flic : j'ai des copains flics. Mon ami Luc, chez qui j'ai passé le week-end dernier, bosse aux stups. Je peux lui demander de nous dégoter les listes des passagers des vols Bruxelles-Nice durant la semaine précédant la mort du vagabond. Si Rancourt y figure, ta théorie commence à tenir la route. Sinon, tu peux arrêter de te prendre la tête.

— Et la nôtre avec, ajouta Carole.

Lara se leva, fonça droit sur le rocker, lui plaqua les deux mains sur les tempes et posa un long baiser sur sa joue droite.

— Franck, je t'adore.

— Je sais, je sais, admit-il en rosissant légèrement. On me le dit souvent.

Lara recula et le regarda fixement.

— Il n'y a pas de décalage horaire avec la Belgique, que je sache ? demanda-t-elle.

— Bien sûr que non.

— Alors, qu'attends-tu pour appeler ton copain ?

Le policier se leva dans un soupir et se dirigea vers la porte en traînant légèrement les santiags.

— Franck !

Il s'arrêta net et se retourna. Lara le regardait avec son sourire enjôleur.

— Sans vouloir abuser, si la recherche est positive pour l'aller, tu peux aussi lui demander de vérifier le retour, disons sur trois jours ?... Histoire d'être sûrs.

Avec des yeux pareils, sa requête était sans appel. Franck fit une grimace et ouvrit la porte. Dans sa tête, il entendit résonner la petite voix aiguë de sa mère : « Dire oui à une femme, c'est dire non à ta liberté. »

À peine fut-il sorti que Lara se précipitait sur son ordinateur avec fébrilité.

— Que fais-tu ? demanda Carole.

— Les laboratoires Willmann doivent bien avoir un site Internet…

Quelques minutes plus tard, elle était attentivement plongée dans l'exploration d'une société décrite, avec force superlatifs, comme l'alliance parfaite de la science et de la nature. Mais les laboratoires Willmann ne fabriquaient pas que des médicaments. Ils possédaient également un pôle chimie, dont l'un des produits phares était un insecticide, appelé « Storm ».

Cette arme de nouvelle génération, directement incorporée aux semences des plantes par enrobage, possédait une molécule qui libérait ses principes actifs au fur et à mesure de la croissance des végétaux. D'après l'argumentaire, habilement développé par le service de communication, ce produit, dit systémique, présentait l'énorme avantage de mettre fin aux traitements massifs d'épandage sur les cultures par voie aérienne, et de préserver ainsi la nature. Mais le mot « Storm » avait fait tilt dans la tête de Lara. Il lui semblait l'avoir entendu plusieurs fois dans la bouche du vieil Émile, associé à des adjectifs qui n'étaient guère flatteurs. En surfant sur d'autres sites, elle constata que sa mémoire était bonne. Tout le monde ne partageait pas la vision idyllique de la maison Willmann, notamment les apiculteurs, qui se battaient contre l'utilisation du « Storm » depuis plusieurs années et avaient déposé une requête devant le Conseil d'État afin que fût annulée l'autorisation de mise sur le marché du produit. Des études menées par des experts de l'Institut national de recherche agronomique, le Centre national de recherche scientifique et l'Agence française de sécurité sanitaire des aliments démontraient deux effets pervers du

« Storm » qui semblaient donner raison aux apiculteurs : la persistance de sa molécule dans les fleurs et le pollen de la plante, ainsi que sa rémanence dans le sol, contrairement aux affirmations lénifiantes des laboratoires. Toujours selon les chercheurs, les abeilles manifestaient une très grande sensibilité au produit qui, même à des doses infinitésimales, affectait gravement leur système neurologique.

En guise de contre-attaque, de nouvelles analyses menées par d'autres scientifiques à la demande – à la solde ? – de la firme prétendaient bien évidemment démontrer la parfaite innocuité du « Storm » et tentaient de rejeter la responsabilité de la mortalité croissante des abeilles sur les mauvaises pratiques des agriculteurs négligents, coupables de mélanger pesticides, herbicides et fongicides sans discernement. Les apiculteurs avaient certes obtenu une première victoire avec l'interdiction provisoire de l'insecticide, décrétée par le ministre français de l'Agriculture, mais celle-ci ne portait que sur un seul type de plante. Du fond de leurs bureaux parisiens, les énarques pensaient peut-être que les abeilles allaient faire la différence au moment de butiner ! De plus, pour ne pas perdre de temps, et surtout d'argent, les laboratoires Willmann avaient mis au point une nouvelle molécule enrobante, aux mêmes effets pervers selon toute vraisemblance, mais qui leur permettait de contourner l'interdiction du gouvernement français en proposant un nouveau produit, cette fois baptisé « Prince ».

Pendant ce temps, la production de miel en France diminuait dramatiquement, au point que le pays était dorénavant contraint d'en importer seize mille tonnes par an, soit près de la moitié de sa consommation.

Et le problème ne se limitait pas à l'Hexagone. La Belgique, les Pays-Bas, l'Autriche, l'Italie, le Portugal, l'Espagne, le Canada et la Nouvelle-Zélande connaissaient des querelles d'experts similaires à propos de la mortalité foudroyante des abeilles depuis l'apparition de ces prétendus « produits miracles ». Tous ces éléments venaient conforter la théorie de Lara, très satisfaite de découvrir que le hasard avait de moins en moins de place dans l'enchaînement des événements.

En fin d'après-midi, grâce à sa connexion privilégiée, Franck lui apporta l'information tant attendue. Fidèle à ses habitudes, il tenta, durant quelques instants, de lui faire croire que les recherches n'avaient rien donné, mais la satisfaction qui illuminait son visage le trahit immédiatement. Thierry de Rancourt avait bien pris le vol Bruxelles-Nice du mardi 17 septembre, soit deux jours avant la découverte du cadavre de l'inconnu de Grasse. Lara sauta au cou du rocker pour la seconde fois de la journée pendant que Carole admettait sportivement sa défaite. De plus, l'homme d'affaires ne s'était pas présenté à l'enregistrement de son vol de retour, réservé pour le soir même. La consultation des listings des jours suivants confirmait également qu'il n'avait pris aucun des autres vols à destination de la capitale belge. Confortés par cette information capitale, ils appelèrent le service médico-légal de Nice et apprirent, de la bouche du médecin légiste qui avait pratiqué l'autopsie, que le « vagabond » était mort le mardi 17 septembre en milieu de journée. Forte de tous ces arguments, Lara demanda donc à Franck de rappeler son ami Luc afin qu'il les mît en contact avec le patron de l'enquête sur la disparition du directeur commercial. Après bien des tergiversations, leur collègue d'Outre-Quiévrain finit par accepter, à la condition expresse de préciser qu'ils ne disposaient d'aucun mandat officiel et qu'il s'agissait seulement de proposer certains éléments dont la police belge apprécierait l'utilité. Moins d'une heure plus tard, il leur transmettait les coordonnées du commissaire divisionnaire Théo Brenner. Lara venait de lire dans les yeux de ses partenaires qu'elle était chargée de porter la bonne parole à Kermadec, lorsque le téléphone sonna à nouveau.

— Oui, commissaire... Je vous l'envoie.

Carole fit un signe de tête à Lara, qui se leva aussitôt, déstabilisée par la réaction de leur patron.

— Je ne savais pas que nous étions sur écoute, fut tout ce qu'elle trouva à dire pour exprimer sa surprise.

En arrivant dans le bureau du commissaire, l'appréhension qui l'avait envahie quelques minutes auparavant s'envola aussitôt. Même si celui-ci s'efforçait de ne rien laisser transparaître, la jeune femme sut que Kermadec était de très bonne humeur. Le dos bien calé dans le fauteuil, les mains cramponnées aux accoudoirs, les jambes étendues, son corps parlait pour lui.

— Je viens d'avoir une longue conversation avec mon ami Le Guen, dit-il en guise de préambule, avant de la féliciter pour la justesse de ses observations et lui raconter toute l'histoire.

Vèze s'était effectivement caché dans un recoin du *Queen Mary II*, mais avait fini par sortir, la nuit précédente, vers 2 heures du matin, poussé par la faim et la soif. Manque de chance – pour lui – un second de cuisine s'était réveillé au même moment. Tandis qu'il soulageait sa vessie, ce brave garçon s'était tout à coup souvenu qu'il avait oublié de sortir un quartier de viande du congélateur pour le déjeuner du lendemain. Lorsqu'il était arrivé en cuisine, il avait trouvé Vèze en train de fouiller dans l'un des frigos.

Une fois de plus, Lara se demanda quelle était la part du hasard dans cette histoire.

— Vèze s'est retourné et l'a blessé à la cuisse avec un couteau de chasse ; probablement celui qu'il a utilisé lors de ses crimes. Mais le gars était un teigneux. Il lui a mis un coup de pied entre les jambes qui a plié notre homme en deux. Puis il a attrapé l'un des hachoirs. Au moment où Vèze se redressait, le cuistot lui a sauté dessus. Ils ont roulé à terre. Dans la mêlée, il a reçu un deuxième coup de couteau, à l'épaule cette fois, mais il a réussi à prendre le dessus et lui a balancé un bon coup de hachoir qui a presque entièrement sectionné le bras de Vèze au-dessus du coude.

— Quelle horreur !

— En voyant le sang qui giclait de ses blessures, le gars s'est senti mal. Vèze s'est sauvé dans les coursives mais, avec l'artère humérale qui crachait le sang à chaque battement de cœur, il est tombé dans les pommes à son tour.

— Quand même !

Kermadec lâcha une grimace de dépit.

— Malheureusement, il est tiré d'affaire. Le chirurgien du bord a même réussi à sauver son bras.

— Et le cuisinier ?

— Il a eu de la chance. Vèze était plus doué avec les femmes, si j'ose dire. Aucun organe vital n'a été touché. À son retour, notre héros aura droit à une belle cérémonie de remise de médaille avec discours émouvant du ministre et *Marseillaise* pour tout le monde.

Derrière le cynisme apparent du commissaire et son détachement feint, Lara percevait parfaitement l'euphorie qui l'habitait. Même si, dans le cas présent, l'événement était quelque peu virtuel, elle découvrait pour la première fois le sentiment que procure la capture d'un criminel. Un mélange de satisfaction du devoir accompli, de justice rendue aux victimes et de soulagement, compte tenu de la menace permanente que constitue ce genre de tueur. Elle commençait à comprendre ce qui soudait l'équipe d'enquêteurs.

— Je suppose que vous serez sur le quai à Saint-Nazaire, vendredi ? demanda-t-elle.

— Vendredi ?... Vous plaisantez !... Je pars pour Nantes en début d'après-midi. Le Guen a demandé un hélicoptère de l'Aéronavale pour nous emmener à bord du paquebot. Je vais signifier son arrestation à Vèze, les yeux dans les yeux.

L'impatience de Kermadec était palpable.

— Faites-moi plaisir ; passez un coup de fil à M. Bernaud, notre témoin-miracle grâce à qui tout est arrivé. Il n'a pas dû dormir beaucoup depuis cette nuit tragique, ajouta-t-il.

Lara acquiesça en silence.

— Je tiendrai une conférence de presse demain à 18 heures. Personne ne parle aux journalistes avant mon retour.

Devant la mine étonnée de la jeune femme, il précisa.

— Nous allons les laisser attendre. Depuis le temps qu'ils nous traitaient d'incapables, je tiens à m'offrir ce petit plaisir.

On aurait dit un enfant facétieux ravi de jouer un bon tour à ses parents.

Il fit mine de se lever pour mettre fin à leur entretien mais Lara, qui n'aurait pu rêver meilleure mise en condition, lui annonça alors qu'elle aussi avait une histoire intéressante à raconter.

Le commissaire écouta son récit avec beaucoup d'attention, quoique une légère grimace de désapprobation apparût sur son visage lorsqu'elle évoqua le contact avec la police belge. Toutefois, l'arrestation du *serial cutter* l'avait mis dans un tel état d'euphorie qu'il ne se formalisa pas outre mesure. Convaincu par les arguments de la jeune femme, il accepta d'appeler son collègue de Bruxelles qui, après un bref exposé de la situation, suggéra que Lara vînt lui communiquer la totalité de ses réflexions de vive voix. Un peu réticent, Kermadec finit par donner son aval à ce voyage, non sans avoir ajouté, en guise de conclusion : « Je suis certain que vous apprécierez l'intelligence de cette jeune femme », ce qui, venant de lui, n'était pas un mince compliment.

11.

Jeu, set et match

Artur Willmann IV arrêta la Porsche Cayenne noire devant la barrière automatique. La vitre électrique teintée s'abaissa dans un bruissement imperceptible. Il glissa sa carte magnétique dans la borne, et la barrière se leva. Après avoir parcouru une cinquantaine de mètres dans l'allée, la berline vint se garer devant le club-house abondamment fleuri. Le ronronnement discret du moteur se tut. Robert Klein se pencha vers l'avant et scruta le ciel gris d'un œil inquiet. Willmann déverrouilla la sécurité, ouvrit sa portière et tenta de le rassurer.

— J'ai regardé le bulletin météo avant de partir. Il ne pleuvra pas.

— Je n'ai pas confiance en leurs prévisions, répondit Klein, dubitatif, en s'extrayant à son tour du véhicule. La météo n'est pas une science exacte… Ce n'est pas une science, d'ailleurs.

— On essaie quand même. C'est probablement

la dernière fois que nous pourrons jouer dehors cette année.

Les deux hommes prirent leur sac de sport, pénétrèrent dans le bâtiment et se dirigèrent vers l'accueil, où une jolie brune d'une trentaine d'années assortie au décor – tailleur vert pastel et chemisier ivoire – les accueillit avec un large sourire.

— Bonjour, messieurs. Vous êtes toujours aussi ponctuels.

— Bonjour, Roselyne. Je m'en voudrais de vous faire attendre, répondit Willmann, en lui rendant son sourire tout en la fixant droit dans les yeux.

La jeune femme ne les détourna pas. Willmann aimait jouer avec l'idée que son extrême amabilité était une façon discrète de lui signifier un intérêt autre que professionnel. Grâce à son nom et à sa fortune, il ne lui avait jamais été très difficile d'entretenir des liaisons, plus ou moins longues, qui le distrayaient de la monotonie conjugale. Mais, pour la première fois depuis longtemps, il avait l'impression qu'il pourrait tomber amoureux, même s'il savait que ce sentiment ridicule le quitterait sitôt qu'il l'aurait possédée. En amour, comme en affaires ou à la chasse, c'est le plaisir de la traque qui importe. La victoire est un orgasme intense, mais éphémère.

— Vous avez le numéro un, annonça-t-elle. Comme d'habitude.

— Y aura-t-il un court libre à l'intérieur, si jamais il pleut ? demanda Klein.

— Normalement, il ne pleuvra pas.

— Tu es têtu, lui lança Willmann, d'un air agacé.

— Mais je garde toujours un court en réserve, ajouta la jeune femme. Surtout pour vous.

— Vous êtes la prévoyance même, dit Willmann, ravi de cette dernière phrase qui lui semblait des plus encourageantes.

Dans le vestiaire, assis sur le banc qui faisait face aux armoires individuelles en bois verni, ils entreprirent de se changer, enfilant leur tenue de tennis blanche, comme il était de rigueur dans ce club huppé des environs de la capitale belge. Klein montra l'une des armoires du doigt.

— On l'a ouverte ?

— Bien sûr.

— On n'a rien trouvé de spécial, je suppose ?

— Rien du tout.

Le ton de Willmann était sans appel.

Le directeur de la recherche poussa un soupir de découragement.

— C'est quand même insensé de disparaître comme ça !

— Robert, nous avons retourné la question dans tous les sens. Tu peux émettre toutes les hypothèses imaginables ; tu ne trouveras pas la solution. Il faut continuer à vivre et travailler, en espérant que, pour une fois, la police sera capable de résoudre l'affaire le plus vite possible.

Klein observa quelques secondes de silence tandis qu'il laçait ses chaussures.

— Tu crois qu'il est mort ?

Tout en se levant, Willmann haussa nettement la voix et tenta de contenir son agacement.

— Que veux-tu que je te réponde ?... Oui, il est probablement mort. J'ai voulu croire, comme tout le monde, que ses ravisseurs nous faisaient attendre pour tirer le meilleur prix de sa libération. Mais tu as entendu les policiers ; il n'existe pas une seule affaire d'enlèvement où le délai ait été aussi long entre la disparition de la victime et la première revendication.

— Que s'est-il passé, selon toi ?

— Je ne sais pas… Il s'est peut-être défendu au moment du rapt, il a pris un mauvais coup, et ses agresseurs ont fait disparaître le corps.

Willmann rangea ses affaires dans l'armoire.

— Tu es convaincu que c'est un enlèvement ? demanda Klein, se levant à son tour.

— Quoi d'autre ?

— Cette disparition, la mort de Denis ; tout cela est tellement bizarre.

Willmann referma la porte de son armoire. Sa raquette dans une main, une boîte de balles dans l'autre, les bras légèrement écartés, il regarda Klein d'un air désolé.

— Ne me dis pas que tu accordes du crédit à cette histoire de malédiction.

— Évidemment, non. Je suis un scientifique. C'est justement pourquoi j'aime les explications rationnelles.

— Alors, tu sais qu'il y en a forcément une. Nous la trouverons. Ce n'est qu'une question de temps.

Dehors, sur le chemin menant au court, Klein reprit :

— Et si la mort de Denis n'était pas un accident ?

— C'est-à-dire ?

— Peut-être est-ce lui qu'on voulait enlever, à l'origine.

— Et il aurait fait une chute en se sauvant ? Deux tentatives d'enlèvement qui se soldent chacune par un mort… Sacré concours de circonstances. Et pourquoi les kidnappeurs n'ont-ils pas fait disparaître son corps ?

— À cause des abeilles. Ils ne pouvaient pas l'approcher. Et de toute façon, cela ressemblait à un parfait accident.

Situé dans un angle de l'immense parc paysager, bordé par la forêt et entouré d'une rangée de cyprès d'environ quatre mètres de hauteur sur les trois autres côtés, le court numéro un était un havre de discrétion. Willmann poussa la porte grillagée avec une moue dubitative.

— Ton hypothèse a le mérite de la logique, mais elle me semble quand même peu probable.

Il posa sa raquette contre le banc, enleva le couvercle en plastique de la boîte de balles et tira d'un coup sec sur l'opercule métallique qui s'ouvrit dans un chuintement bref. Depuis que son père lui avait fait prendre ses premières leçons particulières, à l'âge de cinq ans, il adorait ce bruit. Au point qu'il avait très vite refusé de jouer avec les balles usagées, entassées en vrac dans le traditionnel seau en plastique. À chaque séance, il fallait qu'on lui fournît ses boîtes de balles neuves qu'il exigeait d'ouvrir lui-même.

— On démarre doucement. Je n'ai pas envie de me faire un claquage, dit Klein.

— Tu m'inquiètes, Robert. Aurais-tu atteint l'âge de te mettre au golf ?

Son partenaire secoua la tête.

— Le golf est un sport formidable. Il requiert des qualités différentes, c'est tout.

— C'est vrai que c'est génial… Pour ceux qui aiment se promener sur l'herbe, ajouta Willmann, en faisant de grands cercles avec les bras.

Klein haussa les épaules.

— Très drôle.

Les deux hommes se dirigèrent chacun d'un côté du court en sautillant. Une fois en place, Klein se livra à quelques flexions tandis que Willmann se penchait vers le sol, les mains tendues loin devant lui, pour étirer son dos.

— On y va ? demanda-t-il en se relevant.

— C'est parti, approuva son partenaire.

Ils commencèrent à échanger tranquillement du fond du court, veillant à la longueur de leurs balles, alternant revers et coups droits, travaillant la précision du geste et la justesse du placement. Après environ dix minutes de cet exercice de routine, le rythme se durcit insensiblement ; ils se mirent à croiser ou décroiser leurs frappes, envoyant les balles de plus en plus près des lignes latérales, ce qui les obligeait tous deux à une course incessante d'un bord à l'autre du terrain. Tandis qu'ils se mesuraient, un homme vêtu d'une combinaison bleu marine et coiffé d'un chapeau de jardinier s'approcha de la porte du court et entreprit de s'affairer sur la serrure. Lorsqu'ils s'interrompirent pour ramasser les balles, Willmann l'interpella, légèrement agacé.

— Il y a un problème ?

— Non, non ! Je vérifie les mécanismes, répondit l'employé, avant de s'éloigner.

Les deux hommes reprirent leur affrontement, de plus en plus énergique, mais sans perdre de vue que le tennis est un sport de gentlemen. D'une petite tape de la paume sur le tamis de la raquette, ils se félicitaient mutuellement chaque fois que l'un d'eux réussissait un coup particulièrement difficile : un beau *passing shot* le long de la ligne ou une jolie volée. Alors qu'ils disputaient un échange particulièrement acharné, Willmann remarqua de nouveau l'agent d'entretien qui, cette fois, venait d'écarter le rideau de cyprès derrière son partenaire pour s'accroupir contre le grillage. Tout en continuant à jouer, il ne put réprimer une nouvelle grimace d'agacement. La silhouette, située juste dans son champ de vision, le déconcentrait. L'homme aurait pu choisir un autre moment ! Tout à l'heure, il irait se plaindre auprès de la belle Roselyne. Un excellent prétexte pour la déstabiliser. Au moment où son adversaire se décalait sur sa gauche, Willmann s'aperçut que l'homme avait recouvert son visage d'un voile. Il laissa passer la balle qui arrivait en plein sur lui. Klein l'apostropha en riant.

— Eh bien, Artur ? Ça va trop vite pour toi ? Tu veux essayer le golf ?

Sans répondre, Willmann fit quelques pas vers le filet. Intrigué par son attitude, Klein se retourna et découvrit à son tour l'inconnu qui se relevait, le visage masqué par sa voilette d'apiculteur. Il se dirigea vers lui.

— Mais qu'est-ce que vous faites là, bon sang ?

En s'approchant, il vit que l'homme avait plaqué contre le grillage un bocal de verre dont l'ouverture, tournée vers lui, ressemblait à une monstrueuse gueule noire. Abasourdi, Klein pensa au tableau d'Edvard Munch, *Le Cri*. De sa main gauche, l'inconnu donna trois coups secs sur le fond du récipient. Klein vit avec horreur une masse noire et grouillante s'extraire du bocal et se diriger droit vers lui dans un vrombissement qui enflait démesurément. *Des abeilles ?...* Il entama de grands moulinets dérisoires avec sa raquette. De l'autre côté du filet, Willmann assista, pétrifié, à l'attaque. L'homme se baissa, prit un deuxième bocal, dont il dévissa le couvercle, le colla au grillage et lui imprima les mêmes secousses qui firent jaillir une nouvelle vague d'insectes enragés. En une fraction de seconde, Willmann venait de réaliser ce qui les attendait. Son estomac se contracta brutalement. Les premières abeilles vinrent le piquer à son tour. Affolé, il lâcha sa raquette et se mit à courir vers la porte, dont il abaissa brutalement la poignée. Mais celle-ci lui resta dans la main ! Tremblant de tous ses membres, il tourna la tête vers Klein qui, plié en deux, se traînait vers lui dans un hurlement étouffé.

— Artur ! Au secours !

Son ami venait d'atteindre le milieu du court. Ses mouvements se faisaient de plus en plus lents et saccadés. On aurait dit un pantin désarticulé dont les piles étaient en train de rendre l'âme. À l'intérieur de l'organisme, le venin avait entamé son inexorable travail.

Klein s'affaissa lourdement sur le filet, dont le câble céda dans un claquement sec et l'accompagna dans sa chute. Semblable à un cerf acculé par la meute, son corps sans défense disparut peu à peu sous le nuage d'abeilles déchaînées. Le spectacle était terrifiant. Il y avait peut-être une chance de s'en sortir en escaladant le grillage, pensa Willmann. Mais, lorsqu'il se retourna, l'inconnu lui faisait face, de l'autre côté de la porte, un nouveau bocal à la main. L'héritier vit à son tour la gueule noire s'ouvrir démesurément, puis se ruer vers lui. Cloué sur place, il plaqua ses mains sur son visage en un geste de protection symbolique. La boule en furie le frappa de plein fouet, lui infligeant une douleur fulgurante et dévastatrice. La peau nue de ses bras et de ses jambes constituait une cible idéale. En quelques instants, il se sentit écrasé par une épaisse toison constituée de milliers d'aiguilles qui martyrisaient chaque millimètre carré de son épiderme. Fugacement, il pensa à la chemise de cilice que certains religieux enfilaient en guise de pénitence. *Quelle prière doit-on dire au moment de mourir ?...*

Sur le seuil du club-house, l'hôtesse contemplait le ciel. Un mince rayon de soleil filtrait à travers les nuages. La météo ne s'était pas trompée. Il faisait un temps idéal pour le tennis. Le bruit des balles lui arrivait comme une rafale d'échos légèrement assourdis. Cela faisait plus d'un an qu'elle travaillait à la réception, et elle éprouvait toujours autant de plaisir à savourer ce calme idyllique qui contrastait singulièrement avec les salons professionnels, surpeuplés et bruyants, où elle avait longtemps fait de la figuration.

Elle appréciait également à sa juste valeur le regard charmeur des nombreux hommes d'argent et de pouvoir, et s'amusait de la jalousie évidente de leurs épouses, qui auraient volontiers échangé leur stock complet de Chanel, Dior et Vuitton pour sa silhouette impeccable, symbole d'une jeunesse qu'elles ne retrouveraient jamais, en dépit des longues heures passées en salle de fitness. « On ne peut pas tout avoir », leur aurait-elle volontiers glissé avec perfidie lorsqu'elle les voyait grimacer et transpirer sous les ordres de Goran, le séduisant prof d'aérobic d'origine serbe, que certaines dévoraient des yeux de manière indécente, sans savoir qu'il vivait précisément avec elle une histoire d'amour d'autant plus excitante qu'il fallait la dissimuler à tous.

Perdue dans ses pensées, elle entendit, plus qu'elle ne vit, arriver un homme en jogging noir, lunettes de soleil, capuche rabattue sur une casquette américaine. En passant devant le club-house en petites foulées, il détourna la tête pour ne pas croiser le regard de Roselyne. Devant cette apparition inhabituelle, celle-ci fronça les sourcils et se demanda qui était cet étrange individu. Sa réflexion fut brutalement interrompue par l'abeille qui venait de planter son dard sur le dos de sa main. La jeune femme poussa un cri de douleur, puis s'aperçut que d'autres insectes envahissaient l'espace et se jetaient sur elle. Elle rentra en courant dans le club-house et referma violemment la porte en poussant un hurlement de terreur qui résonna comme un véritable sacrilège dans l'atmosphère feutrée.

12.

Paris-Bruxelles

Plombé par un ciel menaçant, le jour se levait à grand-peine sur le paysage sans âme de la banlieue nord que Lara regardait défiler à travers la vitre du train. Elle se mit à songer que les plus grandes villes du monde offrent quasiment toutes ce contraste scandaleux entre un cœur splendide, dégoulinant de richesse, et une périphérie glauque où se rassemble toute la misère du monde. Il ne faut ni passeport ni visa pour passer d'un univers à l'autre et, pourtant, la frontière invisible qui les sépare est plus étanche que le béton armé de tous les murs de la honte. Peu à peu, l'accélération du Thalys gomma la réalité et, presque sans transition, les tours des cités cédèrent la place aux grandes plaines agricoles nappées de brouillard.

Lara aurait bien aimé partager ses réflexions avec David mais le portable de ce dernier restait obstinément muet. Non seulement il ne l'avait pas appelée mais, les deux fois où elle avait tenté de le joindre, elle s'était heurtée à la froideur de son répondeur, qui l'avait incitée à raccrocher sans un mot.

Malgré ce silence troublant, Carole maintenait sa position avec force arguments. Selon elle, David luttait désespérément contre le coup de foudre qui n'avait pas manqué de le frapper lors de leur rencontre. Peut-être avait-il vécu une histoire qui s'était mal terminée et ne se sentait-il pas prêt à plonger de nouveau. « Les hommes adorent le sexe, mais ont une peur panique de l'amour », avait-elle conclu, péremptoire.

Lara avait bien suggéré qu'elle pouvait ne pas lui plaire, mais son amie avait balayé cette éventualité ridicule d'un haussement d'épaules signifiant qu'il était impossible de résister à son charme. Lara avait froncé les sourcils en souriant.

— C'est une déclaration ?

— Pourquoi pas ?... Une fille qui te trouve craquante, c'est plus gênant qu'un mec ?

— Disons que c'est plus inhabituel.

Pourquoi un homme et une femme ne sont-ils pas capables d'avoir une relation simple ? Pourquoi se dérobent-ils l'un à l'autre ? Parce qu'aimer, c'est prendre le risque de souffrir ?... D'ailleurs, se demanda la jeune femme pour la première fois, presque à contrecœur – *Suis-je amoureuse de lui ?* – avant d'éluder prudemment la question. La seule chose dont elle était sûre, c'est qu'elle avait envie d'aller plus loin, d'en savoir plus sur lui… et sur elle. Bercée par le roulis du wagon et le crépitement de la pluie, qui commençait à zébrer les vitres en longues diagonales perlées, elle s'assoupit doucement.

Après une absence qui lui semblait avoir duré un court instant, elle fut brutalement tirée de son sommeil par l'avertisseur sonore d'un autre Thalys, qui les croisa avec fracas durant quelques secondes. Elle consulta sa montre et s'aperçut qu'elle avait dormi près d'une heure !

Dix minutes plus tard, le train entrait en gare de Bruxelles-Midi. Lara se dirigea tranquillement vers la sortie du wagon après avoir laissé passer la vague speedée des costumes-cravate, l'oreille vissée au portable comme si leur vie en dépendait.

— Lara Varani ?

Debout sur le quai, l'homme qui venait de lui poser la question ne ressemblait pas du tout au portrait-robot des policiers qu'elle avait l'habitude de fréquenter. Assez grand, très mince, vêtu d'un costume gris anthracite impeccable sous lequel claquait une chemise jaune poussin, celui-ci portait un imperméable sur le bras gauche, tandis que sa main droite soulevait à demi un élégant chapeau de cuir noir. Ses cheveux entièrement blancs, de même que sa barbe savamment négligée, faisaient davantage ressortir ses yeux, d'un bleu délavé par le temps, que protégeait une paire de petites lunettes rondes finement cerclées d'acier. On aurait dit un personnage de bande dessinée. Pendant une fraction de seconde, Lara se demanda si elle avait bien entendu son nom.

— Commissaire Brenner ? hasarda-t-elle.

— Pour vous servir. Enchanté, mademoiselle, dit-il en lui tendant la main pour l'aider à descendre du train.

Même ses manières étaient d'un autre temps.

— Je croyais que nous devions nous retrouver à la sortie.

— Je sais, mais j'étais un peu en avance, et je déteste attendre dans la voiture. Je ne marche plus beaucoup et, à mon âge, il ne faut négliger aucune occasion de faire un peu d'exercice.

À son âge ! se demanda la jeune femme. *Mais quel âge pouvait-il avoir ? Et d'où venait cet accent chantant, qui ne ressemblait pas au typique phrasé belge, tout en rondeurs ?*

Tandis qu'ils suivaient de loin la cohue, l'homme la questionna avec affabilité.

— Vous avez fait bon voyage ?

— En fait, j'ai dormi, avoua-t-elle.

Il hocha la tête.

— Si j'ai bien compris, vous êtes en stage à la Brigade criminelle pour devenir *profiler* ?

Contrairement à Kermadec, il avait prononcé le mot avec un parfait accent anglais.

— C'est exact. Mais c'est par hasard que je me suis intéressée à ces attaques d'abeilles, s'empressa-t-elle d'ajouter.

— Ne vous préoccupez pas des procédures administratives, dit-il avec un sourire bienveillant. Si j'ai demandé à vous voir, c'est parce que j'ai jugé l'information suffisamment intéressante. Dites-moi plutôt comment vous avez eu l'idée de consulter les listings des vols Bruxelles-Nice.

Sans le connaître, Lara savait déjà qu'elle pouvait lui faire confiance.

— Une intuition… fondée sur une série de coïncidences troublantes. Je vais vous expliquer.

— J'y compte bien.

Ils sortirent de la gare. Le policier désigna une Volvo noire, garée le long du trottoir, dont le chauffeur vint ouvrir la porte arrière avec empressement. Le commissaire fit un petit signe à la jeune femme qui s'apprêtait à le laisser passer.

— Après vous, je vous prie.

Lara s'engouffra dans la voiture et glissa d'un mouvement souple sur la banquette jusqu'à la portière opposée. Brenner prit place à côté d'elle et posa couvre-chef et imperméable sur ses genoux. La voiture démarra en silence tandis que le policier réfléchissait à voix haute.

— Donc, l'homme que nous recherchons depuis plus d'une semaine serait allongé dans un tiroir de la morgue niçoise ?... Se rendre dans une région aussi charmante pour finir dans un endroit aussi sinistre. Quel triste paradoxe.

Le ton de Brenner ne révélait pas la nature de sa réflexion. Humour noir ou oraison funèbre ? Dans le doute, Lara se contenta d'un sourire passe-partout. Le commissaire continua, toujours pour lui-même.

— Ce que je ne comprends pas, c'est pourquoi ni son épouse, ni son employeur n'étaient avertis de ce voyage. Serait-ce une histoire de femme ?... Une liaison aussi loin de chez soi, c'est terriblement romantique, mais pas très pratique.

Décidément, cet homme adorait les digressions. Profitant de la pause, Lara s'immisça dans le raisonnement.

— Je ne crois pas que ce soit la bonne option. Et je pense que certaines personnes de la société étaient parfaitement au courant du déplacement de M. de Rancourt.

Brenner se tourna vers Lara.

— Dans ce cas, pourquoi ne nous ont-ils rien dit ?

Elle le regarda à son tour.

— Parce que la mission qui lui avait été confiée ne pouvait en aucun cas être rendue publique.

Le policier passa la main dans sa barbe et enleva ses lunettes qu'il entreprit d'essuyer à l'aide d'un mouchoir en tissu.

— Si vous repreniez tout depuis le début ?

— Je vous préviens : au premier abord, l'histoire semble à peine croyable.

— Tant mieux. En général, ce sont les plus intéressantes.

La jeune femme lui exposa alors l'ensemble de l'affaire, telle qu'elle la concevait, sans omettre le moindre détail. Son récit terminé, elle attendit avec anxiété le verdict du commissaire. Elle venait de prendre conscience de l'énormité de la situation. Et si la réalité, comme souvent, était beaucoup plus simple ? Emportée par son imagination délirante, elle venait peut-être de se ridiculiser à tout jamais dans la profession… avant même d'en faire partie. Le policier ajusta ses lunettes avec minutie.

— Effectivement, c'est à peine croyable... Mais c'est justement pour cette raison que c'est possible.

— Pardon ?

— Je ne sais pas encore si tous les éléments de votre hypothèse sont justes – il reste notamment à élucider les circonstances de la mort de Thierry de Rancourt – mais ce dont je suis quasiment sûr, c'est que la piste est bonne.

Lara poussa un soupir de soulagement.

— J'avoue que, pendant un instant, j'ai pensé que vous pourriez me prendre pour une mythomane.

— C'est normal, la rassura-t-il de sa voix chantante. Certaines affaires sont tellement compliquées que, le jour où l'on entrevoit la solution, on n'ose pas y croire soi-même. S'ils ne sont pas trop inhibés par l'enjeu, les débutants comme vous ont souvent l'avantage de la fraîcheur. Dans le cas qui nous intéresse, nous étions tellement focalisés sur l'idée d'un enlèvement que nous n'avons pas pensé à chercher ailleurs. Alors que votre liberté d'esprit vous a permis de dénicher une information capitale. C'est pourquoi j'étais curieux de savoir jusqu'où votre intuition pourrait nous emmener.

— C'est très gentil de votre part.

— La gentillesse n'a rien à voir là-dedans. Vous avez l'étoffe d'une vraie professionnelle, croyez-moi.

— Vous allez me faire rougir.

— Gardez vos émotions pour la vie privée. Dans ce métier, il faut rester dur comme la pierre, afin que les souffrances des autres ne puissent pas vous atteindre.

— Merci du conseil. Je vous promets de m'en souvenir.

La voiture s'arrêta en douceur au pied d'une immense tour de verre fumé.

— Nous sommes arrivés, dit Brenner. Vous avez les photos de notre homme ?

Tout en ouvrant la portière, Lara répondit que la gendarmerie de Grasse avait un problème de liaison Internet qui devrait être résolu dans la matinée.

— C'est l'immeuble de la police ? enchaîna-t-elle, étonnée par le luxe des colonnes de marbre un peu kitsch qui encadraient l'entrée.

Son voisin eut un sourire amusé.

— Hélas, non ! Notre modeste administration ne peut se permettre un tel luxe. Nous sommes au siège des laboratoires Willmann.

La jeune femme avait du mal à croire que tout allât aussi vite.

— Vous voulez leur faire part de mon hypothèse ?

Brenner leva un doigt sentencieux.

— En posant les bonnes questions, nous obtiendrons peut-être les bonnes réponses. Écoutez et regardez. Ensuite, vous me communiquerez vos impressions.

Elle sortit de la voiture avec une légère pointe d'appréhension. Après avoir franchi la porte d'entrée, ils passèrent devant l'agent de sécurité, qui leur fit un petit signe amical, puis s'arrêtèrent un bref instant au comptoir d'accueil.

— Pouvez-vous annoncer notre arrivée à Ingrid Steiner, je vous prie ?

La question n'était qu'une formalité. Le temps que l'hôtesse décrochât son téléphone, ils étaient déjà devant les ascenseurs. Une fois à l'intérieur, le commissaire précisa, en appuyant sur le bouton, que la femme en question était l'assistante de Thierry de Rancourt. À Lara, qui s'étonnait, un peu déçue, qu'ils n'allassent pas voir Willmann en personne, Brenner rétorqua, d'un air énigmatique :

— Je suppose que vous n'avez jamais chassé ?

Lara confirma de la tête, une fraction de seconde avant que le souvenir du guet devant l'appartement du *serial cutter*, à Saint-Nazaire, ne surgît de sa mémoire pour la démentir.

— Les suspects sont comme le gibier. Il faut en traquer certains… et en laisser d'autres venir à vous.

Lara apprécia la comparaison. Tout à coup, elle se sentait étrangement calme. La part de responsabilité qu'elle avait dans les événements à venir ne lui faisait pas peur. Sans prétention aucune, elle se sentait parfaitement capable de l'assumer, même si un doute diffus planait encore sur certains détails de son analyse.

En sortant de l'ascenseur, ils tournèrent à droite et empruntèrent un long couloir au fond duquel le panneau d'une double porte en bois verni venait de s'ouvrir. La femme qui les regardait approcher devait avoir une cinquantaine d'années. Cheveux serrés en un chignon impeccable, elle était vêtue d'un tailleur pantalon noir sur un chandail beige. Sobre et efficace.

Brenner lui tendit la main, puis se tourna à demi vers Lara.

— Permettez-moi de vous présenter l'une de mes collaboratrices, mademoiselle Varani.

— Enchantée, dit Lara, en serrant à son tour la main de la femme, qui ne lui accorda que furtivement l'extrémité de ses doigts.

À la façon dont celle-ci la scruta rapidement de la tête aux pieds, il était facile de comprendre que la jeune femme ne correspondait pas du tout à l'idée que l'assistante se faisait d'une fonctionnaire de police. Brenner se dirigea vers le coin salon qui, à en juger par les magazines soigneusement disposés sur la table basse, faisait office de salle d'attente. Il s'installa sur le canapé en cuir blanc, imité par Lara.

— Désirez-vous boire quelque chose ? demanda Ingrid Steiner.

— Auriez-vous encore ce délicieux thé vert que vous m'avez fait goûter la dernière fois ? questionna le policier.

— Celui que notre directeur financier a rapporté de son voyage en Inde ? J'étais sûre que vous alliez m'en demander ; je viens d'en préparer, minauda l'assistante. Et pour vous ? se força-t-elle à questionner Lara.

Celle-ci lui aurait volontiers demandé un café bien serré avec un verre d'eau fraîche, juste pour la contrarier. Mais elle savait depuis longtemps que la bienséance prive les adultes de ce genre de plaisir enfantin.

— La même chose, merci.

Tandis qu'elle partait dans la kitchenette attenante, Brenner allongea ses jambes, adressa un regard amusé à Lara, qui bouillait d'impatience, et consulta sa montre.

— Je l'aurais cru plus rapide.

À ce moment précis, la porte du bureau s'ouvrit comme par magie. Willmann en franchit le seuil.

— Commissaire ! Pourquoi ne pas m'avoir averti de votre visite ?

— Je voulais vérifier le temps de réaction de votre service de sécurité, plaisanta le policier en se levant.

Le président s'avança vers eux, tendit la main à Brenner et jeta un œil interrogateur en direction de la jeune femme.

— Lara Varani, l'une de mes collaboratrices, précisa Brenner.

Celui-ci n'accorda qu'une seconde à la jeune femme, qu'il salua d'un signe de tête mécanique.

— Asseyez-vous, je vous prie. Auriez-vous de nouveaux éléments à nous communiquer ?

— En fait, je suis venu vous poser la même question, répondit Brenner, laconique.

Perplexe, Willmann s'installa dans l'un des fauteuils et croisa les jambes avec une décontraction feinte. Comme il ne lui prêtait aucune attention, Lara en profita pour l'observer attentivement. Sous le vernis policé de la courtoisie, il émanait de cet homme, au costume bien coupé et aux chaussures impeccables, un mélange de force brute et de cruauté qui la mettait mal à l'aise. Ses doigts parfaitement manucurés, accrochés aux accoudoirs, ressemblaient aux serres d'un faucon prêt à fondre sur sa proie. L'assistante revint avec le plateau, qu'elle posa sur la table basse, avant de disposer les tasses devant chacun d'eux.

— Pas pour moi, merci, déclina Willmann d'une grimace. J'ai horreur du thé, se justifia-t-il à l'attention de ses hôtes.

Ingrid Steiner s'apprêtait à repartir, mais Brenner la retint d'un signe de la main.

— Non, non, restez. Ce que j'ai à dire vous concerne au premier chef.

Inquiète, l'assistante prit place dans le deuxième fauteuil, les fesses posées à l'extrême bord du coussin, les deux pieds bien à plat sur le sol, mains croisées sur les genoux. Sous l'œil du président, qui dissimulait mal sa nervosité, le policier avala une gorgée de thé dans un silence religieux et posa la tasse sur la soucoupe avant d'attaquer.

— Madame Steiner, pourquoi ne pas nous avoir dit que votre patron s'était rendu à Nice le jour de sa disparition ?

Willmann blêmit et se tendit comme un arc. Les doigts s'enfoncèrent un peu plus profondément dans le cuir.

— D'où tenez-vous cette information ? C'est absurde. Thierry ne serait jamais allé à Nice sans me prévenir.

Le commissaire ne cilla pas.

— Si vous y tenez, la compagnie aérienne pourra même nous communiquer son numéro de siège.

Son interlocuteur accusa le coup et relâcha son étreinte.

— Que serait-il allé faire là-bas ?

— C'est l'objet de ma deuxième question. Mais j'aimerais d'abord avoir une réponse à la première.

Le président se tourna vers l'assistante du directeur commercial et la cloua du regard. Elle avait du mal à réprimer le tremblement de ses mains. Si son patron était parti sans rien lui dire, c'est qu'il ne lui faisait plus confiance. Elle se sentait aussi humiliée que s'il l'avait renvoyée comme une vulgaire employée de maison. Abasourdie, elle cherchait ses mots.

— Mais… Enfin… M. de Rancourt m'avait simplement dit qu'il serait absent pour la journée, comme je vous l'ai répété à plusieurs reprises… Il ne m'a jamais parlé d'un voyage en France.

Cette dernière phrase signait l'aveu définitif de sa disgrâce. Brenner enfonça le clou.

— Vous voulez dire qu'il aurait réservé son billet tout seul, sans rien vous demander ? Cela faisait pourtant partie de votre travail ?

Les yeux de l'assistante cherchaient désespérément une issue de secours.

— Évidemment… Je ne comprends pas... Il n'avait aucune raison de perdre son temps avec ce genre de détail. Je m'occupe même de ses rendez-vous chez le médecin ou le coiffeur... Pourquoi aurait-il fait une chose pareille ?

Elle était au bord des larmes. Le policier caressa sa barbe.

— De toute façon, c'est un point qui sera rapidement éclairci. J'ai demandé une analyse des appels, qui nous permettra de connaître l'origine exacte de la réservation.

Willmann frappa l'accoudoir de son fauteuil du plat de la main et décréta que tout cela n'avait aucun sens.

— Vous n'imaginez pas le nombre de choses qui n'ont aucun sens au début d'une enquête, répliqua le commissaire. C'est tout l'intérêt de notre métier que de leur en trouver un.

— Puisque je vous dis que c'est impossible ! Il doit y avoir une erreur quelque part. Une homonymie, que sais-je ?

Brenner hocha la tête d'un air dubitatif.

— Vous ne savez peut-être pas tout de la vie de vos collaborateurs.

Willmann poussa un soupir excédé.

— Commissaire, ce n'est probablement pas le cas dans la plupart des sociétés, mais sachez qu'ici nous formons une grande famille.

Brenner leva la main droite, comme pour le calmer.

— Les secrets de famille sont, par nature, les mieux enfouis.

Un sentiment de malaise s'installa. Le policier but une nouvelle gorgée de thé avant de reprendre.

— La seconde information importante, c'est que M. de Rancourt n'a pas pris le vol de retour sur lequel il avait réservé. Ce qui nous laisse supposer que quelque chose, ou quelqu'un, l'en a empêché.

— De plus en plus absurde, maugréa Willmann.

Avec ce genre de théorie, vous n'êtes pas près de le retrouver.

Le commissaire laissa passer quelques secondes.

— Madame Steiner, puisque vous vous occupez des rendez-vous médicaux de votre patron, pourriez-vous me communiquer les coordonnées de son dentiste, s'il vous plaît ?

— Bien sûr, dit l'assistante, en se levant.

— Pouvez-vous m'expliquer le rapport avec ce supposé voyage à Nice ? demande Willmann, de plus en plus agacé.

Théo Brenner se laissa aller contre le dossier du canapé et posa les mains sur ses cuisses. Il expliqua posément que le corps d'un homme avait été retrouvé, la semaine précédente, dans la garrigue, au-dessus de Grasse.

— Oh, mon Dieu !

Ingrid Steiner venait de laisser échapper le répertoire qu'elle tenait à la main. Tandis qu'elle se baissait pour le ramasser, le policier poursuivit son récit et précisa que, d'après les conclusions du médecin légiste, l'homme était mort mardi, vers midi, c'est-à-dire quelques heures après que Thierry de Rancourt avait atterri à l'aéroport de Nice-Côte d'Azur.

Willmann s'impatienta.

— Venez-en au fait, commissaire ! Je ne suis pas amateur de suspense. Est-ce qu'il s'agit de Thierry ?

Brenner leva à nouveau la main.

— Pour l'instant, nous ne le savons pas. L'homme n'avait aucun papier d'identité sur lui, et rien qui puisse permettre de l'identifier.

— Comment était-il vêtu ?

— Comme un vagabond. Un vieux jogging, un t-shirt usagé, une paire de godillots.

Willmann se relâcha d'un coup et arbora un large sourire de contentement.

— Dans ce cas, je vous rassure tout de suite : ce n'est pas lui. Notre ami est un véritable maniaque de l'élégance, avec un souci du détail qui frise l'obsession. Sans conteste, l'homme le mieux habillé de la société. N'est-ce pas, madame Steiner ?

— Certainement, monsieur le président, répondit-elle avec une touche d'admiration dans la voix.

Celui-ci ajusta le pli de son pantalon.

— Demandez à vos collègues français de vous envoyer une photo de l'individu en question, et le malentendu sera levé.

— Nous devrions la recevoir aujourd'hui. Hélas, cela ne sera peut-être pas suffisant. Légalement, en tout cas.

— Je ne vous suis pas.

— Le visage de l'homme est méconnaissable.

— C'est-à-dire ?...

— Disons… déformé. Il a été tué par des abeilles.

Un silence de mort envahit la pièce. Derrière le bureau, l'assistante se laissa tomber sur son siège, la main sur la bouche. Willmann semblait tétanisé. Mais il était clair que les sentiments qui l'habitaient n'avaient rien à voir avec la tristesse, et encore moins la peur. À la vue de ses mâchoires contractées, Lara décela plutôt chez lui une montée de colère qu'il avait le plus grand mal à maîtriser. Brenner vida sa tasse d'un trait et précisa que la seule façon de lever le doute, c'était de comparer les empreintes dentaires de cet inconnu avec celles de Rancourt. Le président ne broncha toujours pas.

— Au cas où il s'agirait bien de lui, l'enquête ne fera que commencer. Il nous faudra déterminer ce qu'il allait faire dans cette région, et les circonstances exactes de sa mort…

En quelques secondes, Willmann avait retrouvé son calme. Son attitude changea radicalement.

— Je suis sûr que vous ferez au mieux, commissaire.

— Bien entendu, si cette hypothèse se confirmait, nous devrons également considérer d'un autre œil la mort de votre directeur financier.

— Tout à fait. Vous pouvez compter sur mon entière collaboration.

Ingrid Steiner les rejoignit d'une démarche mal assurée. Elle tendit au policier une carte sur laquelle elle avait inscrit les coordonnées du dentiste.

— Est-ce que vous allez prévenir Mme de Rancourt ?

— Surtout pas. Cela fait plus d'une semaine qu'elle vit dans l'angoisse. Si je dois lui annoncer une mauvaise nouvelle, je préfère arriver avec une certitude, aussi tragique soit-elle.

L'assistante avala péniblement sa salive.

— Ce pourrait être une façon de la préparer au pire.

— On ne s'y prépare jamais assez.

La sonnerie du téléphone retentit. Ingrid Steiner retourna à son bureau pour décrocher.

— Oui, mademoiselle Kudrein. Je vous le passe.

Willmann fit un geste agacé de la main.

L'assistante n'avait pas besoin de décodeur.

— Désolée, mais le président n'a pas terminé.

Elle décolla le combiné de son oreille. À l'autre bout du fil, la voix était montée d'un ton.

— Il semble que ce soit très urgent, s'excusa-t-elle.

Willmann se leva et prit le téléphone.

— Maggie ? Que se passe-t-il ?... Pardon ?... Très bien, passez-le-moi.

Il posa la main sur le micro de l'appareil et s'adressa au commissaire :

— Ce sont vos collègues de la gendarmerie. Allô ?... Oui, capitaine. Ravi de vous entendre...

Dans le silence ambiant, on entendait distinctement les sanglots étouffés d'Ingrid Steiner qui s'était réfugiée dans la kitchenette pour laisser libre cours à son chagrin.

— Continuez, s'il vous plaît.

Étranglée par l'émotion, la voix d'Artur Willmann était méconnaissable. Tout en continuant d'écouter son interlocuteur avec attention, il passa dans le bureau du directeur commercial et referma la porte derrière lui. Lara lança au commissaire un regard interrogateur auquel celui-ci fut bien en peine de répondre. Au bout d'un moment, elle dit à voix basse :

— À moins que ce ne soient d'excellents comédiens, ils ont eu l'air vraiment surpris par le voyage à Nice. Et sa colère était palpable quand vous avez évoqué les abeilles.

Brenner répondit sur le même ton.

— C'est assez compréhensible. Voilà des années que les apiculteurs accusent ses laboratoires de détruire leurs chers insectes et, en trois semaines, deux de ses plus proches collaborateurs se font massacrer par des abeilles…

Lara fronça les sourcils.

— Deux collègues de travail tués de la même façon, et un mobile plausible. Cela peut paraître absurde mais, dans des circonstances plus… classiques, on penserait à une vengeance, n'est-ce pas ?

Brenner acquiesça. La jeune femme poursuivit.

— Le problème, c'est l'origine de la mort.

— Peut-être les abeilles ne sont-elles qu'un leurre… Peut-être la mort des deux hommes a-t-elle une autre origine. Un poison que l'autopsie n'aurait pas détecté parce qu'il était masqué par le venin, par exemple. La créativité des assassins est parfois stupéfiante.

Lara se passa la main dans les cheveux.

— Nous ne savons toujours pas ce que Rancourt est allé faire dans le Midi.

— Nous finirons par le découvrir. À ce stade, je dirais que c'est un détail.

Interrompant leurs réflexions, la porte s'ouvrit. Artur Willmann sortit du bureau. En quelques minutes, le grand patron autoritaire s'était transformé en vieillard. La haute silhouette tassée sur elle-même, les épaules affaissées, le téléphone au bout de son bras pendant, il promena sur eux un regard absent.

Son visage, creusé par la douleur, était livide. Au même moment, Ingrid Steiner réapparut, essuyant ses yeux rougis à l'aide d'un mouchoir roulé en boule. *Son rimmel n'est pas waterproof*, songea Lara, en voyant les traînées noires sur ses joues.

— Des abeilles ont envahi le club où mon fils et notre directeur de la recherche jouaient au tennis ce matin, lâcha le président, d'une voix presque inaudible. Les pompiers n'ont pas encore pu approcher du court mais, selon eux, il y a peu de chances qu'ils aient survécu à l'attaque.

Lara et Brenner échangèrent un regard éloquent. Malgré les circonstances, la jeune femme se surprit à éprouver un sentiment de satisfaction. Cette fois, le doute n'était plus permis. Au même moment, Ingrid Steiner s'effondra sur la moquette dans un bruit sourd. L'air absent, Artur Willmann contempla le corps affalé à ses pieds comme une poupée de chiffon, puis quitta la pièce, sans plus d'égards pour l'assistante.

13.

Nettoyage à chaud

Tout en se dirigeant vers l'ascenseur, le commissaire ralluma son portable. Quelques secondes plus tard, la mélodie désuète d'une valse de Vienne lui indiquait qu'il avait reçu un message. Il consulta sa boîte vocale pour la forme. C'était son adjoint, qu'il rappela aussitôt. Leur conversation se limita au strict minimum.

— Jan ?… Je suis au courant. J'y vais.

De son côté, Lara essayait de mettre de l'ordre dans sa nouvelle perception de la situation. Brenner raccrocha au moment précis où ils montaient dans la voiture, indiqua leur destination au chauffeur, puis lança :

— On peut dire que vous avez une sacrée intuition !

La jeune femme fit la moue.

— J'étais quand même loin de la vérité, avec mes suppositions absurdes sur les expériences en laboratoire.

Le commissaire fit non de l'index.

— Avec si peu d'éléments, et un mode opératoire aussi insolite, il était impossible de penser à des meurtres. Votre coup de génie, c'est d'avoir mis le doigt sur deux accidents, apparemment sans rapport l'un avec l'autre, pour les relier à la disparition de Rancourt.

La jeune femme feignit d'ignorer le compliment et développa son idée.

— Les abeilles ne sont donc pas les véritables meurtrières… mais plutôt l'arme du crime. Nous avons affaire à un tueur en série d'un genre inédit, non ?

— Un… ou plusieurs. En Grande-Bretagne et aux États-Unis, il existe des groupes d'écologistes radicaux qui n'hésitent pas à s'attaquer violemment aux scientifiques pour protester contre ce qu'ils appellent le « nazisme anti-animal » des laboratoires de recherche.

— Des militants du monde apicole auraient décidé de supprimer les dirigeants des laboratoires Willmann à cause de ce problème de pesticide ?

Il s'agissait plus d'une réflexion énoncée à haute voix que d'une question, mais Brenner y répondit quand même.

— Quatre morts en un mois : le message semble clair.

Lara réfléchit quelques instants.

— Donc, nous connaissons leurs prochaines victimes potentielles.

— Mais ils savent aussi que nous le savons. Il peuvent changer de cible. Ou attendre que nous relâchions notre surveillance. Ou tout arrêter, s'ils estiment que leur but est atteint.

Lara suggéra alors qu'il existait *a priori* une forte probabilité que le – ou les – coupable se trouvât parmi les apiculteurs français, puisqu'ils étaient les plus concernés par la lutte contre les produits Willmann. Le commissaire acquiesça, en ajoutant que cela représentait un énorme potentiel de suspects, mais la jeune femme poursuivit son raisonnement.

— Dans un premier temps, on pourrait sélectionner les régions les plus touchées par la mortalité des abeilles ces deux ou trois dernières années, puis, à l'intérieur de chacune d'elles, les apiculteurs les plus importants et, parmi eux, ceux qui ont perdu le plus de ruches.

— C'est un bon début, approuva le policier.

— Ensuite, on écarte tous ceux qui ont plus de quarante-cinq/cinquante ans.

Amusé, Brenner lui demanda si elle considérait que c'était l'âge légal au-delà duquel on cesse de se révolter.

— En tout cas d'une manière aussi violente, il me semble. Vous n'êtes pas d'accord ?

Le commissaire hocha la tête.

— Je dirais même que la plupart des gens se résignent bien avant.

— Nous pourrions encore affiner la liste en la recoupant avec les meneurs des mouvements anti-Storm, qui militent probablement au sein des différents syndicats apicoles. Au bout du compte, cela ne doit pas représenter plus de quelques dizaines d'individus. Et encore.

Brenner se dit que cette petite était vraiment étonnante et conclut à sa place.

— Il ne resterait plus qu'à vérifier l'emploi du temps de chacun… Un travail de fourmi pour traquer des spécialistes de l'abeille, c'est un processus parfaitement éco… logique.

Lara sourit avec indulgence à la plaisanterie. Après quelques minutes de silence, le policier reprit.

— Je tenais également à vous féliciter pour la façon dont vous vous êtes occupée de cette pauvre Mme Steiner.

— J'ai passé mon brevet de secourisme il y a quelques années. Cela permet de se sentir un peu moins désarmé dans les situations d'urgence, et...

Un coup de frein brutal l'empêcha de finir sa phrase. Sa ceinture se bloqua, la maintenant plaquée contre le dossier du siège. Le commissaire, qui n'avait pas pris la précaution de s'attacher, lança les deux mains en avant et se retint à l'appuie-tête passager. La jeune femme jeta un coup d'œil à travers le pare-brise. Le véhicule qui les précédait venait de s'immobiliser, à la sortie du virage, derrière une longue file de voitures à l'arrêt. Le chauffeur enclencha la sirène, alluma les phares et déboîta sur la gauche pour remonter l'interminable chenille, avant qu'ils ne pussent distinguer la cause de ce gigantesque embouteillage : un barrage de gendarmerie. Après l'avoir franchi, le chauffeur stoppa la voiture. Brenner et Lara en sortirent rapidement et se dirigèrent vers un petit groupe d'hommes en uniforme, au milieu duquel ils reconnurent immédiatement la haute silhouette de Willmann qui, en les voyant arriver, vint à leur rencontre d'un pas décidé. *Il n'a pas perdu de temps*, songea Lara.

— Commissaire ! Pouvez-vous expliquer à votre collègue que je dois absolument me rendre sur les lieux ? Cet homme ne semble pas capable de faire le tri entre les priorités.

Après l'avoir salué, Brenner s'enquit de la situation auprès de l'officier de gendarmerie, visiblement soulagé de trouver du renfort dans la discussion qui l'opposait au grand patron.

— Je comprends l'inquiétude de M. Willmann, mais je ne peux pas le laisser poursuivre sa route. Il y a des milliers d'abeilles en furie dans un rayon de deux kilomètres autour du club. La zone a été entièrement bouclée. Nous attendons l'arrivée des équipes spécialisées.

— Et où sont-ils, ces foutus spécialistes ? questionna Willmann, avec un léger tremblement dans la voix. La vie de mon fils dépend de leur bon vouloir ?

En guise de réponse, le bruit d'un moteur d'hélicoptère se fit entendre dans le lointain.

— Voici la première équipe, dit le capitaine, en pointant le doigt vers le ciel.

À peine une minute plus tard, l'appareil passait au ras de leurs têtes dans un fracas assourdissant. À l'intérieur, séparés des pilotes par un voile de protection tendu derrière leurs sièges, deux pompiers et deux médecins, vêtus d'une combinaison, étaient assis à l'arrière de la cabine. Arrivé à la verticale du club, l'hélicoptère commença à décrire de grands cercles concentriques. Au bout de quelques secondes, le pilote fit un signe de l'index en direction du sol.

Ils étaient juste au-dessus du court où l'on pouvait apercevoir les corps recroquevillés d'Artur Willmann junior et Robert Klein.

L'appareil entama sa descente pour se poser sur une petite place circulaire située à l'entrée du parking, tandis que les quatre hommes baissaient le voile du chapeau devant leur visage. L'un d'eux ouvrit prudemment la porte, mais la précaution était inutile. Le violent tourbillon généré par la rotation des pales avait chassé tous les insectes. Emportant deux brancards avec eux, les quatre hommes se précipitèrent vers le court numéro un. En tête du groupe, les pompiers ressemblaient à des soldats chargés de nettoyer un nid de mitrailleuse au lance-flammes. Un réservoir sur le dos, ils actionnaient d'une main le levier vissé à la base de celui-ci, pendant que, de l'autre, ils brandissaient un tuyau qui crachait un puissant nuage d'insecticide devant eux. Arrivés devant la porte grillagée, ils s'aperçurent qu'elle était bloquée En deux coups de pied puissants, l'homme de tête fit sauter la fragile serrure et tous quatre pénétrèrent sur le terrain. Tandis que les pompiers nettoyaient l'espace autour d'eux avec de grands moulinets, l'un des médecins posa sa trousse sur le sol, s'agenouilla près d'Artur Willmann et plaça son médius sur l'artère carotide, sans déceler la moindre trace de pouls. Son confrère procéda à la même opération sur Robert Klein. Avec le même résultat. À la hâte, ils chargèrent les cadavres sur les civières et firent un signe aux pompiers. Tous quatre retournèrent au pas de course vers l'hélicoptère avec leur macabre chargement.

Au fur et à mesure qu'ils approchaient de l'appareil, le souffle des pales opéra à nouveau son travail de nettoyage et les débarrassa des poursuivantes les plus acharnées. Après que les deux brancards eurent été glissés à l'intérieur, l'un des médecins sauta dans l'hélicoptère. L'autre referma la porte, leva le pouce à l'intention du pilote et s'éloigna à grandes enjambées vers le club-house en compagnie des pompiers.

Lorsque l'hélicoptère repassa au-dessus de leurs têtes, Willmann regarda l'officier d'un air interrogateur. Au même moment, l'un des gendarmes sortit de la fourgonnette placée de l'autre côté du barrage et courut vers eux.

— Capitaine ! Je viens d'avoir le pilote à la radio. Ils ont récupéré les corps des deux hommes. Il les emmène à l'hôpital Saint-Luc de Bruxelles. Le médecin a confirmé leur décès.

Willmann encaissa la nouvelle sans broncher et se dirigea d'un pas lourd vers sa magnifique Jaguar, dont Lara aperçut fugacement l'intérieur de cuir blanc et les garnitures en ronce de noyer au moment où son chauffeur lui ouvrait la portière. Juste avant qu'il ne la refermât, il sembla à la jeune femme que le président essuyait fugacement le coin de son œil, mais son visage disparut derrière la vitre fumée avant qu'elle n'en eût la certitude. Alors que le chauffeur entreprenait de faire demi-tour, un hurlement de sirènes retentit au loin. D'un geste de la main, le capitaine arrêta la luxueuse berline dont le moteur grondait d'impatience.

Le bruit grandit au fur et à mesure que les véhicules approchaient à vive allure, dans un clignotement de gyrophares rouges et bleus. Une voiture de pompiers ouvrait la voie, suivie de trois grosses ambulances. L'un des gendarmes déplaça la barrière métallique. Le convoi franchit le barrage, puis se rangea sur le côté. L'insupportable cacophonie des sirènes hurlantes s'interrompit d'un coup. Les pompiers vinrent saluer l'officier. Celui-ci leur fit un rapide topo de la situation et les informa des deux décès. Ils haussèrent les épaules pour signifier qu'ils n'étaient nullement surpris. Brenner intervint.

— Capitaine, si vous n'y voyez pas d'inconvénient, j'aimerais me joindre à eux.

Le pompier, qui avait entendu, prit les devants.

— Du moment que vous gardez les vitres fermées et ne sortez pas du véhicule sans notre autorisation…

Placée légèrement en retrait, Lara prit Brenner par le bras, afin qu'il se tournât vers elle, et demanda à mi-voix :

— Vous avez l'intention de vous rendre au club… maintenant ?

Le commissaire feignit de n'avoir pas entendu. Derrière eux, l'homme questionna, comme s'il s'agissait d'un détail.

— Vous n'êtes pas allergique au venin d'abeille ?

Le policier répondit par la négative et entraîna la jeune femme jusqu'à la Volvo sans tenir compte de ses objections.

— Pour une fois que ce métier propose un peu d'aventure, nous n'allons pas passer à côté, dit-il avec une lueur de malice derrière ses lunettes. S'ils acceptent que nous les accompagnions, c'est qu'il n'y a pas de danger.

Avec eux, il n'y a jamais de danger, faillit répliquer Lara, tandis que la visite des ruches avec David lui remontait brutalement à la mémoire, accompagnée d'une bouffée d'amertume qu'elle s'empressa de refouler.

Cinq minutes plus tard, les véhicules se garaient devant le club-house. Après avoir couvert leur tête et enfilé leurs gants, les deux pompiers sortirent de la voiture, accompagnés d'un troisième homme dont Lara venait juste de remarquer la présence. Une nuée d'abeilles se rua sur eux avec voracité, mais ils n'y prêtèrent aucune attention. Posément, ils ouvrirent le coffre, saisirent chacun un réservoir, identique à celui que portaient leurs collègues de l'hélicoptère, et l'ajustèrent sur leurs épaules. Puis, ils s'éloignèrent l'un de l'autre et entreprirent de pulvériser l'ensemble de la zone devant l'entrée du bâtiment tandis que le troisième homme s'accroupissait tranquillement dans l'allée. Après quelques minutes de ce traitement, ils interrompirent leur travail, regardèrent autour d'eux, puis levèrent la main en direction des ambulances, le pouce et l'index formant un cercle, à la manière des plongeurs sous-marins, pour signaler que tout allait bien. Les six portes s'ouvrirent, quasiment au même moment, et les hommes en blanc jaillirent de leurs véhicules. Brenner donna une petite tape sur le bras de Lara.

— Allons-y !

La jeune femme scruta l'espace avec appréhension à travers la vitre mais, apparemment, il n'y avait plus le moindre insecte dans le secteur. Elle ouvrit sa portière à la volée, sortit d'un bond et se précipita à la suite des médecins, laissant Brenner sur place.

— Vous pourriez m'attendre ! lança-t-il, en tentant sans succès de la rattraper.

L'odeur âcre de l'insecticide les saisit à la gorge. À peine étaient-ils parvenus à l'intérieur du club-house qu'une violente quinte de toux secoua le policier, au point qu'il fut contraint de s'asseoir pour reprendre sa respiration. L'angoisse qui avait précédé leur arrivée venait de faire place à l'excitation. Tout le monde parlait en même temps et tous se ruaient sur les médecins arrivés en renfort, qui procédaient aux examens et faisaient le tri de ceux qui avaient été le plus gravement piqués. Brenner but le verre d'eau que Lara lui avait rapporté du bar et attendit un moment que la tension retombât avant d'aller se placer au centre de la salle.

— Mesdames, messieurs… s'il vous plaît…, puis-je avoir votre attention ? dit-il, d'une voix douce qui, paradoxalement, obligea tout le monde à se taire.

Quand le brouhaha fut retombé, il continua, en détachant bien chaque mot de son discours.

— Permettez-moi d'abord de me présenter : je suis le commissaire Théo Brenner… Je sais que cela va vous sembler incroyable, mais les événements que vous venez de vivre n'étaient pas dus à un accident.

Un murmure d'étonnement parcourut l'assemblée.

— Il s'agit d'un acte criminel.

La rumeur monta d'un ton, et fut suivie de quelques chuchotements nerveux. Un petit homme rondouillard, au crâne dégarni, qu'un médecin était en train d'examiner, leva le bras. Il avait un peu de mal à s'exprimer, car le côté droit de son visage était tout boursouflé.

— Voulez-vous dire que quelqu'un aurait volontairement procédé à ce... lâcher d'abeilles ?

— Absolument.

Une quadragénaire à la crinière ébouriffée blond platine, vêtue d'un jogging blanc Lacoste, bandeau rose assorti à ses chaussures de tennis, leva la main à son tour.

— Excusez-moi, commissaire, je ne voudrais pas mettre en doute vos compétences, mais le même genre d'événement s'est produit le mois dernier en forêt de Soignes, si je me souviens bien. C'est un cycliste qui en a été la victime. Ces deux accidents semblent plutôt l'œuvre des abeilles tueuses américaines. J'ai des amis au Texas...

— Je sais, chère madame, l'interrompit Brenner. Mais, selon toute vraisemblance, le premier cas n'était pas non plus un accident... Et les deux personnes directement visées par l'attaque d'aujourd'hui sont, hélas, décédées.

Un soupir d'épouvante s'échappa en chœur de toutes les poitrines.

— Je suis conscient que vous venez de subir un grave traumatisme, mais j'aimerais savoir si l'un de vous a remarqué quoi que ce soit d'anormal ce matin, ou si vous avez croisé des personnes suspectes dans l'enceinte du club. Souvenez-vous que, dans une enquête policière, chaque détail compte.

Dès qu'il eut fini son discours, l'hôtesse d'accueil vint se présenter à Brenner et lui parla du mystérieux jogger qui était passé devant le club-house.

— Et vous êtes sûre que ce n'était pas l'un de vos membres ?

— C'est difficile à dire, parce que je n'ai quasiment pas vu son visage. Mais personne ne vient ici à pied. Les gens qui veulent courir le font en salle, sur les tapis.

— Vous pourriez nous le décrire ?

— Rien de très précis. Taille et corpulence moyennes. Il portait un jogging noir, une casquette américaine sur laquelle il avait rabattu la capuche de la veste, des lunettes de soleil et une paire de gants. Genre gants de jardinage, assez épais, de couleur marron. C'est ce qui m'a le plus étonnée. À cause de la température.

— Avez-vous vu une marque, un logo ?

— Rien sur la casquette, je crois. La veste, c'était une imitation bon marché d'Adidas. Celles qui n'ont que deux bandes blanches, au lieu de trois, dit-elle avec un soupçon de dédain. Ensuite, j'ai été attaquée par les premières abeilles et je suis rentrée dans le club-house. Je suis désolée de ne pouvoir vous en dire plus. C'est tellement affreux…

L'hôtesse éclata en sanglots, se détourna et s'éloigna rapidement. Lara faillit la suivre, mais le commissaire la retint d'un geste de la main.

— On dirait que notre suspect commence à se matérialiser.

Leur réflexion fut interrompue par l'homme au crâne dégarni qui vint se présenter à eux.

— Je ne sais pas si cela pourra vous aider mais, pendant que je me rendais à mon cours de tennis, tout à l'heure… Je veux dire un cours avec un moniteur, n'est-ce pas… J'ai croisé un jardinier qui sortait de derrière un cyprès. Il ne m'avait pas entendu arriver, parce que je marchais sur l'herbe, en bordure de l'allée, et il a eu un brusque mouvement de recul en m'apercevant.

— Donc, vous l'avez vu de près ?

— C'est-à-dire… Il marchait tête baissée, il portait des lunettes de soleil et un chapeau rabattu vers l'avant… Il avait un sac à dos sur l'épaule… Et puis sa combinaison était bleu marine, alors que celle des jardiniers du club est verte. Sur l'instant, je l'ai trouvé un peu étrange, mais comme j'étais en retard pour mon cours, je n'y ai pas vraiment prêté attention.

— Vous pourriez passer au commissariat dans la journée ? Nous tenterons d'établir un portrait-robot.

— Bien sûr, commissaire. Je serai ravi de vous être utile.

Tandis que le témoin prenait congé, le regard de Lara fut attiré par l'homme en blanc qui accompagnait les pompiers. Installé un peu à l'écart, celui-ci semblait entièrement absorbé dans la contemplation d'une assiette posée sur la table. La jeune femme le montra discrètement du doigt à Brenner et, sans même se concerter, ils se dirigèrent droit vers lui.

— Vous permettez ? demanda le policier, en invitant Lara à s'asseoir à côté de lui, face à l'inconnu.

Une fois de plus, la jeune femme nota qu'il était d'une courtoisie sans égale, même dans l'exercice de son métier. L'homme releva la tête sans surprise apparente et leur tendit la main avec un franc sourire. Il était impossible de lui donner un âge quelconque. Son visage anguleux était recouvert d'une barbe où le gris l'emportait largement sur le brun, à l'inverse de sa chevelure drue et bouclée qui lui conférait l'allure d'un étudiant attardé.

— Alain Morel, apiculteur. Je vous attendais.

Devant lui, une dizaine d'abeilles mortes gisaient sur une petite assiette à dessert joliment décorée aux armes du club. L'apiculteur en saisit une entre le pouce et l'index et la montra à Brenner.

— Savez-vous que votre petit speech m'a permis de répondre à une question qui m'obsédait depuis près d'un mois ?

Le commissaire haussa les sourcils pour manifester sa perplexité et attendit la suite.

— Lorsque je me suis rendu sur les lieux de la première attaque, le mois dernier, j'ai immédiatement constaté que les insectes qui avaient provoqué la mort de Denis Spengler étaient plus petits que la moyenne. En les observant de près, j'en ai déduit que, selon toute vraisemblance, il s'agissait d'abeilles africanisées. Or, il n'y en a nulle part en Europe. J'ai donc supposé que ce pouvait être l'avant-garde d'une invasion semblable à celle qui s'est produite sur le continent américain depuis plusieurs années, mais sans grande conviction, je l'avoue. Aujourd'hui, quand j'ai vu que nous avions affaire au même type d'insectes, je ne comprenais toujours pas. En revanche, s'il y a un homme derrière ces « accidents », tout s'explique.

— Cet homme se serait fait expédier une reine africanisée par un confrère américain, et l'aurait installée dans une ruche, afin de développer une colonie d'abeilles « tueuses » au sein de laquelle il puiserait selon ses besoins ? enchaîna Lara.

— Exactement, confirma Morel, surpris et un brin admiratif. Vous vous intéressez à l'apiculture ?

Brenner la regarda avec étonnement, lui aussi, mais Lara n'était pas d'humeur à expliquer l'origine de sa toute récente culture apicole. Elle continua.

— Ce que nous aimerions comprendre, c'est la manière dont le meurtrier a procédé.

L'apiculteur reposa l'insecte sur l'assiette.

— Rien de plus facile. Il suffit de prendre, disons… un kilo de ces abeilles…

— Vous en parlez comme si c'étaient des fruits et légumes ! s'exclama Lara.

Morel lui sourit.

— C'est une manière pratique de les compter. Un kilo représente environ dix mille abeilles. Sachant que la dose létale pour un homme de corpulence moyenne est d'environ mille piqûres, la personne visée n'a aucune chance de s'en sortir.

— Comment les transporte-t-on ?

— Dans un bocal, dont on a percé le couvercle pour leur permettre de respirer, et où elles peuvent survivre environ vingt-quatre heures. Le plus important, c'est d'approcher le plus près possible de la victime. Ensuite, il suffit d'enlever le couvercle, donner deux ou trois impulsions au fond du bocal pour les projeter, et le tour est joué. Aussi efficace qu'une arme à feu, beaucoup plus discret, et parfait pour faire croire à un accident.

— À condition de s'en tenir à une seule attaque... L'agresseur ne se fait pas piquer ?

— S'il est bien protégé, il ne risque rien. De toute façon, un professionnel – et c'en est un, forcément – ne craint pas les piqûres. Elles font partie de son quotidien… On peut même dire que c'est l'un des nombreux avantages de ce métier. Toute substance est à la fois venin et médicament. Tout dépend de la dose administrée.

Devant le regard dubitatif de ses interlocuteurs, l'apiculteur précisa que la formule était de Paracelse, célèbre médecin et alchimiste suisse du XVIe siècle. Puis, il entreprit de leur décrire les bienfaits du venin d'abeille, notamment ses propriétés anti-inflammatoires, connues depuis la nuit des temps et décrites par Hippocrate, le « père » de la médecine, ajoutant que Charlemagne et Ivan le Terrible l'utilisaient pour soulager leurs crises de goutte. Depuis, l'expérimentation scientifique avait confirmé que le venin d'abeille possède des propriétés qui inhibent la réaction inflammatoire et diminuent la perception de la douleur. On l'utilisait donc contre les rhumatismes, arthrites, névralgies, myalgies, névrites, sciatiques, migraines et certaines maladies auto-immunes. Lara et Brenner apprirent ainsi qu'aux États-Unis, plus de cinquante mille personnes se faisaient traiter par l'apipuncture, une méthode thérapeutique qui consiste en des séances hebdomadaires de vingt à cinquante piqûres d'abeilles vivantes, avec des résultats spectaculaires. Lorsqu'ils lui demandèrent des précisions sur la méthode employée, l'apiculteur expliqua qu'on saisissait l'abeille entre les extrémités d'une grosse pince à épiler pour la poser sur le point d'acupuncture choisi où, par réflexe défensif, elle plantait son aiguillon. Puis, on la retirait et on laissait le dard agir entre deux et cinq minutes, le temps que les sacs à venin fussent entièrement vidés.

— Donc, elle meurt aussitôt après, dit Lara.

— L'homme est un éternel prédateur, répondit son interlocuteur avec un sourire bienveillant. Il utilise tout ce que la Nature a mis à sa disposition.

— Souvent pour le Bien, parfois pour le Mal… ou l'inverse, commenta Brenner doctement.

L'apiculteur poursuivit sur sa lancée.

— Depuis l'Antiquité, on sait aussi que le miel possède un fort pouvoir antiseptique et cicatrisant. Sur tous les continents, il a longtemps servi à désinfecter et soigner les plaies et brûlures, même les plus graves. Puis, la médecine, dite « moderne », l'a relégué au rang de simple remède contre le mal de gorge. Jusqu'à ce que certains médecins, moins conformistes que d'autres, décident de l'utiliser en milieu hospitalier et confirment que ses vertus n'étaient pas un mythe. Aujourd'hui, on peut affirmer, sans être contredit par la science, que la ruche est un véritable laboratoire pharmaceutique. Un cube de cinquante litres, peuplé de plusieurs dizaines de milliers d'insectes, où règne une température comprise entre trente-cinq et trente-huit degrés, avec un taux d'humidité qui avoisine les 70 pour cent et une très forte teneur en sucre, devrait être un véritable bouillon de culture. Or, c'est un endroit d'une hygiène exemplaire. Par quel miracle ?...

Cette fois, Lara n'avait pas la réponse.

— Grâce à la propolis, cette substance que les abeilles utilisent pour enduire les parois de la ruche, l'intérieur des alvéoles, sceller les joints, boucher les fissures, désinfecter l'entrée, et envelopper les cadavres des gros prédateurs, qu'elles ont tués mais ne peuvent évacuer. C'est d'ailleurs en observant comment les abeilles momifiaient lézards et souris que les Égyptiens ont appris à embaumer les morts avec un mélange de cire et de propolis.

— D'où vient-elle ? demanda Lara.

— De la fine pellicule résineuse qui entoure et protège ce que les arbres ont de plus précieux : leurs bourgeons, c'est-à-dire leur avenir. Les abeilles en découpent des fragments à l'aide de leurs mandibules, puis la rapportent dans les corbeilles à pollen de leurs pattes postérieures. À l'intérieur de la ruche, elles la laissent se ramollir à température ambiante, jusqu'à ce qu'elle soit bien visqueuse. Ensuite, les ouvrières la mélangent à leurs sécrétions salivaires avant de la stocker.

— Comme le miel et le pollen ?

— Exactement. La bouche de l'abeille est une véritable source de prodige. En général, l'apiculteur récolte la propolis en début et en fin de saison. Pour avoir un produit de bonne qualité, il utilise une grille, ou une gaze, afin d'éviter les impuretés qui se mélangent à la propolis traditionnellement obtenue en grattant les cadres. Selon l'arbre dont elle provient, ses vertus varient légèrement mais, d'une manière générale, on peut dire qu'elle possède des propriétés antibactériennes, antifongiques, et antivirales. On la surnomme d'ailleurs « l'antibiotique de la ruche ». Et si les médecins étaient moins enfermés dans leurs certitudes – ou les laboratoires moins jaloux de leur monopole – on pourrait se livrer à des études cliniques qui apporteraient certainement des pistes intéressantes dans la lutte contre ce fléau que sont les infections nosocomiales.

Après avoir remercié leur interlocuteur pour ses passionnantes explications, Lara et Brenner prirent le chemin du retour. Durant le trajet, la jeune femme raconta au commissaire la saga des abeilles africaines telle que David la lui avait apprise. À la fin de son récit, le policier hocha la tête avec satisfaction.

— Je suis toujours émerveillé de voir à quel point la réalité dépasse la fiction.

Lorsqu'ils arrivèrent devant la gare, il lui fit promettre de revenir en touriste, afin de visiter Bruxelles en sa compagnie.

— C'est une ville magnifique, et ses habitants sont beaucoup plus aimables que les Parisiens.

Tout en ouvrant la portière, elle rétorqua que ce

n'était pas très difficile puis, juste avant de sortir, se décida à lui demander d'où venait son curieux accent.

— Je suis originaire de Genève… et marié à une Belge depuis trente-huit ans, dit-il d'un air désolé, comme s'il s'agissait d'une faute inexpiable.

14.

Paris-Nice

Debout sur la pointe des pieds près de Kermadec, Lara scrutait avec attention la foule des voyageurs qui débarquaient du vol en provenance de Bruxelles. Après quelques minutes d'attente, la silhouette longiligne de Théo Brenner apparut en queue du cortège. À ses côtés, Geneviève de Rancourt, entièrement vêtue de noir, lui tenait le bras. Malgré le soin que celle-ci prenait à sauvegarder les apparences, Lara vit tout de suite que la veuve se cramponnait à son voisin comme à une bouée de sauvetage. Lorsqu'il aperçut la jeune femme, le policier lui fit un petit signe amical de la tête. En le voyant, Kermadec comprit ce que Lara avait voulu dire à propos de son élégance naturelle. Après qu'ils eurent franchi le portillon, elle fit les présentations. Les deux hommes se serrèrent la main, puis Brenner se tourna vers la femme en noir, restée légèrement en retrait.

— Madame de Rancourt, puis-je vous présenter le commissaire Yvon Kermadec et Mlle Lara Varani ?

Celle-ci leur adressa à tous deux une esquisse de sourire crispé. Ils échangèrent une poignée de main rapide, sans que la veuve n'ôtât ses gants de peau, et tout le monde se dirigea vers la sortie.

Un minibus de la gendarmerie les attendait devant la porte de l'aérogare. Le commissaire prit place à l'avant ; sur la banquette arrière, Lara et Brenner encadrèrent Geneviève de Rancourt, toujours impeccable. Lorsque le véhicule eut démarré, Kermadec chercha un sujet de conversation susceptible de rompre le silence pesant qui régnait dans l'habitacle, mais ne trouva rien d'anodin qui ne fût en même temps d'une platitude affligeante. Il n'allait quand même pas demander à une femme qui venait chercher le corps de son mari si elle avait fait bon voyage !... Pour se mettre au diapason, le ciel de la Côte d'Azur s'était voilé de gris et laissait tomber une pluie fine que n'aurait pas désavouée la Bretagne.

— Vous avez fait bon voyage, commissaire ?

Brenner venait de résoudre le problème. Kermadec saisit la perche.

— Sans histoire, sauf la descente, qui était un peu chaotique.

— Nous avons connu le même désagrément. Mme de Rancourt me disait que c'est encore pire les jours de mistral.

Rendant grâce à la météo, providence de toutes les conversations en panne sèche, Kermadec se tourna à demi vers la veuve et lui demanda à si elle était une habituée de la région. La réponse tarda à venir.

— Mon mari et moi, nous adorons…

Elle marqua une pause, durant laquelle les traits de son visage se contractèrent, avant de corriger :

— Nous adorions passer le week-end à Monte-Carlo. C'est un endroit tellement magnifique.

Et tellement artificiel… et tellement hors de prix, songea Lara, génétiquement allergique au luxe outrancier qui règne sur le Rocher.

— Nous sommes venus il y a deux ans pour le Grand Prix de Formule 1, invités par un ami qui siège au conseil d'administration de Ferrari. C'était un moment exceptionnel.

En dépit des apparences, il n'y avait aucun snobisme dans les mots de Geneviève de Rancourt. Comme la plupart des gens de sa caste, elle ne se rendait pas compte qu'elle gravitait dans un monde qui n'avait rien à voir avec celui fréquenté par le commun des mortels. Kermadec laissa passer quelques minutes et entra directement dans le vif du sujet.

— La veille de son départ, votre mari n'a jamais évoqué ce voyage à Nice ?

— Absolument pas. Comme je l'ai déjà dit à M. Brenner, il m'avait simplement prévenue qu'il était inutile de chercher à le joindre, parce qu'il serait absent toute la journée. Je ne lui ai rien demandé de plus. Mon mari parlait très peu de son travail à la maison. En tout cas, il n'entrait jamais dans les détails. C'eût été inconvenant.

Kermadec se dit qu'il pourrait utiliser cet argument lorsque sa femme le questionnait sur sa journée, mais il doutait du résultat.

— Pardonnez-moi si je vous pose les mêmes questions que mon confrère.

— Ne vous excusez pas, commissaire. J'aimerais tellement me souvenir d'un détail qui puisse vous aider. Je suppose que ce sont des petites choses apparemment sans importance qui mettent les enquêteurs sur la voie, n'est-ce pas ?

Kermadec confirma de la tête avant de reprendre :

— Il ne vous a pas semblé particulièrement préoccupé ?

— Non… Il avait plutôt l'air fébrile.

— Qu'entendez-vous exactement par fébrile ? interrogea Lara.

— Je ne sais pas. Nerveux. Impatient. Oui, impatient me semble le mot juste. Remarquez… Thierry a toujours été un homme pressé.

La veuve porta son poing ganté devant la bouche et étouffa un sanglot. Lara posa une main sur son avant-bras. Geneviève de Rancourt recouvrit sa main de la sienne et se reprit.

— Le commissaire Brenner m'a dit que c'est vous qui aviez permis de retrouver mon mari. Je ne sais comment vous remercier… Ces dix jours ont été un véritable calvaire. Je priais tous les jours pour qu'il s'agisse d'un enlèvement. Chaque fois que le téléphone sonnait, j'espérais que c'étaient les ravisseurs. Mais après l'attaque au club, j'étais sûre qu'il était mort. M. Brenner m'a montré les photos que vous lui avez fait parvenir… Pourquoi l'humilier de la sorte ?

La boule était à nouveau montée dans sa gorge, brisant le timbre de sa voix.

— C'est tellement absurde, cette histoire de vengeance. Mon mari n'a jamais fait de mal à personne. Au contraire.

— Les mobiles des crimes ne sont pas toujours rationnels. Sauf dans l'esprit de ceux qui les commettent, avança Kermadec.

Il avait prononcé cette phrase sans réfléchir, comme on improvise une formule de condoléances, mais se dit, avec une pointe de satisfaction, qu'elle n'était pas dépourvue d'une certaine profondeur. La pluie avait augmenté d'intensité et résonnait avec force sur le toit du minibus qui se frayait un chemin dans les rues étroites de la ville. Lorsqu'ils se rangèrent devant l'hôpital qui abritait le service de médecine légale, le commissaire descendit rapidement et fit coulisser la porte arrière pour permettre aux passagers de sortir. Tous se précipitèrent à l'intérieur du bâtiment en tentant d'échapper aux grosses gouttes qui mitraillaient la chaussée. Kermadec alla se renseigner à l'accueil. En toute logique, la morgue se trouvait au sous-sol. Sitôt qu'ils eurent franchi la porte menant à l'escalier, l'agitation brouillonne du rez-de-chaussée fit place à un calme glacial. Dans ce service, on ouvrait, perçait, coupait, découpait, pesait, soupesait et analysait, mais on ne soignait pas. Les gens ressortaient tels qu'ils étaient entrés. Ou presque. Un long couloir éclairé par des néons fatigués les mena jusqu'à un bureau où une jeune secrétaire en blouse blanche les accueillit avec un grand sourire en parfaite inadéquation avec l'endroit.

— Bonjour. Que puis-je faire pour vous ?

Kermadec lui montra sa carte.

— Nous venons chercher le corps de M. de Rancourt. Les gens des Pompes funèbres sont-ils arrivés ?

— Je n'ai encore vu personne. Asseyez-vous, dit-elle, en désignant un renfoncement du couloir où trônaient trois chaises métalliques des plus inhospitalières.

Les deux femmes s'exécutèrent. Les hommes se firent des politesses jusqu'à ce que Brenner finît par céder devant l'insistance de son homologue français. Quelques minutes plus tard, un quinquagénaire corpulent, vêtu d'un costume gris clair à fines rayures, fit son apparition. Visiblement mal à l'aise, il se passait nerveusement la main dans ce qui lui restait de cheveux plaqués vers l'arrière du crâne.

— Commissaire Kermadec ?... Docteur Akarian. Puis-je vous dire quelques mots ?

— Bien entendu.

L'homme tourna les talons. Après avoir fait signe aux autres de patienter, Kermadec lui emboîta le pas. Ils s'éloignèrent de quelques mètres. Geneviève de Rancourt interrogea Lara du regard, mais celle-ci ne savait pas de quoi il retournait. Après un bref conciliabule à voix basse, dont l'écho rebondissait sur les murs, Kermadec revint vers eux et s'adressa à la veuve.

— Chère madame… Nous allons examiner le corps de votre mari en compagnie du docteur Akarian. Si vous voulez bien nous attendre. Ce ne sera pas très long.

Le visage de la veuve fut parcouru de crispations qui la faisaient cligner des yeux. Sa voix tremblait un peu tandis qu'elle croisait et décroisait les mains avec fébrilité. Elle déglutit péniblement.

— Y a-t-il des choses que je ne suis pas censée voir… ou savoir ?

Kermadec choisit ses mots avec circonspection.

— Pas du tout. C'est une procédure tout à fait banale. Dans ce genre de situation, nous devons discuter certains aspects… techniques qui ne sont pas compatibles avec l'émotion légitime éprouvée par les proches du défunt.

Vaincue, Geneviève de Rancourt se rassit, ou plutôt se laissa retomber sur sa chaise. Kermadec donna le signal du départ. Parvenu à l'extrémité du couloir, le docteur Akarian ouvrit la porte qui donnait sur une grande salle entièrement carrelée de vert. À peine entrée, Lara fut prise à la gorge par l'odeur douceâtre de la mort qui, phagocytant les produits chimiques impuissants à lutter contre son emprise, imprégnait l'atmosphère et lui rappelait les effluves écœurants de sa première souris disséquée au collège, en classe de cinquième. Elle songea au parfum des champs de lavande baignés par le soleil lorsqu'elle parcourait les chemins de randonnée avec son père… et se souvint que le bourdonnement des abeilles les accompagnait tout au long de leur promenade. Sur sa gauche, le mur était entièrement occupé par des rangées de tiroirs carrés en acier brossé, dont le look « cuisine américaine idéale des années 50 » tranchait singulièrement avec ce qu'on imaginait de leur contenu. Le légiste fit basculer la poignée d'un des tiroirs, le tira à lui, souleva le drap qui recouvrait le cadavre et le rabattit sur ses pieds. Thierry de Rancourt apparut dans sa nudité crue. Lara lutta contre la nausée qui l'envahissait et se força à regarder le tableau qui s'offrait à elle avec une attention toute professionnelle. Le corps était gonflé par le processus de décomposition que le froid ambiant ne suffisait pas à enrayer.

Au sommet du visage bouffi, la couture sommaire qui faisait le tour du cuir chevelu rappelait la créature pathétique de Frankenstein dans la version originale jouée par Boris Karloff. Le buste, quant à lui, était décoré d'un immense « y », deux balafres grossières partant de chaque épaule pour se rejoindre sous le sternum, d'où une ouverture verticale plongeait jusqu'au pénis, à la base duquel la lame du bistouri semblait s'être arrêtée dans un ultime souci de pudeur. De profondes incisions, pratiquées dans le sens de la longueur sur les membres supérieurs et inférieurs, avaient été grossièrement recousues elles aussi, mais ce furent surtout les deux trous noirs des orbites, desquelles on avait retiré les globes oculaires, qui révulsèrent la jeune femme. Les orifices béants, qui la contemplaient de manière encore plus intense que des yeux grands ouverts, exerçaient sur elle une fascination morbide et semblaient l'inviter à plonger dans l'univers interdit du cerveau pour en découvrir les secrets soudain accessibles. Akarian expliqua à ses visiteurs que les cadavres des vagabonds étaient utilisés pour parfaire les connaissances anatomiques des étudiants en médecine et que les yeux du directeur commercial avaient été disséqués avant qu'il ne fût averti de l'identité de leur propriétaire. C'était la raison pour laquelle il ne voulait pas que Mme de Rancourt vît le corps de son mari avant l'arrivée des Pompes funèbres. Kermadec hocha la tête d'un air compréhensif et lui demanda s'il avait relevé quelque chose d'intéressant au cours de l'autopsie.

— Selon toute vraisemblance, on l'a déshabillé après l'agression. Il avait une multitude de piqûres dans le dos et sur le torse, alors qu'il portait trois épaisseurs de vêtements. Au départ, dans la mesure où il s'agissait d'un simple accident, je n'y avais pas vraiment prêté attention. Évidemment, dès que vous m'avez parlé de meurtre…

Il marqua un temps d'arrêt. Ses trois interlocuteurs attendirent la suite.

— L'un des gendarmes a également fait une remarque qui pourra sans doute vous intéresser. Comme vous le savez peut-être, la durée de vie d'une abeille, après qu'elle a piqué, est relativement réduite. Or, on n'en a retrouvé aucune à proximité du corps.

— On l'a donc tué ailleurs, puis changé et abandonné en pleine campagne, déduisit Kermadec.

Lara compléta son raisonnement.

— Pour rendre l'identification impossible, ou du moins la retarder, afin d'avoir le temps de commettre les deux meurtres suivants… Dommage que nous n'ayons pas de spécimen des abeilles tueuses.

Avec une certaine satisfaction, le légiste expliqua qu'il en avait trouvé un certain nombre dans la bouche, les narines, les conduits auditifs et les poumons de la victime.

— Et… vous les avez gardées ? demanda Lara avec une pointe d'inquiétude.

— Dans notre métier, l'entomologie est une seconde nature. C'est fou la masse d'informations que les insectes recueillis sur un cadavre peuvent nous transmettre. Mais il est peu probable que ce soient les mêmes que celles qui ont sévi en Belgique, dit Akarian en recouvrant le corps. C'est une espèce qui, en principe, n'existe pas en Europe…

— Ce sont des africanisées ? questionna Lara, qui n'avait pas vraiment besoin de réponse.

Surpris, le légiste, qui s'apprêtait à refermer le tiroir frigorifique, interrompit son geste. C'est le moment que choisit la secrétaire pour passer la tête à la porte.

— Docteur, les Pompes funèbres sont là.

Une minute plus tard, deux hommes en costume sombre se présentaient à l'entrée. Le légiste les salua d'un cordial « Messieurs, bonjour ! » comme s'il recevait les invités d'un cocktail. Habitués à plus de retenue, les croque-morts se contentèrent d'un hochement de tête cérémonieux et ouvrirent en grand le second battant de la porte pour laisser passer deux collègues qui poussaient un chariot à roulettes sur lequel trônait un imposant cercueil de chêne massif clair. Ils s'approchèrent du tiroir. Akarian souleva à nouveau le drap qui recouvrait Thierry de Rancourt.

— Voici notre homme. Si vous pouviez le rendre présentable.

L'un des officiants empoigna une mallette placée sous le cercueil, s'approcha et poussa un petit sifflement.

— Il a drôlement souffert… Et la lumière est impitoyable, dit-il en jetant un coup d'œil aux néons du plafond.

Le légiste leva la tête et proposa d'éteindre l'une des rampes. Tout en ouvrant la mallette de maquillage qu'il venait de poser aux pieds du cadavre, l'homme demanda s'il était possible qu'on apportât plutôt une lampe à variateur qui permettrait de régler l'intensité lumineuse à sa convenance. Akarian promit de s'en occuper et quitta la pièce, suivi de ses visiteurs.

Lorsqu'ils arrivèrent dans le couloir, une bouffée d'air frais leur sauta au visage. Le rideau métallique qui donnait sur la cour intérieure de l'hôpital avait été remonté pour laisser entrer le fourgon mortuaire, garé au pied de la rampe d'accès.

— Je vais sortir un peu, déclara Lara, en gravissant la pente en ciment.

Les deux policiers la suivirent. Dehors, la pluie s'était calmée et le mistral commençait de chasser les nuages. La jeune femme inspira profondément.

— Vous avez remarqué que, cette fois, j'ai gardé mon petit déjeuner ? dit-elle avec une certaine fierté.

Kermadec fit semblant de n'avoir pas entendu. Brenner, en revanche, la complimenta.

— C'est la preuve que vous êtes faite pour ce métier… À ce propos, j'ai une nouvelle qui va vous faire plaisir. Nous avons eu confirmation que Thierry de Rancourt a bien réservé son billet lui-même en utilisant sa ligne directe, le vendredi 13 septembre à 11 h 30.

Lara fit une grimace.

— Dommage qu'il n'ait pas été superstitieux.

— La superstition est la marque d'un esprit faible, énonça Kermadec sentencieusement.

— Lao Tseu, commenta la jeune femme sobrement. En attendant, cet esprit fort est un esprit mort.

Durant quelques secondes, elle contempla le ciel, qui commençait à se trouer de taches bleues sous l'action du vent.

— Quand Thierry de Rancourt a retenu son billet, c'est probablement parce que son interlocuteur venait de lui fixer rendez-vous… et c'était forcément par téléphone. On peut retrouver la trace de cet appel, commissaire ?

Brenner acquiesça tandis qu'elle continuait.

— Je suppose que, ce matin-là, il n'y a pas eu des dizaines d'appels en provenance de France.

— Vous n'espérez tout de même pas que l'assassin a téléphoné de chez lui, ou avec son portable ? tempéra Kermadec.

— Non, évidemment. Mais avant que Thierry de Rancourt ne se rende à un rendez-vous aussi lointain avec un inconnu, il a probablement fallu quatre ou cinq conversations pour le mettre en confiance. Croyez-vous que l'homme aurait pris la peine de faire des centaines de kilomètres à chaque fois ? En épluchant la liste des appels durant le trimestre précédant le meurtre, nous devrions retrouver le même numéro, ou la même provenance géographique. Ce qui nous permettrait de délimiter un premier périmètre de recherche… et de tamiser notre liste d'apiculteurs.

Brenner passa la main dans sa barbe.

— À moins qu'il ne nous envoie sur une fausse piste.

— Les plus malins finissent toujours par commettre une erreur, non ? continua Lara.

À ce moment précis, un hurlement de terreur venu du sous-sol arriva jusqu'à eux. Ils se retournèrent d'un bloc et dévalèrent la rampe. Parvenus près du corbillard, ils rencontrèrent l'un des croque-morts, affolé.

— Que s'est-il passé ? lui demanda la jeune femme alors qu'Akarian arrivait lui aussi en courant.

— La veuve s'est glissée derrière la secrétaire qui apportait la lampe. Elle est entrée pendant que mon collègue était en train de recoudre la première paupière. Elle n'a pas supporté.

Ils entrèrent dans la salle. Entourée des deux employés, qui tentaient de la calmer, Geneviève de Rancourt était allongée sur le sol, au pied du tiroir métallique, secouée par de violentes convulsions.

— État de choc, diagnostiqua le légiste en se penchant vers elle. J'appelle un de mes confrères pour qu'il vienne lui administrer un calmant.

15.

Un homme et une femme

La sonnerie du téléphone surprit Lara au moment où elle enlevait le toit de la ruche. Pieds nus, simplement vêtue d'un débardeur et d'un short, elle sentit la panique l'envahir. Alors que le père Émile la regardait d'un œil réprobateur en enfonçant son béret sur le front, elle s'efforça de le convaincre qu'il ne pouvait s'agir de son portable, puisqu'elle était sûre de l'avoir éteint avant de venir l'aider à récolter le miel. Au troisième chant du coq – un type de sonnerie prodigieusement agaçant, mais qui l'amusait beaucoup – la réalité finit par rattraper la jeune femme. Allongée à plat ventre sur son lit, elle tourna la tête et ouvrit les yeux. Le cadran de son radio-réveil indiquait 9 h 12. *Pour quelqu'un qui voulait se lever tôt, c'est raté*, songea-t-elle. Guidée par les flashes multicolores du téléphone qui clignotait comme une balise de détresse sur la moquette, elle tendit la main, jeta un coup d'œil à l'écran, et fut sidérée de voir le nom de David s'afficher. Dix jours s'étaient écoulés depuis leur soirée au restaurant japonais. Dix jours de black-out. Elle allait enfin pouvoir laisser libre cours à la colère qui s'était accumulée durant tout ce temps, même si une partie d'elle-même ne pouvait s'empêcher d'espérer qu'il eût une solide excuse pour justifier cet incompréhensible silence.

— Oui ? fit-elle d'une voix qu'elle s'efforça de rendre la plus claire possible, ce qui n'était pas facile.

Son interlocuteur ne fut pas dupe.

— Je te réveille ? lança-t-il d'une voix enjouée.

— Vous devez faire erreur, déclara-t-elle, glaciale.

Il y eut un blanc à l'autre bout du fil.

— Je te dérange, peut-être ?

Lara sentit une pointe de jalousie dans la question et en éprouva une certaine satisfaction. Elle le laissa patienter quelques secondes, le temps que l'imagination de David déroulât les images qui font mal.

— Je suis censée me réjouir parce que tu daignes donner de tes nouvelles ? lâcha-t-elle enfin.

La jalousie fit place à l'inquiétude.

— Tu n'as pas eu mon message ?

Un sentiment de soulagement commença d'envahir la jeune femme, même si elle se méfiait de cette excuse universelle que tout un chacun utilise par facilité, ou lâcheté, ce qui revient souvent au même. Elle demanda des précisions, lestant sa question d'une tonne de méfiance, mais la voix de David respirait la sincérité lorsqu'il répondit qu'il l'avait appelée le jeudi, vers 10 heures du matin. Ses soupçons se dissipèrent d'un coup et elle laissa échapper un véritable cri du cœur.

— C'est le jour où j'étais en Belgique ! La messagerie a dû bugger.

— Que faisais-tu en Belgique ? s'étonna le jeune homme.

Se maudissant d'avoir commis une telle gaffe, Lara retourna la question aussi vite qu'elle était arrivée.

— Dis-moi plutôt ce que tu as fait, toi.

— Il a fallu que je parte pour Cuba de toute urgence. Je t'expliquerai... J'imagine parfaitement ce que tu as dû ressentir. Je suis vraiment désolé.

Il venait de prononcer les mots qu'elle avait envie d'entendre. Pour la forme, elle laissa planer quelques secondes de suspense avant de lui demander où il se trouvait à présent. David répondit qu'il avait atterri à Roissy, une demi-heure auparavant, et qu'il se proposait de venir la chercher... à moins qu'elle n'eût prévu autre chose. Lara estima qu'il était temps de déposer les armes.

— Je t'attends, concéda-t-elle sobrement.

— J'arrive.

Sitôt qu'il eut raccroché, la jeune femme put enfin pousser le cri de joie qu'elle retenait depuis quelques minutes. Elle roula sur le dos, étendit les bras en croix, et ferma les yeux afin de mieux savourer ce moment de pur bonheur. Elle se sentait tellement légère, tout à coup, qu'elle avait l'impression de flotter au-dessus de son lit. Mais ce n'était pas le moment de rêver. Il lui fallait se doucher, prendre son petit déjeuner et mettre un peu d'ordre dans l'appartement. Sans exagérer non plus. La parfaite ménagère, ce n'était pas son style. Elle se leva d'un bond.

À peine une heure plus tard, alors qu'elle finissait de se préparer, son téléphone sonna de nouveau. Cette fois, elle décrocha sans regarder.

— Tu es prête ?

— Quasiment.

— C'est-à-dire ?… Quasiment est un adverbe dont la signification est extrêmement variable chez les femmes, se moqua David.

— Je ne te savais pas macho, ironisa-t-elle à son tour.

— D'accord. Je serai devant chez toi dans « quasiment » cinq minutes. Tu m'attends en bas ?

Lara acquiesça, un peu déçue de la proposition. Ce n'était pas tout à fait le scénario qu'elle avait imaginé durant sa séance de rangement. Elle enfila son blouson, prit son sac à dos, jeta un dernier coup d'œil au miroir et descendit l'escalier, tout en songeant qu'elle se comportait comme une adolescente idiote, avant de se rappeler que c'était un pléonasme. Lorsqu'elle sortit de l'immeuble, un léger coup de klaxon lui fit tourner la tête. Une Peugeot 206 noire s'arrêta à sa hauteur. Elle ouvrit la portière et s'installa à l'intérieur. David la regarda s'asseoir avec un sourire attendri. Elle lui tendit ses lèvres pour un baiser rapide, puis boucla sa ceinture.

— Puis-je savoir où tu m'emmènes, monsieur « je pars et je reviens à l'improviste » ?

Il ignora le reproche.

— Tu connais Deauville ?

— Tu me prends vraiment pour une provinciale !

David éclata de rire.

— Ce n'est pas une insulte, que je sache !

Lara le dévisagea tandis qu'il démarrait. À présent qu'elle était assise à ses côtés, elle avait l'impression que les douze jours de séparation venaient de s'évanouir et qu'ils s'étaient quittés la veille au soir. Un sentiment qui la comblait et l'inquiétait en même temps.

— Tu es toujours en colère ? dit-il sans la regarder.

— Qui a dit que j'étais en colère ? se défendit-elle sans conviction.

Les lèvres du jeune homme esquissèrent un sourire, et il entreprit d'expliquer la raison de son départ précipité. Quelques années auparavant, lors d'un séjour d'études à l'Institut national de la recherche agricole d'Avignon, il s'était lié d'une profonde amitié avec le patron de l'apiculture cubaine, Adolfo Juarez, qui partageait sa passion pour l'apithérapie. Tous deux avaient longuement disserté sur les vertus encore mal exploitées de cette « médecine verte », qui consiste à pratiquer des soins à l'aide des produits de la ruche, et réfléchi ensemble à un projet concret qui permît d'exploiter et développer son potentiel. Un an et demi plus tard, grâce aux relations d'Adolfo au sein du ministère de la Santé, ils avaient réussi à mettre en place une vaste étude clinique à Cuba, sous l'égide de l'Association internationale des apiculteurs, dont David était un membre actif. Depuis près de quatre ans, il se rendait donc régulièrement sur l'île afin de superviser les travaux de recherche et enseigner les différentes pratiques de l'apithérapie aux étudiants en médecine. À la suite de problèmes rencontrés par certains patients, son voyage avait été avancé d'une semaine au dernier moment. Sur la forme, Lara ne pouvait rien dire. Sur le fond, en revanche, elle objecta :

— Cela ne te gêne pas de travailler avec un gouvernement…

David finit la phrase à sa place.

— Totalitaire ?... On m'en a souvent fait le reproche. Dans les années 60, lorsque les Européens se sont rués sur les plages espagnoles, personne ne leur a reproché d'apporter des devises au général Franco, qui n'était pas un démocrate modèle. Et, plus récemment, tout le monde reconnaît que le tourisme a largement contribué à sortir le Vietnam de son isolement. Ce n'est pas parce qu'un dictateur, ou un système, opprime un pays qu'il faut punir son peuple.

Lara admit la justesse de l'argument et laissa le jeune homme poursuivre son récit. Il ne tarissait pas d'éloges sur la qualité de la médecine cubaine. Le taux de mortalité infantile de l'île était l'un des plus faibles au monde, et elle fournissait des bataillons de médecins à un grand nombre de pays en difficulté. En 1989, les chercheurs de l'Institut Finlay, l'équivalent de Pasteur à La Havane, avaient même mis au point l'un des vaccins contre la méningite. Mais ce qui séduisait par-dessus tout David, c'était l'ouverture d'esprit exceptionnelle dont faisait preuve le corps médical face à la médecine naturelle, notamment parce que l'embargo sur les médicaments conventionnels les avait obligés à trouver des solutions de remplacement qui fussent à la fois efficaces et rentables. Lara tendit le bras et posa sa main gauche sur la nuque du jeune homme.

— Je sais que les femmes n'ont pas le sens de l'orientation mais, pour rejoindre le périphérique, il me semble qu'il vaudrait mieux tourner à droite.

Sans discuter, David changea de direction et reprit le fil de son histoire. Durant deux ans, les équipes de l'Institut Finlay avaient traité plus de deux mille cinq cents cas d'infections bactériennes de la sphère broncho-pulmonaire au moyen d'aromiels – préparations à base d'huiles essentielles et de miel – et de septicémies à l'aide de proparomiels – huiles essentielles, miel et propolis – avec un taux de réussite de 80 pour cent, soit une efficacité largement supérieure à celle des médicaments chimiques.

— Tu veux dire que ces aromiels font mieux que les antibiotiques ? s'étonna Lara, incrédule.

David lui confirma que la guérison était plus rapide qu'avec les traitements classiques, le taux de récidive voisin de zéro, les effets secondaires négatifs inexistants et les chronicités en nette régression. De plus, on ne rencontrait aucun problème de résistance des souches bactériennes. Plus généralement, cette étude prouvait que 70 pour cent des médicaments chimiques pouvaient être remplacés par des médicaments « verts ». Avec beaucoup moins de risques pour la santé, et à un prix dérisoire. Deux semaines de traitement d'une pneumonie surinfectée coûtaient l'équivalent d'un dollar en monnaie locale !

Lara fit une grimace.

— Je doute que les grandes compagnies pharmaceutiques apprécient ce genre de concurrence.

— Le temps travaille pour nous. En 1942, il suffisait de quatre jours de pénicilline, à raison de dix mille unités/jour, pour traiter une pneumonie, avec presque 100 pour cent de réussite. En 1990, la même pneumonie demandait huit jours de traitement, à raison de vingt-cinq millions d'unités/jour, sans garantie de résultat. Aujourd'hui, la résistance aux antibiotiques et les accidents médicamenteux causent plus de morts que les accidents de la route. Mais ces chiffres-là sont tabous, et personne n'en est responsable.

— Les vaccins « capitalistes » ont quand même sauvé la vie de millions de gens !

— Parce que leur système de santé pouvait payer. De nos jours, l'accès aux soins des pays pauvres est de plus en plus restreint. Sur les mille quatre cents nouveaux médicaments produits durant les vingt-cinq dernières années, il n'y en avait que treize contre les maladies tropicales ! Les médecins occidentaux qualifient la tuberculose, la malaria ou la maladie du sommeil de « maladies rares », alors qu'elles touchent quatre cents millions de personnes, qu'on soigne avec des molécules obsolètes, inefficaces et même toxiques. Dans le même temps, en France, on trouve normal que, sur les huit mille médicaments existants, la moitié soit totalement dépourvue d'effet thérapeutique !

Lara soupira.

— On ne peut pas demander aux multinationales d'avoir une conscience.

— Tu te souviens pourtant de ce qu'a dit Rabelais : « Science sans conscience…

— N'est que ruine de l'âme. »

— Et comme elles ne sont pas à une contradiction près, les facultés de médecine et de pharmacie françaises ont validé depuis 1995 plus de deux cents thèses ayant comme sujet l'apithérapie ou l'aromathérapie, dont certaines avec mention « très bien ». La hiérarchie médicale a donc décerné le titre de « docteur » à des gens traitant de sujets qui ne sont pas reconnus par la science « officielle ».

Ils avaient quitté le périphérique et franchissaient l'immense pont qui enjambe la Seine au pied de la colline de Saint-Cloud avant de s'engouffrer dans le tunnel marquant l'entrée de l'autoroute de l'Ouest. Comme toujours, la circulation était très dense. À deux heures de route de la capitale, la côte normande constitue le lieu d'évasion favori de nombreux Parisiens, quelles que soient la saison et la météo. Lara réfléchissait encore à tout ce que David venait d'expliquer, lorsqu'il revint sur un point qu'elle croyait oublié.

— Au fait, tu ne m'as pas dit ce que tu allais faire à Bruxelles le jour de mon départ.

Prise de court, Lara inventa sur-le-champ une conférence commune avec des étudiants belges dans le cadre des échanges européens, avant de détourner rapidement la conversation vers l'affaire Willmann, dont elle narra tous les développements par le menu.

À la fin de son récit, elle ne put s'interdire une pointe d'autosatisfaction.

— Tu vois que le hasard n'y était pour rien.

David hocha la tête.

— Je dois reconnaître que tu ferais une excellente détective.

Un court instant, Lara se dit que c'était l'occasion rêvée d'avouer la vérité, mais le jeune homme ne lui en laissa pas le loisir, ajoutant sobrement :

— Voilà des années que les laboratoires Willmann empoisonnent la Nature et se moquent royalement de nos protestations. Visiblement, quelqu'un a opté pour une méthode de lutte plus radicale.

— Si ce quelqu'un comptait gagner la sympathie du public, c'est raté. La presse l'a surnommé l'« apitueur » !… Et la paranoïa à l'égard des abeilles est à son comble. En utilisant les mêmes méthodes que ses ennemis, on finit par discréditer la cause pour laquelle on se bat, aussi juste soit-elle.

David tenta de nuancer le jugement de sa passagère.

— Même si l'on n'approuve pas son usage, il faut reconnaître qu'un seul acte de violence fait plus de bruit que cent marches pacifiques.

— La violence comme ultime recours du désespoir. C'est l'argument favori des terroristes pour justifier les crimes qui frappent des innocents. Désolée, mais je ne marche pas.

Le jeune homme revint à la charge.

— Je ne voudrais pas me faire l'avocat du diable mais, dans ce cas précis, les victimes ne sont pas vraiment innocentes.

Lara fit preuve de son intransigeance habituelle sur la question.

— Là n'est pas le problème. On ne fait pas justice soi-même. C'est l'une des clés de voûte de toute société civilisée… On n'est plus au Far West.

— Ou en Corse, se moqua David.

Lara haussa les épaules.

— Quoi qu'il en soit, la série est probablement terminée, ajouta-t-il. Dans quelque temps, il ne fera plus assez chaud pour les abeilles.

La jeune femme s'interrogea tout haut.

— Il arrêterait maintenant ?... Sans s'attaquer à Willmann ?... Ce n'est pas logique.

— À moins qu'il n'attende le printemps prochain. Histoire de le laisser souffrir quelques mois de plus.

Elle secoua la tête.

— Non. Cet homme est dans un processus de vengeance obsessionnelle, mais ce n'est pas un sadique.

Après une courte réflexion, David déclara que quatre-vingt mille apiculteurs français, plus dix mille belges, cela représentait un sacré nombre de coupables potentiels. Lara faillit lui répondre qu'elle était parfaitement au courant, mais se mordit les lèvres. Le jeune homme demanda s'il existait un portrait-robot du meurtrier.

— Des descriptions très vagues, selon les journaux… Qui te correspondent d'ailleurs un peu, ajouta-t-elle, d'un ton qu'elle fit semblant de rendre soupçonneux.

— De toute façon, en tant que membre du comité chargé de la lutte contre l'utilisation des pesticides au sein du Syndicat des apiculteurs français, je vais forcément être interrogé. L'année dernière, nous avons organisé une manifestation à Bruxelles devant le siège des laboratoires Willmann, et j'ai été arrêté par la police. Les RG vont se faire un plaisir de sortir ma fiche.

— Tu m'avais caché ton passé de dangereux révolutionnaire !

— C'est le paradoxe de la civilisation. Vouloir préserver la Nature est devenu un acte réprimé par la loi ! Demain, on tirera à vue sur les faucheurs de maïs OGM, qu'on veut faire passer pour des terroristes, alors que ce sont des résistants !... Sans eux, nous serions déjà soumis au même diktat qu'aux États-Unis, où les fabricants de semences transgéniques étranglent les agriculteurs et engrangent des milliards en sacrifiant l'avenir de la planète. D'ici peu, ils nous feront manger des animaux clonés, en assurant que c'est sans danger pour notre santé. Avec toujours le même discours lénifiant. « Dormez en paix, braves gens, tout est sous contrôle : les océans ne sont pas des poubelles en voie de dépeuplement, l'air des villes n'est pas gravement pollué, les animaux élevés en batterie ne sont pas gavés d'antibiotiques, les engrais chimiques ne sont pas nocifs, les centrales nucléaires sont indestructibles… et les nuages radioactifs s'arrêtent aux frontières. »

— Heureusement que tu as un alibi en béton pour les deux agressions de la semaine dernière, plaisanta Lara devant la fougue du jeune homme.

Le reste du trajet se partagea entre bavardage et longues phases de silence durant lesquelles la jeune femme savourait cette assurance tranquille qui se dégageait de lui. Son récit la confortait dans le sentiment que cet homme en quête d'un idéal faisait partie d'une espèce rare, un de ces héros modernes qui refusent de se résigner à la fatalité d'un monde où tout serait joué d'avance.

Après plus de deux heures de route, ils arrivèrent à Deauville, où ils finirent par trouver à se garer dans une petite rue perpendiculaire à la plage, avant de se mettre en quête d'une table dans l'un des restaurants situés sur les planches, face à la mer. Lara commanda une salade composée, tandis que David optait pour une énorme assiette de moules/frites dans laquelle la jeune femme plongea les doigts avec gourmandise à plusieurs reprises.

Lorsqu'ils descendirent sur la plage, après avoir déjeuné, Lara s'agenouilla pour enlever ses baskets et proposa d'aller jusqu'à la mer. Le jeune homme souleva ses lunettes de soleil et contempla l'immensité déserte laissée par la marée basse.

— Tu sais où elle est ?

La jeune femme se moqua gentiment.

— Ici, la mer se mérite. Ce n'est pas la Méditerranée, qui attend au pied de ton transat que tu aies fini ta sieste.

Après avoir déposé leurs chaussures derrière l'une des cabines de bain désuètes qui font le charme de la station, ils s'éloignèrent main dans la main avec, en point de mire, le trait d'écume blanche qui barrait l'horizon. Très vite, le sable tiède et moelleux céda la place à une surface dure barrée de bourrelets sur lesquels la plante des pieds s'enroulait et se déroulait avec volupté. Ils sautaient en riant comme des enfants dans les flaques, de plus en plus nombreuses, de plus en plus profondes, que la mer avait laissées en se retirant. Le sable se gorgeant d'eau au fur et à mesure de leur progression, un bruit de ventouse accompagnait leurs pas, dont la trace se refermait presque instantanément derrière eux. Le grondement sourd venu du large allait en augmentant, effaçant peu à peu les bruits de la ville. Lorsqu'ils parvinrent à la limite où se brisaient les vagues, ils se plantèrent un long moment devant les flots tumultueux, face au vent chargé d'embruns iodés qui les frappait au visage, comme pour les forcer à reculer. Puis, Lara se retourna vers la côte, dont les maisons ressemblaient à un décor de carton-pâte miniature.

— Regarde comme tout paraît minuscule et dérisoire.

— Mais TOUT est minuscule et dérisoire, dit-il en l'embrassant dans les cheveux.

Lara eut juste le temps d'apprécier la justesse de la remarque. Une vague venait de claquer sur ses chevilles. Elle se pencha pour remonter son pantalon, mais une nouvelle vague, plus violente que la précédente, lui fouetta les mollets et l'arrosa jusqu'aux fesses. Elle poussa un cri de protestation. Le jeune homme se plaça devant elle et écarta les bras en arc de cercle.

— Monte ! dit-il d'une voix forte, pour couvrir le bruit des vagues.

— Tu es sûr ? cria-t-elle à son tour.

En l'absence de réponse, elle posa les mains sur les épaules de David, prit un léger appel, sauta sur son dos, entoura son cou de ses bras et colla sa joue contre la sienne. La posture lui rappelait leur première balade à moto mais, cette fois, c'était elle qui se laissait emporter. Le jeune homme se dirigea vers la côte d'un pas ferme, comme si sa cavalière n'était qu'un fétu de paille. Après avoir parcouru environ cinq cents mètres, il s'arrêta et décroisa les mains pour libérer les jambes de Lara, qui se laissa glisser au sol. Sans montrer le moindre signe d'essoufflement, il se retourna vers elle et reçut sa récompense sous la forme d'un long baiser passionné.

— Je ne suis pas trop lourde ? demanda la jeune femme lorsque leurs lèvres se séparèrent.

— Puisque tu en parles…

— J'aime ta délicatesse, dit-elle, avant qu'un nouveau baiser ne la fît taire.

Ils regagnèrent la plage à pas lents, récupérèrent leurs chaussures et s'adossèrent à la cabine de bain où, blottis l'un contre l'autre, ils contemplèrent longuement le spectacle toujours recommencé de la marée montante. Le petit vent de nord-ouest qui accompagnait le retour des flots rafraîchissait peu à peu la température ambiante. Lara eut un léger frisson. David se leva d'un bond et lui tendit la main.

— C'est le moment de bouger.

Ils retournèrent à la voiture. Le jeune homme ouvrit le coffre, fouilla dans son sac de voyage et tendit un pull noir à Lara.

— Il est sans doute un peu grand, mais je n'ai pas ta taille en magasin.

Elle s'habilla tandis qu'il poursuivait ses recherches. Puis, sous les yeux médusés de la jeune femme, il entreprit d'enfiler un sweat-shirt noir à capuche.

— Il te va très bien, dit-il en se retournant avec un grand sourire.

Mais Lara ne l'écoutait pas. Les paroles de l'hôtesse du club de tennis bruxellois envahissaient son esprit comme une déferlante.

— Tu n'aimes pas mon sweat ? plaisanta David devant sa mine stupéfaite. Je sais, c'est peut-être un peu « jeune de banlieue », mais la capuche, c'est bien pratique contre le vent ou la pluie. Et tu noteras que je ne porte pas de marque fabriquée par les enfants du tiers-monde. C'est étiqueté « commerce équitable ».

— Tu n'aurais pas une casquette, pour me protéger les yeux ? s'entendit-elle demander, comme s'il s'agissait de quelqu'un d'autre. Je n'ai pas pris mes lunettes de soleil, ce matin.

Le jeune homme replongea la main dans le sac et en sortit fièrement une casquette kaki à l'effigie de Che Guevara.

— Tiens ! Elle arrive directement de Cuba. Cadeau.

Lara se trouvait plongée dans un tourbillon de pensées contradictoires tandis que David lui posait la casquette sur la tête.

— Il y a quelques années, lors d'un de mes séjours à Cuba, Adolfo m'a emmené chez Alberto Korda, l'homme qui a pris cette photo en 1960, pendant un discours de Castro. La mise au point n'était pas très nette et, à l'époque, elle n'intéressait personne. Un peu plus tard, il l'a envoyée à un éditeur italien qui cherchait des documents sur la révolution cubaine. Gratuitement !... Il était loin d'imaginer qu'elle deviendrait cette image christique d'une puissance émotionnelle universelle. Mais quand on lui parlait du fabuleux usage commercial de sa photo à travers le monde, sans qu'il eût jamais touché un centime, Korda répondait simplement que, ce qui comptait avant tout, c'était de propager l'image du héros de la révolution !... Finalement, en 2000, il a fait un procès à Smirnoff, qui avait franchi la ligne rouge, si j'ose dire, en l'utilisant pour une pub, et il a gagné cinquante mille dollars, qu'il a immédiatement donnés aux hôpitaux cubains… Il est mort l'année suivante, avant que j'aie pu le revoir. J'en garde le souvenir d'une rencontre exceptionnelle.

Tout en racontant son histoire, il avait refermé le coffre et pris Lara par l'épaule. Celle-ci approuva de la tête. Elle ne savait absolument plus à quoi se raccrocher. Si tout était hasard, elle n'avait aucune raison de s'inquiéter. Au contraire, si c'était un signe du destin, sa vie venait de basculer du côté obscur. « Fie-toi à ton instinct », lui aurait sûrement dit son père. Mais, puisqu'elle était amoureuse du suspect, tout était faussé. Elle n'était même pas dans la situation d'une femme qui, soupçonnant son mari de la tromper, guette les signaux d'indifférence. David pouvait très bien être un assassin et l'aimer sincèrement. Ce n'était pas incompatible. Pour elle, en revanche, c'était beaucoup plus compliqué. Sachant qu'il faudrait une bonne dose de courage pour affronter cette éventualité, Lara n'osait même pas l'envisager. Pour l'instant, elle mourait d'envie de fouiller dans son sac de voyage. L'hôtesse avait parlé de gants de cuir marron. Non, il ne serait pas assez stupide pour les avoir gardés !... De toute façon, un apiculteur possédait forcément des gants. Même son père en avait toujours une paire dans son coffre, en cas de crevaison. D'ailleurs, ils étaient marron aussi, se souvint-elle brusquement !... Elle ne voyait absolument pas comment démêler le vrai du faux, le probable de l'impossible. Seule certitude : elle ne pouvait pas raisonner sereinement en restant collée à David. Il fallait rentrer à Paris le plus vite possible.

— Tu connais Honfleur ? questionna tout à coup le jeune homme.

16.

Fin de saison

Une petite bise matinale balayait la colline mauve couverte de rosée. Malgré la polaire dont elle avait pris soin de se couvrir, Lara fut parcourue d'un léger frisson. Ses parents n'avaient pas très bien compris sa brusque envie de randonnée en solitaire, mais la jeune femme, qui s'attendait à leurs objections, l'avait justifiée par un besoin impérieux de se ressourcer. Tout en ressassant le sempiternel flot d'arguments sur les inconvénients du métier choisi par sa fille, Gabrielle avait sorti les chaussures de montagne du placard où elles étaient soigneusement rangées, préparé un solide pique-nique, et prodigué à Lara les mêmes recommandations que lorsque celle-ci partait en excursion avec l'école, quinze ans plus tôt.

Allongée à plat ventre au milieu du champ de lavande, une cinquantaine de mètres en contrebas de l'ancienne maison d'Émile, la jeune femme s'appuya sur un coude, déboucha la gourde isotherme accrochée à sa ceinture et avala une gorgée de thé brûlant, avant de s'interroger pour la énième fois sur le bien-fondé de son initiative.

La soirée du samedi avait été un véritable supplice, face à un David débordant d'attentions. Rongée par le doute, Lara était restée de marbre devant le charme de la pittoresque église du quartier Sainte-Catherine et la beauté du petit port de pêche, situé sur l'estuaire de la Seine, où ils avaient dîné alors que les derniers rayons du soleil éclairaient les mâts des navires ancrés dans le Vieux Bassin. La jeune femme avait prétexté la rédaction d'un mémo à terminer au plus vite afin d'abréger la soirée, puis coupé court à toute tentative de conversation durant le trajet en faisant semblant de s'endormir dans la voiture.

Le dimanche midi, partagée entre la colère et l'inquiétude, elle s'était précipitée chez Carole, qui venait à peine de se réveiller, pour lui faire part de sa terrible découverte. Tout en la réconfortant avec une tablette de chocolat aux amandes – sa recette personnelle anti-déprime – son amie l'avait aidée à faire le point sur les différents éléments. À charge, la curieuse attitude de David lorsque, découvrant l'article sur la disparition de Rancourt, il n'avait rien dit de ses démêlés avec les laboratoires Willmann. À charge encore, sa brusque disparition, concomitante au double meurtre de Bruxelles. À charge toujours, la proximité géographique entre Grasse et Die. À charge enfin, ce sweat-shirt à capuche. Mais, d'un autre côté, il s'agissait d'un vêtement extrêmement répandu qui, de plus, n'était pas le même que celui décrit par l'hôtesse, tout comme la casquette, et Carole avait finalement réussi à ébranler la conviction de Lara en arguant que les soupçons de la jeune femme ne reposaient sur aucune preuve tangible.

Son statut d'apiculteur, engagé dans la lutte contre les produits fabriqués par les laboratoires Willmann, ne suffisait pas à signer la culpabilité du jeune homme. Sans parler de l'énormité de la coïncidence. Lara était-elle prête à sacrifier leur histoire naissante sur la base d'indices aussi ténus ?... D'ailleurs, avait conclu Carole, il suffisait de vérifier qu'il était bien à Cuba au moment de l'attaque pour régler la question. Lara avait aussitôt douché son bel optimisme. En raison de ses liens avec le gouvernement cubain, David voyageait sur Cubana airlines. En toute logique, la compagnie nationale ne permettrait pas la consultation de son listing passagers sans une requête officielle dûment motivée. Cette fois, Franck ne pouvait pas les aider ; et il était hors de question de mettre Kermadec dans la confidence.

En début d'après-midi, sans avoir trouvé de solution satisfaisante, les deux jeunes femmes s'étaient fait livrer une maxi pizza « quatre saisons ». Carole avait sorti du réfrigérateur une bouteille de Lambrusco *amabile* – ce vin rouge pétillant, légèrement sucré, élevé dans la vallée du Pô – en assurant doctement qu'il constituait le second volet de son traitement anti-déprime. Vers 15 heures, David avait appelé Lara pour lui proposer de dîner ensemble, car il regagnait Die le lendemain matin par le premier train. Se réfugiant une fois de plus derrière le prétexte du travail, celle-ci s'était efforcée de donner le change avec des mots tendres auxquels elle ne croyait pas, en éprouvant l'impression paradoxale que c'était elle qui le trompait.

Ce sentiment de culpabilité, combiné au stress de la veille et aux effets pervers du Lambrusco, qui se laissait boire comme du jus de fruits, avait fini de l'épuiser. Elle s'était allongée à plat ventre sur le canapé, fermant les yeux, tandis que Carole lui prodiguait un massage de la nuque et des épaules destiné à apaiser ses tensions. Contrairement aux apparences, la jeune femme se révélait d'une douceur incomparable et le travail de ses mains de fée permit enfin à Lara de lâcher prise. Au moment où celle-ci ne pensait plus à rien, l'idée avait surgi, simple et évidente. Si David était l'assassin, il entretenait forcément, à distance raisonnable de sa ferme, une ou plusieurs ruches d'abeilles africanisées, qu'il devait visiter régulièrement. Malgré l'excitation qui venait de s'emparer d'elle, Lara s'était maîtrisée, sachant pertinemment que, pour rien au monde, Carole n'aurait approuvé le corollaire de son hypothèse. Lui laissant croire qu'elle allait prendre deux ou trois jours de repos, elle l'avait chargée d'annoncer à Kermadec qu'elle souffrait d'une grosse angine, avant de rentrer précipitamment chez elle, mettre quelques affaires dans un sac de voyage et réserver une place sur le prochain TGV pour Valence, où son père était venu la chercher à la nuit tombée. La jeune femme éprouvait un peu de remords d'avoir menti à son amie, mais restait convaincue que son plan était le moyen le plus rapide et le plus efficace de mettre fin à l'incertitude qui la rongeait. Connaître la vérité, quels qu'en fussent la teneur et le prix, était devenu une nécessité vitale.

Lorsqu'elle vit s'éclairer l'une des fenêtres de la maison, une onde de chaleur parcourut son corps, comme ce fameux matin à Saint-Nazaire. Mais, à présent, elle était seule en première ligne, actrice d'une histoire qui la concernait directement. Au bout d'une demi-heure interminable, la lumière s'éteignit. Elle se plaqua contre le sol, tandis que les battements de son cœur s'accéléraient. Et si David descendait à travers le champ ?...

Quelques secondes après avoir entendu claquer la lourde porte d'entrée, Lara redressa la tête avec une infinie lenteur et aperçut la silhouette du jeune homme qui gravissait la colline d'un pas souple. Rassurée, elle braqua ses jumelles vers lui. Avec un peu de chance, il allait prendre le sentier qui s'enfonçait dans la forêt, à droite au-dessus du premier ressaut... Lara se leva d'un bond et grimpa la pente à son tour. Ankylosées par l'attente, ses jambes mirent quelques minutes à se dérouiller, le temps qu'il fallut également à son souffle pour se réguler. Parvenue à l'entrée de la forêt, elle laissa ses yeux s'habituer à la pénombre, glissa les jumelles, devenues inutiles, dans la poche latérale de son pantalon et tendit l'oreille, mais le sentier tapissé d'aiguilles de pin ne laissait rien filtrer. Il ne lui restait qu'à le suivre, en espérant que David n'allait pas s'arrêter au détour d'un lacet ou faire brusquement demi-tour. Au fur et à mesure de sa progression, le ciel s'éclairait au-dessus de sa tête tandis que les sifflements des oiseaux allaient s'intensifiant. Le sentier, de plus en plus étroit, courait maintenant le long d'une paroi rocheuse qui s'élevait sur sa gauche.

Lara consulta sa montre. Il s'était écoulé environ une vingtaine de minutes depuis son départ. Alors qu'elle commençait à douter de sa stratégie, son regard fut attiré par un curieux trait rouge et blanc qui, trente mètres plus loin, barrait un énorme rocher plat d'un trait oblique et plongeait dans le vide, à droite du sentier. Elle pressa le pas et découvrit une corde d'escalade, retenue par un piton métallique planté dans une fissure de la pierre. S'allongeant sur le ventre au sommet du rocher, elle sortit ses jumelles afin de scruter le terrain. Quelques secondes de recherche, et elle aperçut David, debout à côté d'une ruche installée sur une vire, une trentaine de mètres en contrebas. Vêtu d'une combinaison blanche, coiffé de son chapeau d'apiculteur, le jeune homme était en train d'allumer un enfumoir. Le doute n'était plus permis. En un instant, une boule se forma dans la gorge de la jeune femme et des larmes perlèrent au coin de ses yeux. Elle abaissa les jumelles, s'essuya rageusement le visage du revers de la manche, comme une enfant qui ravale son chagrin, et reprit sa surveillance. Après avoir copieusement enfumé la ruche, David retira la grille placée devant le trou de vol et la remit à l'envers, de manière à en obstruer totalement l'accès. Il enleva le toit, puis le couvre-cadres, avant de sortir les cadres un à un, en prenant soin de faire retomber la totalité de leurs occupantes dans le corps de la ruche à l'aide d'une brosse à longs poils souples. Asphyxiés par la fumée, les insectes se laissaient faire sans réagir. Pourtant, selon le récit de David, l'une des caractéristiques majeures des abeilles africaines était leur extrême agressivité, qui rendait toute manipulation très délicate.

Il suffisait d'un léger choc sur la ruche, avait-il expliqué, pour déclencher un signal d'alarme propagé par une phéromone à l'odeur de banane qui faisait l'effet d'une véritable bombe atomique. Leur temps de réaction était trois fois plus rapide que chez les européennes. Elles piquaient dix fois plus, poursuivaient l'intrus jusqu'à trois kilomètres au lieu de trois cents mètres, et ne se calmaient qu'au bout d'une demi-heure, contre trois minutes chez leurs consœurs. Sur l'une de leurs victimes, on avait dénombré plus de huit mille dards, soit près de dix par centimètre carré !... Des chiffres impressionnants, qui avaient marqué la mémoire de Lara. Mais la scène qui se déroulait sous ses yeux confirmait que le froid tendait à enrayer cette agressivité. David sortit de sa poche une étroite bande de tissu jaune, longue d'une quinzaine de centimètres, dont il alluma l'extrémité à l'aide de son briquet, avant de souffler la flamme presque aussitôt. Il déposa la bande, qui se consumait en dégageant une légère fumée, à l'intérieur de la ruche, remit le couvre-cadres et le toit en place, puis recula de quelques pas et resta immobile. Malgré son manque de connaissances apicoles, et sans tout comprendre de la manœuvre, il ne fallut à Lara que quelques instants pour deviner que le jeune homme était en train d'empoisonner les insectes à l'aide d'un produit toxique. De la même façon qu'une expertise balistique désigne l'arme d'un crime, le marquage chimique qu'il avait évoqué permettrait certainement d'établir le lien entre ces abeilles et celles qui avaient tué les quatre dirigeants des laboratoires Willmann. Il fallait donc les supprimer à leur tour.

Devant tant de calme et de minutie, la jeune femme se demanda s'il restait ainsi, impassible, à contempler ses victimes, tandis que les abeilles accomplissaient leur œuvre de mort. Le chagrin céda la place à la colère, mêlée d'une dose de soulagement. À présent, elle savait qu'il l'avait trompée. Le choc était violent, mais salutaire. Libérateur.

En bas, David éteignit l'enfumoir, ramassa ses outils, les rangea dans son sac à dos, et se tourna vers la paroi. Lara recula prudemment, puis courut se cacher derrière un taillis maigrelet planté au bord du prochain lacet, en espérant, selon toute logique, que le jeune homme allait repartir vers la ferme. Un moment plus tard, elle le vit remonter sur le sentier, détacher la corde, l'enrouler soigneusement autour de son bras replié, puis enlever baudrier, combinaison et chapeau, qui rejoignirent le reste du matériel au fond du sac. Après avoir jeté un dernier regard en direction de la vire, il s'éloigna d'un pas rapide. Lara attendit un moment pour quitter son abri et s'engager sur le chemin à son tour.

Et maintenant ?... Elle devait appeler Carole. Qui préviendrait Kermadec. Qui avertirait Brenner. Ses mentors allaient être partagés entre une réelle satisfaction au plan professionnel et un sérieux embarras au plan personnel. Il y aurait probablement une enquête en règle des fouineurs de l'IGPN qui voudraient connaître les moindres détails de son histoire. De toute façon, il était impossible de mentir. Mieux valait prendre l'initiative de dire toute la vérité, tout de suite, plutôt qu'y être contrainte. Forte de cette certitude, elle alluma son portable, chercha le numéro de Carole et appuya sur la touche « appel ».

Les yeux fixés sur l'écran, elle ne prêta pas attention à une racine protubérante en bordure du sentier, sur laquelle son pied gauche se posa en porte à faux. Le mouvement de torsion la déséquilibra et la projeta, tête en avant, vers la pente abrupte, dans une spectaculaire cabriole qui lui arracha un hurlement de terreur. Quelques dixièmes de seconde plus tard, elle atterrissait sur le dos, entraînée dans une glissade vertigineuse. Avec l'énergie du désespoir, elle tenta frénétiquement d'agripper tout ce qui passait à portée de ses mains. Plusieurs prises infructueuses lui glissèrent entre les doigts, ou s'arrachèrent sous la violence du choc, jusqu'à ce qu'un buisson de genêts arrêtât sa course au prix d'une secousse qui lui donna l'impression que son épaule droite était déboîtée. Haletante, elle roula doucement sur le côté, puis sur le ventre, afin de s'accrocher des deux mains au genêt providentiel, et tenta d'évaluer les possibilités de se tirer de ce mauvais pas. Un bref coup d'œil vers le bas lui confirma qu'elle n'avait pas droit à l'erreur. À l'évidence, les éboulis qui constituaient l'essentiel du terrain n'offraient guère de prise solide. À tâtons, ses pieds cherchèrent un appui qui permît de soulager la tension douloureuse de ses bras. Elle réussit finalement à caler l'extrémité de sa chaussure droite dans une anfractuosité rocheuse.

— Lara !... Tiens bon !

Une vingtaine de mètres au-dessus d'elle, à genoux sur le sentier, David était en train de sortir la corde de son sac. Instinctivement, la jeune femme commença par se réjouir, puis réalisa avec angoisse que la menace venait de changer de nature. Il lui fallait absolument trouver une justification à sa présence. David fit un nœud coulant à sa corde qu'il laissa ensuite filer vers elle à toute allure.

— Passe la boucle autour de ta taille !

Lâchant le buisson de la main gauche, la jeune femme s'exécuta du mieux qu'elle pouvait.

— Resserre le nœud !... C'est bon ?

— Oui !

David se releva et, penchant légèrement le buste en arrière, prit appui de son pied gauche sur la racine responsable de l'accident.

— Vas-y !

Tandis qu'elle remontait lentement la pente à quatre pattes, hissée par la corde tendue que David ramenait à lui d'une poigne puissante, Lara mesura tout le paradoxe de la situation. Sa vie était suspendue aux mains d'un tueur en série qu'elle s'apprêtait à faire arrêter. Quelle serait sa réaction s'il découvrait la vérité ?

— Tu n'as rien ? demanda-t-il sur un ton empreint d'une réelle inquiétude, lorsqu'elle prit pied sur le sentier.

— Je ne crois pas, répondit-elle en reprenant son souffle, les jambes tremblantes.

Elle contempla ses mains écorchées jusqu'au sang. D'après les brûlures qu'elle ressentait au front et à la joue droite, son visage devait porter les traces de sa chute. Ses vêtements avaient souffert, eux aussi. Le genou droit de son pantalon était arraché, ainsi que le coude de sa polaire. David l'entoura de ses bras et la serra contre lui. Elle cherchait toujours désespérément ce qu'elle allait dire, lorsqu'il la prit de court.

— J'aime bien les surprises mais, la prochaine fois, si tu veux vraiment me faire plaisir, préviens-moi de ton arrivée. J'irai te chercher à la gare. C'est moins romantique, mais beaucoup moins dangereux que de monter par ce versant.

Soulagée par la réaction du jeune homme, Lara approuva de la tête.

— Comment une montagnarde aussi expérimentée que toi a-t-elle pu perdre l'équilibre ? lui dit David, attendri, en se penchant pour l'embrasser.

Lara ne put faire autrement que répondre à son baiser. Un terrible sentiment de malaise s'empara d'elle. Déstabilisée, elle interrompit leur étreinte.

— C'est ma faute. J'étais en train de téléphoner en marchant… Mon téléphone !

La jeune femme scruta le sol autour d'elle et découvrit son portable qui, par miracle, était resté au bord du sentier, à deux mètres de l'endroit où elle avait basculé dans le vide. En se baissant pour le ramasser, il lui sembla entendre une voix familière qui hurlait son nom. Elle le porta à son oreille.

— Carole ?

— Lara ?... Qu'est-ce qui se passe, bordel ?... C'était quoi, ce cri ?... J'ai cru que tu étais morte !... Où es-tu ?... Qui c'est, ce type ?...

Elle tenta d'endiguer le flot de questions.

— Calme-toi. Tout va bien. J'ai fait une petite chute. Je t'expliquerai plus tard. Je te rappelle, d'accord ?

— Non ! Dis-moi tout de suite ce que tu fabriques…

— Moi aussi, je t'embrasse.

Lara coupa la communication et éteignit immédiatement son téléphone. Même s'il lui en coûtait, elle ne pouvait pas répondre aux questions de son amie.

— C'est la copine avec qui je parlais tout à l'heure, se justifia-t-elle.

David ramassa la corde.

— Tu as une curieuse façon de la rassurer, dit-il, sans autre forme de commentaire. Allez, on rentre à la maison désinfecter tes blessures… Passe devant, et fais attention à toi.

Tout le long du trajet, Lara sentit peser sur ses épaules le regard du jeune homme. *Pensait-il vraiment qu'elle était venue pour lui, ou bien sa naïveté amoureuse était-elle feinte ?... Mais pourquoi l'aurait-il soupçonnée, elle, une petite étudiante sans histoire ?*

Lorsqu'ils furent rentrés à la ferme, il mit de l'eau à chauffer pour préparer un thé, puis alla chercher sa trousse de premier secours dans la salle de bains. Devant ces multiples attentions, Lara se sentait de plus en plus mal à l'aise. Il lui vint à l'esprit qu'elle devrait peut-être lui dire la vérité. Si elle le persuadait de se rendre à la police, il en serait tenu compte lors du procès. « Les abeilles sont les messagères de l'harmonie qui règne dans la Nature », disait-il. D'une certaine façon, il avait commis ces meurtres par amour.

Des coups frappés à la porte vinrent interrompre sa réflexion. Avec un soupir d'agacement, le jeune homme alla ouvrir. L'homme qui se tenait dans l'embrasure devait avoir une quarantaine d'années. Grand et massif, il portait une veste de cuir noir sur un col roulé bleu marine, un pantalon ample qui tombait sur une paire de paraboots Doc Martens impeccablement cirées.

— Monsieur David Lorca ?

David opina. L'homme tira de sa poche une carte jaune, barrée dans l'angle par deux traits rouge et noir, qu'il brandit devant lui.

— Inspecteur Demeyer. Police criminelle belge. Pourriez-vous m'accompagner à la gendarmerie de Die, je vous prie ? Nous aimerions vous poser quelques questions à propos de l'affaire Willmann.

Lara sursauta. Un flot de questions se mit à tourbillonner dans sa tête. *Comment Brenner connaissait-il l'existence de David ?... Pourquoi ne lui avoir rien dit ?... L'avait-il fait suivre ?... Cela signifiait que Kermadec était au courant, lui aussi. Carole avait-elle tout deviné ?*

— C'est très aimable de vous déplacer, ironisa le jeune homme, en s'effaçant pour le laisser entrer dans la pièce. Je m'attendais plutôt à recevoir une convocation de vos confrères parisiens.

La jeune femme était impressionnée par son sang-froid. Ou son inconscience. Il la désigna du doigt.

— Vous permettez que j'emmène d'abord mon amie chez le médecin ? Elle a fait une mauvaise chute. Je vous rejoindrai à la gendarmerie.

— Ne perdons pas de temps, répondit l'homme. Je préfère que vous veniez avec moi. Elle n'a qu'à prendre votre voiture.

David se dirigea vers le réchaud à gaz et éteignit le feu.

— Tant pis pour le thé, dit-il d'un air désolé à Lara, qui ne comprenait toujours rien à la situation.

Au moment où elle se levait, il saisit la queue de la casserole posée sur le réchaud, pivota brutalement et jeta l'eau bouillante à la figure du policier. Celui-ci poussa un hurlement de douleur et se plia en deux, avant de se ruer à l'aveuglette vers l'évier tout proche, les deux mains battant l'air devant lui. Horrifiée, Lara voulut lui porter secours, mais David la saisit par la main et l'entraîna à l'extérieur.

— Tu es complètement malade ! cria-t-elle, en tentant de retirer sa main.

— Ce n'est pas un flic ! répondit-il sans la lâcher, l'obligeant à courir jusqu'au vieux Land Rover garé à l'arrière de la bâtisse.

— Quoi ?

Il la regarda dans les yeux et libéra sa main.

— Ce mec n'est pas un flic ! C'est un tueur ! Monte vite !

Malgré l'apparente contradiction, son instinct lui commanda d'obéir. Elle se rua à l'intérieur du véhicule. David mit le contact. Le diesel toussa avant de se mettre en marche. Les vibrations de la carcasse métallique se transmirent jusque dans les sièges. Le jeune homme enclencha la première et fit patiner les roues. En passant devant la ferme, ils aperçurent la silhouette d'un homme qui franchissait la porte, puis une BMW grise garée sur le côté.

— Il va porter secours à son acolyte, dit David.

— Mais qui sont ces types ? demanda la jeune femme, qui se cramponnait au tableau de bord tandis que leur véhicule faisait des bonds sur le chemin de terre.

— Les chiens de garde de Willmann ! Ou plutôt ses chiens d'attaque !

Le 4 × 4 aborda la route goudronnée et s'y engagea dans un crissement de pneus.

— Comment le sais-tu ?

— Le jour où nous sommes allés manifester à Bruxelles, ils étaient cinq ou six, comme lui, à protéger l'entrée de l'immeuble. Quand tu as pris leurs coups de pied dans les côtes, tu n'oublies pas comment ils étaient chaussés !

— Les flics belges ne peuvent pas porter des Doc Martens ?

— Si, bien sûr. Mais ils ne peuvent pas venir te chercher à ton domicile sans leurs collègues français. Tu ne l'as pas appris, à la fac ?

Un assassin lui donnait des leçons de droit !... Elle jeta un coup d'œil dans son rétroviseur extérieur.

— Ils sont derrière nous ! Accélère !

— Je suis à fond !

— On aurait dû prendre la moto !

— On aurait pu… Si elle n'était pas au garage. Mets ta ceinture !

Tout en conduisant d'une main, le jeune homme boucla la sienne tant bien que mal.

— Ils se rapprochent !

David estima la progression de la BMW dans le rétroviseur.

— Tu as déjà pris l'avion ?

— Je ne vois pas le rapport.

— À la sortie du prochain virage, tu te mettras en position de sécurité, la tête entre les genoux, d'accord ?

— Ils vont nous rentrer dedans !

— Fais ce que je te dis !

Après avoir pris la courbe sur les chapeaux de roue, le jeune homme appuya sur la pédale de frein de toutes ses forces. Le Land Rover s'immobilisa dans une insoutenable odeur de caoutchouc brûlé. David serra le frein à main, raidit les bras sur le volant, se colla contre le siège et tendit les jambes devant lui. Lorsque la BMW sortit du virage, en pleine accélération, le chauffeur n'eut pas le temps de réagir. La voiture percuta l'arrière du 4 × 4 qu'elle propulsa vers l'avant sur une vingtaine de mètres. David desserra le frein à main et repartit aussi vite que le lui permettait son véhicule. Sonnée par le choc, Lara se redressa et lui demanda s'il avait d'autres idées du même acabit.

— Avec un peu de chance, ils y ont laissé un élément vital du train avant ou de la direction, expliqua le jeune homme.

Anxieuse, sa passagère scruta son rétroviseur.

— Désolée de te décevoir, mais ils sont repartis.

David laissa échapper un sifflement admiratif et commenta sobrement.

— La robustesse allemande n'est pas une légende.

Ils parvinrent à l'embranchement de la route départementale, protégée par un panneau « stop ». Une voiture arrivait sur leur gauche. Le jeune homme alluma les feux de route et appuya sur l'avertisseur sans discontinuer. Bien qu'il fût prioritaire, le conducteur de la Ford Fiesta comprit que le Land Rover ne s'arrêterait pas et s'immobilisa au dernier moment, actionnant à son tour le klaxon, seul moyen de manifester sa colère devant une violation aussi éhontée du Code de la route.

David tourna sèchement à gauche dans une gerbe de gravillons qui lui autorisèrent un dérapage providentiel. Quelques secondes plus tard, leurs poursuivants opérèrent la même manœuvre, sous les yeux médusés de l'automobiliste qui en oublia de redémarrer.

— Et maintenant ? questionna Lara en contemplant la ligne droite qui s'étirait devant eux.

— Soit ils nous doublent pour nous forcer à nous arrêter…

Le bruit d'une détonation interrompit la réponse.

— Soit ils nous tirent dessus !…

David entama une série de zigzags afin d'empêcher le tireur d'ajuster ses coups.

Violemment ballottée dans tous les sens, Lara protesta :

— Tu veux nous tuer ?

— Moi, non !... Eux, oui !

Plusieurs projectiles touchèrent la carrosserie, mais les pneus ne furent pas atteints. Alors qu'ils approchaient du passage à niveau situé trois kilomètres avant l'entrée de la ville, le feu rouge se mit à clignoter. Par réflexe, Lara consulta sa montre. Pourquoi ce fichu train était-il à l'heure ?... Les demi-barrières commencèrent à s'abaisser de chaque côté de la voie ferrée qui traversait la route au milieu d'un « s » très prononcé. Sur leur droite, le TER Briançon-Valence sortait du tunnel et fonçait vers eux à pleine vitesse.

— Le radiateur est crevé ! s'écria David, triomphant.

Derrière eux, le capot de la BMW laissait s'échapper une épaisse fumée blanche. Avec un peu de retard, le stratagème portait ses fruits. À l'entrée du premier virage, le jeune homme rétrograda pour récupérer un peu de puissance et accéléra à fond. Moteur hurlant, ils percuta la demi-barrière qui vola en éclats.

Au passage du revêtement de bois, légèrement bombé, qui protégeait les rails, le Land Rover fit un bond et décolla de quelques centimètres. Au moment d'aborder le deuxième virage, un mouvement de roulis s'empara du véhicule, déséquilibré par l'enchaînement trop brutal des courbes. David tenta désespérément de garder le contrôle, mais chaque coup de volant semblait agir à contretemps et ne faisait qu'aggraver la situation. En dépit de tous ses efforts, il ne parvint pas à redresser le 4 × 4, qui fonça droit vers le champ de tournesols. À son tour, la

BMW tenta de forcer le passage. Mais son conducteur n'avait pas anticipé la perte de puissance brutale due à la surchauffe du moteur. Il lui manqua deux mètres. La motrice percuta la berline de plein fouet dans une gerbe d'étincelles. Au même moment, David vit les tournesols frapper son pare-brise au ralenti, comme dans un film, tandis qu'il continuait de s'accrocher au volant, pourtant devenu inutile. Sans émotion aucune, Lara songea qu'elle allait mourir jeune, imagina le chagrin de ses parents et la colère de Carole. Le Land Rover se coucha sur le côté gauche dans un terrible fracas et poursuivit sa course folle pendant de longues secondes avant de s'immobiliser dans un nuage de poussière le long du remblai de la voie ferrée. Le vacarme infernal du train qui les frôlait en poussant devant lui la carcasse de la BMW disloquée, dans un hurlement de tôles déchirées, vrilla leurs tympans.

17.

Contrecoup

Kermadec en était resté abasourdi. Le récit des aventures de Lara dépassait tout ce qu'il avait entendu au cours de sa longue carrière de flic, pourtant jonchée de scénarios tordus. L'histoire paraissait tellement invraisemblable qu'il avait même cru que Carole se moquait de lui. Était-ce l'influence de la télé-réalité, qui donnait aux anonymes la possibilité de voir s'accomplir la fameuse prédiction d'Andy Warhol, selon laquelle chacun aurait droit à son quart d'heure de célébrité ?... Cette gamine, à peine débarquée dans son service, venait de passer de l'autre côté du miroir et se retrouvait au cœur – dans tous les sens du terme – d'une affaire totalement inédite. La situation était plus que déconcertante. « Mettez-vous à sa place ! » avait fini par lâcher Carole, pour justifier l'attitude de sa protégée. Facile à dire. Tous les assassins qu'il avait traqués étaient des hommes. Quoique… En y réfléchissant bien, certaines de leurs compagnes, complices plus ou moins consentantes surprises en leur compagnie au saut du lit, lui avaient quelquefois inspiré des sentiments un peu troubles. Avec l'âge, il savait que la vie est plus souvent affaire de circonstances que de véritables choix.

Il croyait avoir eu le temps de digérer les faits au cours du trajet entre Paris et Valence, mais s'aperçut, en retrouvant Lara à l'hôtel de police, qu'il n'en était rien. La jeune femme avait l'air tellement désemparée qu'il l'aurait volontiers prise dans ses bras, mais il ne savait plus très bien comment se comporter avec elle. Comme si elle avait trahi la famille. Ou était atteinte d'une maladie dont on n'osait même pas prononcer le nom. Carole n'eut pas ce genre de scrupule et se précipita vers son amie, qu'elle serra longuement contre elle, tandis que lui restait en retrait, gêné. Il ne pouvait pas non plus se décider à lui faire des reproches. Après tout, c'est le hasard qui l'avait mise sur la route de cet assassin, lui permettant de résoudre en quelques jours une affaire qui aurait pu mobiliser le service des mois durant. À contrecœur, le commissaire dut alors se rendre à l'évidence : il éprouvait un sentiment de jalousie. Sa raison balaya aussitôt cette idée ridicule. Bien sûr, il avait de la tendresse pour elle. Bien sûr, il voulait la protéger. Mais il ne pouvait être amoureux d'elle. Pour un homme de son âge, qui se prétendait revenu de toutes les illusions, c'était un adjectif périmé depuis longtemps.

Lara se détacha de Carole et s'approcha de lui.

— Je suis désolée, dit-elle d'un air contrit.

Spontanément, il se pencha, posa une main sur son épaule et l'embrassa pour la première fois depuis qu'ils se connaissaient. Ce simple geste le soulagea plus qu'il n'aurait voulu l'admettre. Carole ne put retenir un sourire.

— Vous avez fait du bon boulot, s'entendit-il rétorquer, d'une voix où perçait l'émotion. Et je suis très heureux que vous en soyez sortie sans casse.

Lara prit un air enjoué.

— La chance fait partie du métier, n'est-ce pas ?

Kermadec fronça les sourcils et fit une tentative – infructueuse – pour se rendre menaçant.

— C'est le moins qu'on puisse dire, effectivement. Mais je vous conseille de ne pas renouveler l'expérience.

— Statistiquement, j'ai peu de risque de me trouver deux fois dans une situation pareille.

Décidément, elle avait réponse à tout. Et elle était beaucoup moins fragile qu'elle ne paraissait. Ou alors elle faisait très bien semblant. Ce qui revenait au même.

Un gardien de la paix vint chercher Kermadec. Celui-ci lui emboîta le pas jusqu'à la salle où David était installé, tandis que les deux jeunes femmes gagnaient la pièce voisine, afin d'assister à l'interrogatoire à travers le miroir sans tain qui occupait l'un des murs, en compagnie de plusieurs fonctionnaires de police. Lorsqu'elle découvrit le jeune homme, Carole murmura à l'oreille de Lara :

— Même moi, je te comprends.

Le policier s'assit face à David, dont l'avant-bras gauche était entièrement bandé. Lorsque la camionnette s'était couchée sur le côté, la vitre avait explosé, lui causant plusieurs coupures, dont certaines assez profondes avaient nécessité plusieurs points de suture.

— Bonjour, monsieur Lorca. Je suis le commissaire Yvon Kermadec, de la Brigade criminelle. Vous connaissez la raison de votre présence ici, je suppose ?

Le jeune homme joua l'étonnement.

— Pas du tout. Et j'espère que vous allez m'expliquer pourquoi la police me traite comme un voyou alors qu'on vient de tenter de m'assassiner. D'autre part, je tiens à vous signaler que Mlle Varani n'a rien à voir dans cette affaire.

Kermadec, qui observait son interlocuteur avec attention, apprécia l'humour involontaire de sa dernière phrase. L'homme avait l'air plutôt sympathique. Solide. Compact même. Son numéro d'indignation sonnait juste. Il semblait agacé, mais pas inquiet. Tout comme Carole, le commissaire concevait facilement pourquoi Lara était tombée sous le charme et ne décelait *a priori* rien d'anormal dans sa personnalité. Cela lui fit plaisir. Il n'aurait pas aimé qu'elle s'éprît de quelqu'un qui ne fût pas à la hauteur. Cette pensée lui procura le sentiment rassurant d'être comme un père pour elle. De cette façon, toute ambiguïté levée, il se sentait autorisé à l'aimer, et retrouvait sa capacité à juger avec sérénité.

D'entrée, il joua cartes sur table et tenta de déstabiliser David en lui expliquant en détail comment Lara l'avait démasqué. Le jeune homme l'écouta avec attention, sans l'interrompre, puis le fixa droit dans les yeux.

— Vous êtes sérieux ?

— Je suis comme tout le monde. Il peut m'arriver de plaisanter dans le travail… mais jamais avec les suspects.

Depuis la pièce voisine, Lara observait attentivement le jeune homme, qui ne laissait rien paraître de ses émotions. À se demander même s'il en éprouvait. Il renversa la tête en arrière et se mit à rire en silence pendant quelques secondes.

— Moi qui croyais qu'elle avait une folle envie de me voir !... En fait, elle me suivait pour me piéger !... Et je m'inquiétais pour elle !

Il montra du doigt le miroir placé face à lui.

— Je suppose qu'elle attend avec impatience les aveux qui viendraient couronner sa brillante enquête.

Instinctivement, la jeune femme recula, comme si, tout à coup, David pouvait la voir. Un désagréable sentiment de culpabilité s'empara d'elle. Carole passa un bras autour de son épaule. Kermadec fit une mise au point.

— Nous sommes au service de l'État, monsieur Lorca. Il n'y a rien de personnel dans notre travail. C'est vous qui auriez beaucoup à gagner en faisant des aveux complets.

Le jeune homme continua de fixer le miroir.

— Vous aimeriez que je vous explique pourquoi les dirigeants des laboratoires Willmann sont morts ?

Kermadec opina de la tête d'un air bienveillant et précisa sa demande.

— Pourquoi et comment. Sans rien omettre.

David planta de nouveau son regard dans le sien.

— Connaissez-vous la formule d'Einstein, commissaire ?

Le policier haussa les épaules.

— $E = mc^2$.

— « Si les abeilles devaient disparaître, l'homme n'aurait plus que quatre années à vivre. »

Imperturbable, Kermadec attendit l'explication.

— Bien sûr, il savait que ces merveilleux insectes assurent 80 pour cent de la pollinisation des plantes à fleurs et que, sans elles, la Nature ne se reproduirait quasiment plus. Mais il voulait surtout dire que leur disparition provoquerait une rupture définitive de l'équilibre écologique global. Et cette catastrophe est en train de se produire sous nos yeux. Chaque année, un quart des ruches françaises disparaît ! Aux États-Unis, ils en ont perdu la moitié ! Comme les apiculteurs ne peuvent pas renouveler le cheptel au même rythme, la population des abeilles domestiques baisse inexorablement. Et il en va de même pour les essaims sauvages, sans qu'on puisse mesurer l'ampleur exacte de cette terrible hécatombe, joliment baptisée *Colony collapse disorder* par certains scientifiques qui ont le goût de l'euphémisme…

David laissa passer quelques instants avant de reprendre.

— Les agriculteurs français, soi-disant gardiens de la Terre, sont parmi les plus grands utilisateurs de pesticides au monde, juste derrière les Américains et les Japonais. Et les abeilles, qui sont en première ligne face au poison, paient cette inconscience au prix fort.

Son ton doctoral commençait à agacer Kermadec, mais il avait l'habitude. Une fois pris au piège, certains meurtriers adoraient ce genre d'exercice. C'était leur baroud d'honneur. Une volonté de démontrer, pour la dernière fois, qu'ils étaient les plus malins. Il fallait en permanence les ramener à l'essentiel.

— Et vous pensiez régler le problème en assassinant les fabricants de pesticides ?

Le jeune homme sourit de toutes ses dents.

— Il ne s'agit pas de moi, commissaire. Que peuvent de simples militants écologistes contre les laboratoires pharmaceutiques, les grands groupes agroalimentaires et les compagnies pétrolières, alors que les chefs d'État eux-mêmes sont à leur merci… ou plutôt à leur service ?

Kermadec sentit qu'il était sur la bonne voie. Les coupables ont toujours besoin de se justifier. Ne serait-ce qu'à leurs yeux.

— Saviez-vous qu'Artur Willmann appartient à cette bande de vautours qui a essayé d'interdire la diffusion de médicaments génériques contre le sida en Afrique du Sud ? Trente-neuf laboratoires refusant de perdre un centime de leurs insolents profits, au mépris de millions de vies humaines !

Intérieurement, le policier dut admettre que, pour une fois, le discours n'était pas dénué de fondement, mais son auteur négligeait un point de droit essentiel qu'il se fit un devoir de lui rappeler.

— Si Willmann était un dictateur, s'attaquer à lui serait un acte de résistance. Dans une démocratie, c'est du terrorisme. On ne lutte pas contre l'injustice par d'autres injustices.

Lara se souvint d'avoir utilisé quasiment la même formule en allant à Deauville. Au léger sourire de David, elle sut qu'il venait d'y penser aussi.

— La dictature de l'argent est invisible. Là réside son énorme avantage… et l'essentiel de sa force.

— C'est vrai, mais je vous rappelle que, sous la pression internationale, les laboratoires ont fini par renoncer au procès.

Le jeune homme jeta un nouveau coup d'œil vers le miroir.

— Vous avez raison. Je vais faire confiance à notre belle justice démocratique et poursuivre Artur Willmann pour tentative de meurtre. Avec un témoin comme Mlle Varani, David devrait terrasser Goliath, n'est-ce pas ?

Peu désireux de se laisser entraîner sur ce terrain, Kermadec tenta, une fois encore, de recadrer l'interrogatoire.

— Si nous en revenions aux faits ?

David répliqua tranquillement.

— Vous voulez des faits ?... Durant la seconde moitié du XXe siècle, l'homme a détruit 50 pour cent de la vie de la planète. Dans quarante ans, c'est-à-dire demain, elle ne sera plus capable de nourrir la majorité de ses habitants. L'eau potable sera tellement rare qu'elle vaudra plus cher que le champagne. Les forêts tropicales, qu'on détruit au rythme d'un terrain de football toutes les six secondes, auront entièrement disparu. Le parc automobile mondial aura doublé : deux milliards de véhicules pour lesquels les hommes arracheront coûte que coûte ses dernières gouttes de pétrole à la Terre. À moins qu'une catastrophe nucléaire – accident ou guerre, au choix – ne règle la question une fois pour toutes. La seule chose dont on peut être sûr, c'est que, quel que soit le cas de figure, la planète s'en remettra. Et dans quelques centaines ou quelques milliers d'années, l'homme et sa vanité ne seront plus qu'un souvenir.

Le policier poussa un soupir d'agacement.

— Je vais peut-être vous surprendre, mais je suis entièrement d'accord avec vous. Malheureusement, ce n'est ni le lieu, ni le moment pour ce genre de débat. Et de toute façon, ni vous ni moi ne changerons la face du monde… Si vous me parliez plutôt des meurtres ?

Le jeune homme croisa les bras et soutint son regard sans ciller.

— Croyez bien que je suis sincèrement désolé, surtout par rapport au remarquable travail accompli par votre stagiaire de choc. Mais je ne peux pas vous aider.... Puisque je n'y suis pour rien.

— Vous me décevez, mon cher David. Je croyais avoir affaire à un homme intelligent…

Le jeune homme l'interrompit d'un geste de la main.

— Je vous en prie, commissaire. La flatterie est précisément une insulte à l'intelligence.

Kermadec ne se laissa pas détourner du but.

— Vous allez vous obstiner à nier l'évidence, comme un criminel de bas étage ?

Une fois de plus, le jeune homme laissa son regard se diriger vers le miroir.

— N'avez-vous jamais constaté, au cours de votre carrière, qu'apparence et évidence se ressemblaient parfois comme deux gouttes d'eau ?... Ce matin, votre collaboratrice était déjà convaincue de ma culpabilité. Donc, elle n'a vu que ce qu'elle voulait voir.

Lara se sentit profondément blessée. Elle aurait tellement aimé qu'il fût innocent.

— Et qu'aurait-elle dû voir, selon vous ? demanda Kermadec, feignant d'accorder la plus grande attention à son interlocuteur.

— Depuis une trentaine d'années, les apiculteurs du monde entier se battent contre le varroa, un parasite originaire d'Asie, surnommé le « vampire de l'abeille », qui a causé la perte de centaines de milliers de ruches. La femelle de cet acarien, qui mesure entre un millimètre et un millimètre et demi, s'accroche aux abeilles grâce à des ventouses situées à l'extrémité de ses huit pattes et aspire leur hémolymphe après les avoir piquées.

Le commissaire se dit que la partie ne serait pas aussi facile qu'il l'avait cru de prime abord. David le baladait dans son monde, selon sa propre logique, et il ne pouvait que le suivre, en attendant les opportunités de le mettre face à ses contradictions. Toutefois, il devait reconnaître qu'il appréciait l'exercice. Chaque interrogatoire était une partie d'échecs passionnante qui constituait le sel de son métier, surtout lorsque s'y ajoutait, comme en ce moment, la découverte d'un univers inconnu. Se cultiver en travaillant, c'était un sacré privilège.

— Comme dans la médecine classique, poursuivit le jeune homme, on a commencé par traiter les ruches à l'aide de produits chimiques. Avec les mêmes risques et les mêmes inconvénients, notamment l'apparition des phénomènes de résistance. Puis on est passé aux traitements alternatifs, à base de substances naturelles. Mais on s'est également aperçu que certaines colonies d'abeilles sauvages avaient résisté au varroa, sans l'aide de l'homme, grâce à un comportement naturel de nettoyage intensif. À l'instar de plusieurs de mes confrères, je travaille depuis un certain temps sur la sélection de ces abeilles, dites « hygiéniques », dont je teste le comportement face au parasite, dans une ruche isolée, pour des raisons de sécurité sanitaire évidentes. Aujourd'hui, il m'a fallu la détruire parce que l'expérience avait échoué.

Kermadec ne s'attendait pas à un argument aussi original, impossible à contrer pour l'instant. Carole regarda Lara avec une petite moue signifiant : « Il est très fort. » La jeune femme mourait d'envie de se précipiter dans la pièce pour hurler à David de cesser cet insupportable jeu.

Elle l'aurait volontiers frappé jusqu'à ce qu'il avouât la vérité, et ce brusque accès de violence intérieure lui fit peur. De quoi serait-elle capable si elle possédait la force d'un homme ?... David rompit le silence avec un zeste d'ironie.

— Avec l'expérience, vous devez savoir que la vérité est souvent d'une simplicité biblique, non ?

Le commissaire, qui cherchait comment jouer le prochain coup, fut tiré d'embarras par la sonnerie de son portable. Il le sortit de sa poche pour connaître l'origine de l'appel.

— Tu aimeras ton prochain comme toi-même, dit-il en se levant.

Carole et Lara le rejoignirent dans le couloir, où il faisait les cent pas, la tête baissée, acquiesçant par des marmonnements aux propos de son interlocuteur. Lorsqu'il releva la tête après avoir raccroché, il vit deux regards interrogateurs braqués sur lui.

— Franck vient d'avoir la réponse officielle de Cubana airlines. Notre homme était bien dans l'avion pour Cuba le jour du double meurtre, dit-il sur le ton d'une banale constatation.

Lara sentit le sol se dérober sous ses pieds, comme si la corde que David lui avait lancée dans le ravin s'était brutalement rompue. C'était la meilleure et la pire nouvelle qu'on lui eût jamais annoncée.

— Il a peut-être des complices, suggéra Carole, après un instant de réflexion.

Lara fut presque soulagée par cette hypothèse qui préservait, si elle s'autorisait ce paradoxe, la culpabilité du jeune homme. Elle s'y raccrocha pour enrayer sa chute. D'ailleurs, l'éventualité qu'il s'agît d'une bande organisée avait été évoquée par le commissaire Brenner lui-même, dès l'annonce de l'attaque au club de tennis. Le téléphone de Kermadec sonna de nouveau. Cette fois encore, la conversation fut brève. D'ailleurs, ce n'en était pas vraiment une, puisque le policier se contenta, comme précédemment, d'émettre des grommellements approbatifs. Il regarda Lara d'un air désolé. Avant même qu'il n'eût ouvert la bouche, celle-ci avait compris.

— L'apiculteur qui est allé examiner la ruche vient de confirmer que ses occupantes étaient infectées par le varroa. Et ce ne sont pas des abeilles africanisées.

Carole vit Lara pâlir. Elle essaya de dédramatiser la situation.

— Finalement, il est innocent… C'est génial, non ?

Lara eut un pauvre sourire. Kermadec préféra s'abstenir de tout commentaire. Même si ce retournement de situation signifiait que l'enquête repartait de zéro, il était plutôt satisfait que le jeune homme ne fût pas coupable. L'intelligence au service du mal lui avait toujours semblé une alliance contre nature.

— Je vais lui présenter mes excuses. Je suppose que vous voudrez lui parler ?

La jeune femme poussa un soupir résigné.

— Je doute que lui en ait envie, dit-elle en insistant sur le pronom personnel.

Après quelques minutes interminables, le policier ressortit de la salle d'interrogatoire et invita Lara à le remplacer avec un petit signe d'encouragement.

À l'intérieur, David se tenait debout à côté de la table. Il la regarda entrer sans manifester la moindre émotion. Ni tristesse, ni colère. Un vide abyssal les séparait. Tandis qu'elle refermait la porte, il prit la parole dans son dos.

— Le commissaire a l'air de vraiment t'apprécier. Il a beaucoup insisté pour que je te laisse plaider ta cause, mais je tiens à te dire qu'elle est perdue d'avance.

Malgré ce préambule dissuasif, Lara se retourna et alla droit au but. Elle avait tellement attendu cet instant que les mots jaillirent spontanément.

— Tu vis dans un monde tellement différent du mien. Quand nous nous sommes rencontrés, je me suis dit que le côté flic te déplairait *a priori*. C'était un petit mensonge sans conséquence. Presque un réflexe. J'ai vite compris que c'était ridicule. Mais le mensonge est un piège dont on est à la fois le gardien et le prisonnier. Le problème, c'est de trouver le bon moment pour en sortir... Le hasard ne m'en a pas laissé le temps. Cette succession de coïncidences te désignait comme le coupable idéal… Je suis désolée.

David hocha la tête.

— Je te sauve la vie deux fois de suite, et toi, à peine tirée d'affaire, tu appelles les gendarmes pour qu'ils me passent les menottes... On ne t'a jamais dit que la confiance était le ciment d'un couple ?

Ces mots, prononcés d'un ton neutre, lui firent plus mal que des insultes. Elle essaya de se défendre. Maladroitement.

— Nous n'étions pas encore un couple.

Il lui porta l'estocade.

— Dans ce cas, ce n'est même pas une rupture.

Et il quitta la pièce en prenant soin de ne pas la frôler.

18.

Appel de fonds

Le soleil du matin s'extirpa brutalement des nuages et vint frapper de plein fouet le pare-brise du fourgon blindé. Ébloui par les rayons obliques, le chauffeur cligna des yeux et saisit la paire de Ray-Ban posée sur le tableau de bord. Idéal pour une attaque, songea-t-il en chaussant les lunettes, avec une inquiétude qui lui fit crisper les mains sur le volant. Daniel Blain travaillait comme convoyeur de fonds depuis plus de vingt ans, et il se souvenait encore parfaitement de l'excitation des débuts, lorsque la chemise bleue à épaulettes, la casquette avec l'écusson d'argent aux initiales de la société de transport et le colt à la ceinture lui donnaient le sentiment exaltant d'être un flic américain. Hélas, cette époque était révolue. Bien que, personnellement, il n'eût jamais rencontré le moindre problème, chaque attaque de fourgon, chaque convoyeur abattu ou blessé quelque part en France, avaient fait de la peur une compagne familière qui s'était glissée peu à peu sous son uniforme de héros désabusé et lui collait à la peau, même en dehors des heures de service.

En cas d'agression, ne pas se défendre constituait la seule chance de sauver sa peau. Les braqueurs étaient équipés depuis longtemps d'un véritable arsenal de guerre qu'ils utilisaient pour pulvériser les cabines de conduite et, malgré le blindage qui l'entourait, le chauffeur se sentait aussi nu qu'un cycliste sur une autoroute. Il se méfiait des véhicules qui le suivaient de trop près, ceux qui ne le dépassaient pas assez vite ou ceux qui ralentissaient brutalement devant lui. À ses yeux, tout le monde était suspect, par principe. Au point qu'il était allé un jour, sans en parler à personne, consulter un psychothérapeute réputé de Montpellier afin de s'assurer qu'il n'était pas atteint de paranoïa aiguë.

Avant d'aborder le virage devant la petite église de la Corniche, il rétrograda et jeta, comme chaque fois, un coup d'œil nostalgique à la plage de son enfance. C'est sur cette grève qu'à quinze ans, il avait connu le frisson du premier baiser avec Aline, la serveuse du bar des Sables, de trois ans son aînée. Mais la grande histoire retiendrait seulement que Georges Brassens, natif de la ville, avait magnifié cet endroit dans l'inoubliable *« Supplique pour être enterré sur une plage de Sète »*.

Jean-Claude, l'un des collègues avec qui le chauffeur avait fait équipe durant près de huit années, venait de prendre sa retraite et il allait probablement l'apercevoir dans quelques minutes, à l'entrée de Sète, sa canne à pêche à la main, enfin libre. La

Méditerranée, c'était la seconde mère de tous ceux qui étaient nés à proximité de son rivage. Mais il y avait les bienheureux marins-pêcheurs, qui passaient leur vie à glisser sur son dos, et les besogneux, comme eux, qui devaient se contenter de caresses occasionnelles.

Daniel, qui appartenait à la catégorie très répandue des « Je ne suis pas raciste, mais quand même… », avait eu la désagréable surprise de voir un jeune issu de l'immigration, comme on disait pudiquement à présent, prendre la place de Jean-Claude à ses côtés. Au cours de ses fréquentes insomnies, sa méfiance obsessionnelle l'avait amené à se poser des questions sur les véritables motivations du jeune homme. Et si ce dernier était une taupe envoyée par un gang ? S'il était entré dans la société pour les espionner et renseigner ses complices sur leurs trajets, leurs habitudes ?... Le cas s'était déjà produit du côté de Marseille, quelques années auparavant. Un convoyeur avait braqué ses collègues, les forçant à s'arrêter à l'endroit où ses complices les attendaient. Certes, l'avantage de cette méthode, c'est que personne n'était blessé.

Daniel regarda Karim du coin de l'œil avec un certain agacement. Les écouteurs du discman vissés dans les oreilles, volume à fond, ce dernier tapotait ses cuisses du bout des doigts au rythme d'une musique « de sauvage » dont les échos envahissaient la cabine. Non content de rejeter ostensiblement les valeurs culturelles de son aîné, qui ne jurait que par Michel Sardou, le gamin s'amusait à porter la casquette de la société à l'envers dès qu'il montait dans le fourgon, malgré le sermon que Daniel lui avait prodigué, le premier jour, sur le respect de l'image.

Alors qu'ils approchaient de la ville, le soleil repassa derrière un nuage, et les milliards d'étincelles qui brillaient à la surface de la Méditerranée s'éteignirent d'un coup, faisant perdre une grande partie de son charme à la route de la Corniche.

Le chauffeur reposa ses lunettes. Comme il s'y attendait, Jean-Claude était posté au pied du môle, côté mer, debout sur les vestiges d'un blockhaus à demi noyé dans l'eau. Il donna un petit coup de klaxon. Son ami se retourna et leva la main dans leur direction. Ce simple geste lui réchauffa le cœur. Encore quelques années et, avec un peu de chance, il serait à ses côtés. Ils avaient même projeté d'acheter un petit bateau pour connaître à leur tour l'ivresse du large.

Daniel fit un petit signe de l'index à Karim pour lui signifier qu'il devait, un, arrêter la musique, deux, mettre sa casquette à l'endroit et trois, se concentrer. Le jeune homme s'exécuta sans se presser, avec l'air condescendant de celui qui sait parfaitement ce qu'il a à faire. Le fourgon descendit la rampe Paul-Valéry – autre enfant illustre de la cité – en direction du canal de Sète qui, transperçant la ville du nord au sud, relie la Méditerranée à l'étang de Thau, réputé pour ses élevages d'huîtres et de moules. Le quai, étroit et toujours encombré, représentait pour le chauffeur un véritable cauchemar. Et c'était encore pire l'été, lorsque le flot des touristes déambulait paresseusement entre les voitures. Il lui rappelait également l'un de ses souvenirs de jeunesse les plus douloureux. À l'âge de vingt-trois ans, alors qu'il participait au tournoi de joutes nautiques, événement majeur des fêtes de la Saint-Louis, à la fin du mois d'août, l'extrémité métallique de la lance de son adversaire avait rebondi sur le pavois au moment du choc. Les trois pointes acérées s'étaient fichées dans son épaule droite, faisant aussitôt naître une large tache rouge sur la chemise blanche amoureusement repassée par sa mère pour cette mémorable occasion.

Il avait entendu la clameur horrifiée de la foule, vu le ciel basculer, senti le choc brutal à la surface de l'eau contre sa nuque, puis plus rien. C'est sur le quai, où les sauveteurs venaient de l'allonger après l'avoir sorti de l'eau, qu'il avait repris connaissance.

Comme avant chaque arrêt, le processus physiologique rituel se mit en route. Daniel sentit la transpiration sourdre sous ses aisselles et perler au sommet de son front ; ses mains devinrent moites ; le goût du chewing-gum, qu'il avait commencé de mastiquer quelques minutes auparavant, fut anéanti par la brusque montée d'acidité de la salive.

— Cool, man, lui lança Karim, qui avait vite appris à repérer les signaux d'angoisse du chauffeur.

Le jeune homme se leva, enjamba son siège et gagna la partie arrière du véhicule par la porte intérieure, qu'il claqua derrière lui. Quinze jours de boulot, et il se prenait déjà pour un vieux baroudeur, songea Daniel, alors qu'ils arrivaient devant la petite agence bancaire où, pour une fois, personne n'était garé sur l'emplacement réservé. Il se rangea le long du trottoir. Karim fit coulisser la porte latérale, se pencha au-dehors, regarda à droite puis à gauche, avant de sauter sur le trottoir. Gilbert, le troisième convoyeur, sortit à son tour, un sac à la main, et s'engouffra dans la banque. Karim resta en position à côté de la porte, la main droite posée sur la crosse de son revolver, comme on le lui avait appris, mais sans réelle conviction. Il faisait son travail dans les règles, mais n'avait jamais eu l'intention de risquer sa vie pour sauver l'argent des autres. Daniel l'observait attentivement dans le rétroviseur extérieur.

Ces courts instants, durant lesquels le véhicule était immobilisé et ouvert – offert ? –, généraient toujours chez lui un stress intense. Depuis le départ de Jean-Claude, la tension était encore montée d'un cran, car il se demandait à chaque fois comment le gamin se comporterait en cas de problème. Les minutes semblaient durer des heures. Trop absorbé par sa surveillance, il ne vit pas la moto s'arrêter sur sa droite. Pendant que le pilote se penchait pour glisser une cale de bois sous la roue avant du camion, son passager descendit d'un bond, ouvrit rapidement le sac à dos qu'il portait sur le ventre, en sortit un bocal en verre dont il dévissa le couvercle et, au moment où il franchissait l'avant gauche du fourgon pour se retrouver face au jeune convoyeur, donna deux claques sèches sur le fond du bocal. Avant que Karim ne comprît ce qui se passait, les premières abeilles fondaient sur son visage. Agitant les bras en tous sens, il fit demi-tour et se sauva à toutes jambes. Mû par un réflexe de défense, Daniel, qui avait vu le motard surgir dans son champ de vision en même temps que son équipier, saisit son arme et ouvrit la porte, mais la referma aussitôt lorsqu'il réalisa le danger. Ni son imagination, pourtant fertile, ni les séances de formation ne l'avaient préparé à ce mode d'agression inédit. Trois ou quatre abeilles profitèrent de cette brève opportunité pour pénétrer dans la cabine et entamèrent une danse furieuse contre le pare-brise, cherchant désespérément une issue. Le chauffeur se colla à son siège, tétanisé. Dehors, l'homme avait rangé son bocal et sorti un second qu'il ouvrit avec la même dextérité, avant de le secouer en direction de la porte vitrée de la banque. Un épais nuage d'abeilles occupait maintenant l'espace, dissuadant quiconque d'approcher.

Une secousse indiqua au chauffeur pétrifié que le motard, protégé par sa combinaison en cuir, ses gants et son casque intégral, venait de monter dans le fourgon. Dans le sas de la banque, il aperçut Gilbert qui gesticulait, le colt à la main, tout aussi impuissant que lui. Les employés avaient certainement prévenu la police. Elle serait là dans quelques minutes. Bon sang ! Il avait oublié de donner l'alerte ! Du bout du doigt, il appuya sur le bouton d'alarme qui les mettait automatiquement en liaison avec le central et communiquait leur position par GPS. À droite, la moto s'était avancée. Par réflexe, Daniel nota le numéro de la plaque d'immatriculation, tout en sachant qu'il était faux. La voix du régulateur résonna dans l'habitacle.

— Voiture 5, ici central ! Voiture 5, ici central ! Que se passe-t-il ?... À vous !

Ignorant que son véhicule était bloqué, il songea à démarrer pour renverser la moto. Mais il risquait de tuer le pilote. Serait-ce considéré comme un cas de légitime défense ?... Trop de réflexion empêche l'action. Un sac dans chaque main, l'homme venait de ressortir. Il repassa devant le fourgon et sauta à l'arrière de la moto qui démarra en trombe.

— Voiture 5 ! Répondez ! Êtes-vous blessé ?

Daniel reprit ses esprits et, tout en surveillant les insectes qui s'agitaient sous ses yeux, s'empara lentement du micro pour faire un bref résumé de la situation à son interlocuteur.

Sur le quai, les abeilles se répandaient comme une traînée de poudre, se jetant sur les passants, déjà nombreux malgré l'heure matinale, qui cherchaient refuge dans les boutiques environnantes.

Paniqués, les commerçants fermaient leurs portes les uns après les autres, quelques-uns baissant même le rideau de fer électrique, sans le moindre égard pour les fuyards désespérés. Courir étant une option totalement dérisoire, certains finirent par sauter dans le canal, aussitôt imités par tous ceux qui voyaient là l'unique moyen d'échapper à leurs poursuivantes. Même les marins, occupés à réparer les filets ou nettoyer le bateau, rétifs à l'idée même de baignade – car, pour eux, un homme à la mer est par principe un homme en danger – plongèrent sans réfléchir. Engoncés dans leurs vêtements, alourdis par le poids des chaussures remplies d'eau, tous traversaient le canal en direction de la rive opposée, nageant du mieux qu'ils pouvaient, avec de grands battements de bras destinés à écarter les abeilles. On aurait dit une troupe de mammifères, affolés et balourds, tentant de fuir l'attaque d'élégants félins capables de les rattraper en quelques enjambées.

Médusé, le chauffeur contemplait cette scène surréaliste, tandis qu'un lâche soulagement l'envahissait. Il venait de subir une attaque « à main armée » et s'en sortait sans la moindre égratignure. Qui plus est, sans rien avoir à se reprocher au plan professionnel. C'était le casse parfait. Il était d'ailleurs surpris que personne n'y eût songé plus tôt. Restait à savoir pourquoi Karim n'avait pas ouvert le feu sur son agresseur. Il se promit de mentionner cette question dans sa déposition officielle. À moins qu'on ne le revît pas ; ce qui constituerait la preuve irréfutable de son implication.

Les sirènes de police résonnèrent enfin derrière lui. Mais, parvenus à sa hauteur, les policiers durent se rendre à l'évidence. Il était impossible de sortir du véhicule. Il leur fallut attendre l'arrivée de l'équipe spécialisée des pompiers qui, comme leurs homologues bruxellois, entreprirent de nettoyer méthodiquement le périmètre, tandis que, sur le quai d'en face, les secouristes prenaient les rescapés en charge afin de les évacuer au plus vite. Coincé dans sa cabine, Daniel assistait à toutes ces opérations en spectateur privilégié. Dans le ciel, les hélicoptères de la Protection civile et de la gendarmerie, qui se livraient à un élégant ballet, furent bientôt rejoints par les équipes de télévision, avides de ramener les premières images de ce cambriolage hors normes. En s'abattant sur le chauffeur comme un essaim d'abeilles, les médias allaient vite se charger d'en faire un héros malgré lui.

Après une longue attente, durant laquelle celui-ci trouva finalement le courage d'écraser à coups de journal les trois abeilles affolées obstinément collées à son pare-brise, il put enfin sortir de son fourgon et retrouver Gilbert sur le trottoir. Très émus, mais pudiques, les deux hommes se serrèrent longuement la main, comme les héros d'un film catastrophe qui ont vaincu les éléments déchaînés.

— Vous avez vu notre équipier ? demanda Daniel, d'un ton volontairement soupçonneux, en se tournant vers les policiers qui les entouraient.

Le capitaine se racla la gorge.

— On l'a trouvé près du pont de la Savonnerie… Hélas, il était trop tard.

— Comment ça ? protesta le chauffeur, qui voyait sa théorie s'effondrer brutalement. Il s'est sauvé dès le début de l'attaque !

Se rendant compte que la phrase sonnait comme une accusation, il tenta de se rattraper.

— Je veux dire… Il courait tellement vite… Il n'a pas dû se faire piquer plus que les autres.

Le policier ouvrit les bras en signe d'impuissance.

— Selon les premières constatations, il a fait un choc anaphylactique. Il était probablement allergique au venin. Dans ce cas, une seule piqûre peut suffire. L'autopsie le confirmera, mais c'est l'hypothèse la plus probable.

Daniel sentit ses épaules s'affaisser sous le poids de la honte et de la culpabilité. Lui qui croyait s'en être sorti sans dommage venait d'être sérieusement touché. Il ne savait pas encore que cette blessure-là laisserait une cicatrice bien plus profonde que la lance qui, vingt-cinq ans auparavant, avait envoyé ses rêves de chevalier moderne au fond du canal.

19.

Changement de cap

« En 1992, totalement réfractaire à l'idée de jouer au petit soldat durant mon service militaire, je choisis de m'engager au titre de la coopération. On m'envoie alors au Rwanda, où je rejoins les Volontaires du progrès, une organisation humanitaire, également appelée " Volontaires aux pieds nus ".

Sur place, on me confie, sans me laisser beaucoup d'illusions, la responsabilité d'un projet apicole, en panne depuis des années à cause de l'agressivité incontrôlable des abeilles africaines. Or, après avoir observé des essaims dans la forêt durant trois mois en compagnie de deux guides rwandais qui me font profiter de leur précieuse expérience, je me rends compte que les abeilles sauvages, malgré leur tempérament caractériel, sont paradoxalement moins agressives que les occupantes, supposées domestiques, de nos ruches. Avec un léger enfumage, nous pouvons même nous livrer à quelques manipulations. Afin de poursuivre nos observations, nous décidons de ramener à M'Bazi, ville où nous sommes basés, une douzaine de ruches pleines, les unes d'essaims sauvages " cueillis " dans la forêt, les autres d'essaims achetés aux paysans qui pratiquent l'apiculture traditionnelle.

Après les avoir chargées sur le plateau de la vieille camionnette Peugeot 404, inusable pick-up français, nous faisons la route de nuit pour transporter les insectes en toute quiétude. C'est une opération de transhumance courante en Europe. Hélas, nous prenons un peu de retard sur l'horaire prévu, et les premiers rayons du soleil nous surprennent à une quinzaine de kilomètres de M'Bazi. Énervées par la chaleur et les chaos de la piste qui font brinquebaler le véhicule, les abeilles s'envolent par grappes entières et se répandent dans les villages que nous traversons. Debout à l'arrière, mon assistant tape du poing sur le toit de la cabine pour m'avertir du désastre, mais ce serait encore pire si je m'arrêtais. Je roule donc aussi vite que possible, tout en voyant, dans le rétroviseur, les gens s'égailler comme une volée de moineaux sur notre passage. Je me mettrai moi aussi à courir comme un fou après avoir stoppé la voiture en catastrophe deux kilomètres après la sortie de M'Bazi. Le calme revenu, un rapide bilan nous indique que nous avons dû semer environ cent cinquante mille abeilles dans la Nature ! Le lendemain, il me faudra affronter la colère des chefs de village, venus en délégation se plaindre de mon inconscience. Heureusement, cet incident n'altérera pas notre amitié.

Après des semaines de recherche, nous finissons par trouver les clés du problème. Nous commettions deux erreurs majeures. De timing, d'abord. En Europe, on a l'habitude d'ouvrir les ruches l'après-midi, à la fois pour éviter un choc thermique à la colonie et parce que c'est le moment où toutes les butineuses sont parties récolter. En Afrique, au contraire, elles sortent le matin et le soir, pendant la sécrétion des végétaux.

Notre visite en pleine chaleur, alors qu'elles se trouvaient toutes à l'intérieur, s'apparentait donc pour elles à une véritable agression. La seconde erreur était de taille, dans les deux sens du terme. Les abeilles africaines sont plus petites d'environ un cinquième que leurs cousines européennes. Or, nous nous obstinions à les élever dans des ruches aux standards occidentaux. Dans ce monde à la géométrie parfaite, où les dimensions de chacune des alvéoles hexagonales sont rigoureusement identiques, la gestion de l'espace était impossible. Les abeilles ne trouvaient pas leurs repères et vivaient dans le stress permanent. De l'influence (néfaste) de l'esprit colonialiste sur l'apiculture... Nous fabriquons donc de nouvelles ruches, adaptées à leur taille, et tout devient beaucoup plus facile. Dès la première floraison, nous passons d'une récolte habituelle de deux kilos de miel par ruche à plus de dix-sept !

Quelque temps après, lorsque je vais demander aux paysans si les enfants ont apprécié le miel, ils me répondent, comme si c'était une évidence, que la production a, pour l'essentiel, servi à chaptaliser la bière ! À cet instant, je comprends le chemin qui reste à parcourir. Malgré tout, je suis persuadé que, dans ce pays magnifique, et avec un peu de bonne volonté, ce n'est qu'une question de temps.

L'Histoire me donnera tort. Peu après mon départ, le Rwanda va connaître ce drame atroce qui restera dans toutes les mémoires comme l'ultime honte du XXe siècle : un génocide perpétré sous le regard passif des forces internationales qui ne jugent pas utile d'intervenir dans ce qu'elles considèrent trop longtemps comme une banale guerre civile. La sauvagerie de ce massacre planifié démontre une fois de plus, s'il en était encore besoin, que la folie des hommes ne connaît aucune limite. »

Lara interrompit sa lecture, referma le livre et le posa sur le lit. En faisant des recherches sur l'apithérapie, elle avait découvert l'existence de *Ces abeilles qui nous guérissent*, ouvrage à mi-chemin entre l'essai et l'autobiographie, écrit par David quatre ans plus tôt. Page après page, elle y découvrait la personnalité attachante du jeune homme, éprouvant l'impression paradoxale de n'avoir jamais été aussi proche de lui, et se demandant comment elle avait pu le prendre pour un assassin.

Au bureau, tous faisaient de leur mieux pour l'aider à surmonter le sentiment de culpabilité dont ils pressentaient qu'elle aurait beaucoup de mal à se défaire. Même le commissaire Brenner s'était donné la peine de l'appeler pour lui reprocher gentiment de n'avoir pas respecté la promesse faite lors de leur toute première conversation à Bruxelles. Le problème, c'est qu'elle vivait cet échec à la fois aux plans personnel et professionnel, sans pouvoir vraiment démêler lequel des deux l'affectait le plus. Vingt fois, elle avait ouvert le clapet de son portable pour composer le numéro de David. Vingt fois, elle l'avait refermé. Aucun mot d'excuse de sa part ne pourrait guérir la blessure qu'elle avait provoquée. Lui seul déciderait du jour où il voudrait renouer les fils du dialogue. S'il le voulait un jour…

De toute façon, avant d'envisager l'avenir, sous quelque forme que ce fût, il lui fallait absolument résoudre l'affaire Willmann, et elle était bien décidée à y consacrer toute son énergie. Le hold-up commis à Sète, deux jours auparavant, venait d'ailleurs de relancer l'enquête de manière spectaculaire.

Aussitôt l'affaire connue, s'était évidemment posée la question de savoir si les deux motards avaient un lien avec les assassins « anti-Willmann », ou s'il s'agissait de simples « copieurs » inspirés par l'actualité, comme cela arrive parfois avec les crimes en série. Très vite, Lara avait penché pour la première hypothèse. Il était peu probable que des voyous eussent changé de méthode et suivi un stage intensif d'apiculture, ou que de paisibles apiculteurs se fussent soudainement transformés en bandits de grand chemin. La « nouveauté », si l'on pouvait utiliser ce terme, résidait dans le fait que les braqueurs avaient utilisé des abeilles européennes pour leur forfait, et non des africaines. Cette fois, leur but était clairement de faire peur, afin de pouvoir dérober l'argent en toute tranquillité : pas de tuer. N'eût été son allergie au venin, qui avait provoqué chez lui un œdème de Quincke fatal, le jeune convoyeur, unique victime de l'attaque, n'aurait jamais dû mourir des suites de la cinquantaine de piqûres qu'il avait subies.

La jeune femme se leva et alla se servir un grand verre de lait de soja. Son goût pour cette boisson ne devait rien à ses origines. En fait, elle avait changé ses habitudes d'enfant après avoir appris que la caséine contenue dans le lait de vache constitue une colle puissante qui, provoquant une fermentation putride à l'intérieur de l'intestin, perturbe gravement les fonctions d'assimilation et de digestion. Une information peu connue et quasiment subversive face aux messages délivrés à longueur d'écrans publicitaires par des femmes en pâmoison devant leur yaourt et des paysans plantant fièrement Opinel ou Laguiole dans un fromage odorant, symbole du bon goût français.

C'est au contact d'un étudiant en médecine, rencontré au Quartier latin, que la jeune femme avait amélioré ses connaissances en biologie, une matière où elle n'avait guère brillé durant ses études secondaires. Mais leur histoire s'était terminée aussi vite qu'elle avait commencé. Dans les moments d'intimité, Lara éprouvait le désagréable sentiment que le futur docteur l'auscultait plus qu'il ne la caressait.

Elle posa délicatement son verre à côté du Mac portable posé sur la table basse et reprit ses recherches sur Internet. Il lui fallut une bonne demi-heure pour que le paradoxe apparût dans toute son évidence. Puisque le commissaire Brenner les avait informés que les appels téléphoniques à Rancourt avaient été émis depuis une cabine de Grasse, sa théorie de « l'éloignement minimum » énoncée à la morgue de Nice supposait que les tueurs étaient quelque part dans le Sud-Est. Ce qui était en contradiction avec l'autre théorie : celle de la vengeance d'apiculteurs particulièrement lésés par l'utilisation des pesticides. Car la carte de la mortalité chez les abeilles qu'elle venait d'étudier le montrait clairement : c'est dans l'Ouest et le Sud-Ouest que le Storm et le Prince avaient fait le plus de dégâts. Lara s'empara de son portable et composa le numéro de Franck.

— Je te réveille ? s'excusa-t-elle, lorsqu'elle entendit sa voix. En fait, je voulais juste te laisser un message.

— Pas de problème, la rassura-t-il. Je me couche toujours très tard. Et toi, tu ne devrais pas dormir à cette heure ?

— Je crois que le marchand de sable a perdu mon adresse, répliqua-t-elle.

Elle sentit que Franck cherchait les mots justes pour la consoler, ou la rassurer. Finalement, il choisit l'humour.

— Tu as essayé Arte ?... Leurs documentaires sont plus efficaces qu'une boîte de Lexomil.

Elle apprécia d'un sourire invisible, avant de lui expliquer la raison de son appel. Franck l'écouta attentivement et approuva la cohérence de son raisonnement, avant de compléter sa réflexion.

— On n'a retrouvé aucune moto brûlée ou abandonnée dans les environs de Sète. Ce n'était donc pas un véhicule volé.

— Ce qui confirmerait que nous n'avons pas affaire à des professionnels du braquage.

— À mon avis, ils l'ont chargée dans une camionnette à la sortie de la ville pour la ramener tranquillement chez eux.

Chacun réfléchit de son côté. Lara brisa le silence.

— On dirait que nous sommes de nouveau à la recherche d'un motard, non ?

Après qu'ils eurent raccroché, Lara s'allongea sur son lit et s'endormit comme une masse pour la première fois depuis son retour de Valence.

Le lendemain matin, ils se retrouvèrent dans le bureau de Kermadec pour lui faire part de leur conversation. Le service des cartes grises venait de confirmer que le numéro de la plaque minéralogique était faux. De son côté, le chauffeur du fourgon blindé s'avérait incapable d'identifier la marque de la moto. Tout ce qu'il pouvait dire, c'est qu'il s'agissait d'une grosse cylindrée, catégorie « trail », probablement. Sa seule certitude était la couleur : noire. Franck suggéra qu'on lui présentât les photos des différents modèles répondant à ces caractéristiques, tous constructeurs confondus, mais Lara était plus que dubitative.

— Le choix est trop vaste. Pour un non-spécialiste, toutes les motos se ressemblent. À la dixième, il ne saura plus faire la différence.

— On peut toujours demander à nos collègues de Sète d'essayer, plaida Franck. Histoire de faire un premier tri. Par élimination.

Le commissaire approuva sans grande conviction, avant d'ajouter :

— De toute façon, elle est probablement cachée au fond d'une grange et n'en ressortira pas avant longtemps.

— Je ne crois pas, objecta Lara. Les motards sont très attachés à leur machine. S'ils l'ont gardée, ce n'est pas pour la laisser rouiller.

— Après l'avoir repeinte, alors, corrigea Kermadec. À moins qu'ils ne soient totalement stupides, ce qui m'étonnerait beaucoup… Pour résumer, nous sommes donc à la recherche d'un apiculteur habitant, en principe, la moitié ouest du pays et possédant une moto, dont nous pouvons supputer qu'elle n'est pas noire. « Vaste programme », comme disait de Gaulle.

Depuis le début de la réunion, le nom de David était dans toutes les têtes mais personne n'osait le prononcer. Lara songeait avec dépit que, sans son erreur de jugement, le jeune homme aurait certainement pu les aider dans leurs recherches et, bien que ne lisant pas dans l'esprit de ses interlocuteurs, se doutait que Kermadec et Franck partageaient son opinion, ce qui ajoutait encore à son sentiment de culpabilité.

De retour dans le bureau vide, Carole étant absente pour cause de grippe depuis deux jours, Lara décida de passer un coup de fil à son père. Après ce que sa fille avait vécu, Georges considérait que cette enquête était aussi la sienne. Gaby, de son côté, se montrait plus qu'impatiente de voir mettre un terme aux commérages et aux regards fielleux qui pesaient sur ses épaules lorsqu'elle se rendait au marché, où elle était contrainte de faire un détour absurde pour éviter le stand de son ex « gendre idéal ».

Après que Lara lui eut fait part des derniers développements de l'affaire, Georges commença par aborder un autre sujet.

— Tu sais que ta mère cherche toujours désespérément le moyen de te réconcilier avec David ?

Adepte du « parler vrai », quelles qu'en fussent les conséquences, il était le seul à oser prononcer le prénom tabou devant sa fille.

— Hier, elle a fait venir Émile à la maison pour lui proposer de jouer le médiateur.

Lara, qui savait sa mère capable de tout, attendit la suite avec anxiété. Elle apprit alors que le brave apiculteur n'avait pas eu besoin de leur intervention pour tenter, de sa propre initiative, de rétablir le dialogue avec son successeur. Hélas, il s'était heurté, quoique poliment, à une fin de non-recevoir ferme et définitive de sa part. La jeune femme encaissa la nouvelle sans ciller et s'abstint de tout commentaire.

— Sur ce plan, je dois t'avouer que je n'ai guère été surpris, poursuivit son père, comme pour la consoler. En revanche, au cours de la discussion, Émile m'a rappelé un fait divers que j'avais complètement oublié.

— Dis toujours, lâcha Lara d'un ton résigné.

À contrecœur, elle se rendit compte qu'elle était plus touchée qu'elle ne voulait l'admettre par l'échec du vieil homme, au point même d'éprouver une certaine colère envers lui. Tout à coup, elle comprenait pourquoi, dans la Grèce antique, on coupait la tête aux porteurs de mauvaises nouvelles. La voix de son père la ramena à la réalité.

— Il y a quelques années, un apiculteur a fait une crise cardiaque au beau milieu de ses ruches. Cela n'a peut-être aucun rapport avec notre affaire, mais après ce que tu viens de me dire à propos de tes recherches…

— C'était dans le Sud-Ouest ? l'interrompit sa fille, en espérant de tout cœur que la réponse fût positive.

— Un petit village du Gers, pour être précis.

Deux minutes plus tard, après avoir quasiment raccroché au nez de son père, la jeune femme était plongée dans les archives électroniques de *La Dépêche du Midi* où, après de longues recherches, elle finit par trouver le récit de l'accident dans le maquis des informations locales. L'homme s'appelait Maurice Beyssan. Il était mort à l'âge de quatre-vingt-deux ans, d'un infarctus du myocarde, selon les conclusions du médecin qui avait pratiqué une autopsie rendue particulièrement délicate par les circonstances du drame. En tombant à terre, l'apiculteur avait lâché son enfumoir dans l'herbe sèche, provoquant un incendie qui avait en grande partie dévoré son corps et ravagé le rucher. Lara se leva d'un bond et se précipita dans le bureau de Franck pour lui faire part de sa découverte.

Le policier hocha la tête, à la manière d'un professeur bluffé par l'exposé de son élève.

— Je t'ai gardé le meilleur pour la fin, dit-elle

en observant quelques secondes de silence, afin de ménager son effet.

Franck attendit patiemment.

— La plupart de ses abeilles étaient malades. Probablement victimes du Storm.

Le rocker lissa sa banane d'une main nonchalante, mais Lara savait exactement ce qu'il éprouvait.

— Je crois que le patron ne serait pas mécontent de nous revoir, dit-il d'un ton faussement dégagé.

20.

Droit de visite

Kermadec s'était effectivement montré plus qu'intéressé par le récit de la jeune femme, et avait aussitôt décidé qu'il était urgent d'aller « sonder l'environnement », selon son expression favorite. Toutefois, après le ratage spectaculaire qu'il venait de vivre, le commissaire ne voulait prendre aucun risque qui pût porter préjudice à sa réputation. Le ridicule ne tue pas, mais il peut gravement nuire à une carrière.

Contrairement à l'usage, les deux jeunes gens ne se manifestèrent donc pas auprès de leurs collègues de la région et louèrent une Renault Clio à l'aéroport de Toulouse, afin de rejoindre en toute discrétion le petit village de Sérinac, situé à une soixantaine de kilomètres sur la route de Tarbes.

Tandis qu'ils roulaient au cœur de la campagne gersoise, Lara se sentait partagée entre l'excitation qui s'était emparée d'elle, la veille, à la lecture de l'article de *La Dépêche*, et le calme qui se dégageait du superbe paysage environnant.

— Le bonheur est dans le pré, dit Franck, sans doute inspiré lui aussi par l'atmosphère bucolique.

— « Cours-y vite, cours-y vite. Le bonheur est dans le pré. Cours-y vite. Il va filer. »

— Pardon ? interrogea-t-il, perplexe, en tournant la tête vers sa passagère.

— Regarde devant toi !... C'est le début du poème de Paul Fort qui a donné son titre au film de Chatiliez.

— Ravi de l'apprendre... En tout cas, c'est aussi beau qu'au cinéma, reprit le rocker d'un ton convaincu, en montrant les collines verdoyantes qui ondulaient à perte de vue.

Après un instant d'hésitation, la jeune femme ajouta :

— Je ne voudrais pas te faire de peine, mais le film a été tourné à quarante kilomètres de Lyon.

Franck poussa un énorme soupir.

— Je ne voudrais pas te faire de peine, mais avec une culture pareille, tu n'es pas près dc trouver l'homme de ta vie.

Réalisant aussitôt que le moment était mal choisi pour ce genre de boutade, il se maudit intérieurement, avant que sa passagère ne le rassurât d'un éclat de rire joyeux qui contrastait singulièrement avec la mine sombre qu'elle arborait ces derniers temps. Même si ce n'était pas exactement un week-end en amoureux, ce tête à tête inespéré lui procurait un émoi qu'il n'avait pas éprouvé depuis l'époque où la lutte quotidienne contre l'acné juvénile constituait sa préoccupation principale.

Parvenus à l'entrée de Sérinac, ils suivirent le panneau marqué « Mairie » et, au détour d'une rue étroite, débouchèrent sur la place principale, totalement déserte.

— Ma parole, c'est un village fantôme, murmura Franck après avoir coupé le moteur, comme s'il craignait de troubler la quiétude de l'endroit.

Lara consulta sa montre et le regarda avec indulgence.

— Il est 12 h 40. Les gens sont rentrés déjeuner chez eux. En province, on prend le temps de vivre. Une chose que les Parisiens ont oubliée depuis longtemps.

Le jeune homme ouvrit la portière. Son œil exercé venait de repérer un bar de l'autre côté de la place. Il le désigna d'un doigt triomphant.

— Terrasse !

Le mot était quelque peu excessif, car celle-ci se composait en tout et pour tout de trois tables rondes métalliques à la peinture blanche écaillée, entourées de chaises dépareillées plantées de guingois sur un sol de gravier. Ils allèrent s'y installer, à l'ombre d'un antique parasol aux couleurs totalement délavées, sur lequel on peinait à lire un désuet « Champigneulles Reine des bières ». Franck contempla cette véritable pièce de musée en connaisseur. Depuis l'intérieur du bar, le son de la radio parvenait jusqu'à eux. Le rocker tendit l'oreille.

— C'est l'indicatif du jeu des mille francs !... Enfin, des mille euros, maintenant ! Tu te rends compte que c'est une émission qui a bientôt cinquante ans ?... Mes grands-parents l'écoutent pratiquement tous les jours depuis sa création…

— « Chers amis, bonjour ! »… « Et à demain, si vous le voulez bien ! » déclama Lara avec emphase.

Le jeune homme ouvrit des yeux ronds, visiblement sidéré qu'elle connût ces phrases cultes immortalisées par Lucien Jeunesse, célèbre animateur du jeu durant trente ans.

— Mes parents sont accros, eux aussi, précisa-t-elle pour expliquer ce surprenant anachronisme.

Le tintement du rideau anti-mouches en lamelles de bois agrémentées de clochettes les interrompit. L'homme qui venait de le franchir s'arrêta une seconde sur le seuil et les regarda d'un air peu amène avant de s'avancer jusqu'à leur table. Son nez cabossé et ses oreilles en chou-fleur trahissaient une ancienne passion pour le rugby – religion dominante du Sud-Ouest – et, à en juger par sa corpulence, ce devait être un redoutable pilier. Mais ces temps héroïques étaient loin, et l'inactivité avait eu raison de ses muscles, devenus une impressionnante masse graisseuse qui mettait à rude épreuve les coutures et les boutonnières de sa chemise.

— Qu'est-ce que ce sera, pour ces messieurs-dames ? demanda l'homme, dans cet idiome à la syntaxe particulière, étrange croisement entre déférence et indifférence, exclusivement pratiqué par le peuple des commerçants.

— Vous avez quelque chose à manger ? rétorqua le policier, plus habitué à poser les questions qu'à y répondre.

— Je peux vous faire une assiette landaise, laissa tomber le rugbyman.

C'était à prendre ou à laisser. Malgré tout, Franck repartit à l'attaque.

— Vous mettez quoi dedans ?

Le bistrotier leva les yeux pour implorer le ciel de pardonner à ce Parisien ignare, qu'il consentit tout de même à éclairer avec une pointe d'agacement bien sentie.

— Salade verte, tomates, asperges, maïs, foie gras, magrets fumés et gésiers poêlés.

Franck approuva la proposition d'un air satisfait et commanda une bière. Lara, singulièrement agacée par leur combat de coqs, fit un geste négatif de la main.

— Je prendrai uniquement les crudités. Avec une demi-Badoit, s'il vous plaît.

Le patron la regarda d'un air affligé. Pour lui, il ne faisait aucun doute que cette pauvre fille était quasiment anorexique.

Après que l'ogre eut regagné son antre, Lara se pencha vers son partenaire.

— Si tu voulais faire le Parisien, c'est réussi.

Il prit un air ingénu.

— Le client est roi, non ?

Elle esquissa un sourire résigné avant de désigner l'espace vide autour d'eux.

— C'est tellement tranquille, ici. J'ai du mal à imaginer que nos suspects puissent se trouver dans un endroit pareil.

Le policier haussa les épaules.

— *Hope for the best... And be prepared for the worst*[1], comme dirait notre ami Marc dans sa grande sagesse extrême-orientale.

La jeune femme fit la moue. Les clochettes du rideau tintinnabulèrent à nouveau, mais le rugbyman rugueux s'était métamorphosé en une jeune et jolie femme blonde d'une trentaine d'années, assez grande, qui apportait les boissons. Lorsqu'elle annonça que la nourriture serait prête dans quelques minutes, sa syntaxe hésitante et son fort accent trahirent aussitôt son origine slave. Sans avoir besoin de se consulter, les deux jeunes gens eurent simultanément la même pensée : une de ces filles de l'Est, rencontrée sur Internet ou par l'intermédiaire d'une agence matrimoniale, trop heureuse de fuir la misère de son pays, quel que fût le prix à payer. C'est au moment de l'imaginer dans le lit du tenancier que leurs sentiments divergeaient. Lara plaignait sincèrement la femme, tandis que Franck enviait l'homme.

— Vous êtes russe ? demanda Lara, avec un sourire complice destiné à marquer sa solidarité d'immigrée.

— Ukrainienne, répondit la serveuse, visiblement chatouilleuse sur la différence.

Franck voulut faire preuve de culture.

— Vous venez de Kiev ?

La jeune femme démentit en faisant rouler les « r » comme des cailloux sur sa langue.

— Dniepropetrovsk.

1. Espère le meilleur… Et prépare-toi au pire.

Le policier ne réagit pas. Compatissante, elle lui vint en aide.

— Quatre cents kilomètres sud de Kiev.

Il arbora la mine approbatrice de celui qui avait la réponse sur le bout de la langue.

— Mais je suis née près Tchernobyl, tint-elle à préciser d'un ton enjoué.

Les deux jeunes gens la dévisagèrent avec une stupéfaction teintée d'inquiétude. Pour elle, mais aussi pour eux. Avait-elle été exposée aux radiations ou était-elle partie avant la catastrophe ? À première vue, elle avait l'air normale. Devant leur mutisme, elle fit un petit geste fataliste de la main.

— Il y a quatre centrales pareilles, dans le pays, et aussi dans autres pays de l'Est.

Sous-entendu : vous n'êtes pas à l'abri d'une nouvelle catastrophe… Lara se ressaisit la première.

— Il y a longtemps que vous êtes en France ?

— Presque trois ans.

— Vous connaissiez l'apiculteur ?

L'incompréhension lui fit froncer les sourcils.

— Api… ?

Franck expliqua en détachant chaque mot, comme s'il s'adressait à un enfant.

— Apiculteur. Le monsieur qui s'occupe des abeilles.

Le rideau s'écarta sous la poussée de l'imposant postérieur du tenancier qui, une assiette dans chaque main, opéra un habile demi-tour pour sortir en écartant les lamelles d'un mouvement d'épaule. La serveuse s'éloigna aussitôt.

— Alors, comme ça, on s'intéresse à l'apiculture ? questionna l'homme d'un ton soupçonneux, en déposant les assiettes sur la table.

À l'évidence, son ouïe était ce qu'il avait de plus fin.

— Absolument, improvisa Lara, devant Franck interloqué. Nous sommes journalistes, et nous préparons un sujet sur les abeilles pour « Envoyé Spécial ».

L'homme posa les mains sur ses hanches et contempla ses visiteurs d'un œil inquisiteur.

— Je me disais bien que vous n'aviez pas l'air d'un couple, finit-il par lâcher avec un sourire satisfait.

La réflexion atteignit le policier au plus profond de son ego, mais il dut se contenter de pester en silence contre ce jugement hâtif, qu'il estimait aussi stupide que son auteur.

— C'est à cause de tous ces meurtres et du hold-up que les abeilles vous passionnent, hein ?... C'est drôle, quand Maurice est mort tout seul dans son champ, personne n'en a parlé à part les infos locales.

Lara choisit de rebondir sur le reproche.

— Disons que le moment est venu de réparer cet oubli et de lui rendre hommage… Vous étiez un ami de M. Beyssan ?

Le bistrotier eut un petit rire bref, qui secoua sa lourde carcasse, pour bien lui faire sentir l'incongruité de la question.

— Tout le monde ici était l'ami de Maurice. On l'appelait le « père des abeilles ». Il les aimait comme on aime ses enfants. Vous aurez peut-être du mal à le croire… mais elles lui parlaient. Il disait qu'elles étaient la source de la connaissance. Quand elles ont commencé à mourir par milliers, à cause de ces saloperies d'insecticides, il n'a jamais baissé les bras. Même si le combat était perdu d'avance. On avait beau lui dire d'abandonner ; il ne voulait rien entendre. Il s'est tué à la tâche. Au vrai sens du mot. Vous savez pourquoi ?... Il leur devait trop d'amour.

Le bistrotier leva les yeux vers le ciel.

— Et maintenant, il doit bien rigoler dans sa moustache, en vous voyant ici. La télévision !... Sa télé à lui, c'était la Nature… Un vrai sage, Maurice... Un des derniers, probablement.

Devant un tel panégyrique, Lara se sentit presque gênée de son mensonge. Franck la relaya habilement.

— Il avait de la famille ?... Quelqu'un qui a repris l'exploitation ?

L'homme consulta sa montre.

— Ils ne devraient pas tarder.

À peine avait-il prononcé cette phrase sibylline que le bruit caractéristique d'une grosse cylindrée brisa la tranquillité ambiante. Quelques instants plus tard, une puissante moto déboucha sur la place et vint s'arrêter devant l'entrée du café dans un grondement menaçant.

D'un mouvement de poignet, le pilote fit rugir le moteur une dernière fois avant de couper le contact, puis ôta son casque. C'était un jeune homme d'une trentaine d'années, au visage émacié, encadré de longs cheveux blond filasse. Il descendit de son engin et vint faire une bise chaleureuse au patron.

— Tu vas, mon Robert ?

— Salut, gamin !... Et ton frère ? Tu l'as perdu en route ?

— Il est resté manger chez la copine. Le père avait besoin d'un coup de main pour réparer le tracteur, ce matin.

Du coin de l'œil, Franck et Lara observaient la moto. Une Aprilia Pegaso de 600 cm^3, modèle trail, bleu électrique. Le rugbyman les désigna de la main.

— Ces messieurs-dames travaillent pour la télévision. Ils veulent faire un reportage sur les abeilles.

Le jeune homme les dévisagea sans un mot. On ne pouvait pas savoir si sa réaction tenait de la méfiance ou de l'indifférence. Un mélange des deux, peut-être.

— C'est bien, dit-il sobrement.

— Vous êtes un parent de M. Beyssan ? questionna Lara.

Le motard esquissa un vague sourire.

— Si on peut dire.

Sans plus de précision, il leur tourna le dos et se dirigea vers l'intérieur du café.

— On n'est pas très bavards par chez nous, l'excusa le patron d'un ton moqueur, avant de les quitter à son tour.

Franck et Lara étaient fascinés par la moto, si proche, qui semblait les narguer. Tous deux avaient immédiatement remarqué la peinture : trop brillante pour être d'origine. Discrètement, le policier la prit en photo avec son téléphone portable, puis l'expédia à Kermadec.

— Vive la technologie, dit-il en reposant l'appareil sur la table.

— C'est trop beau pour être vrai, soupira Lara. Quel est le programme, maintenant ?

— D'abord, on déjeune. Ensuite… on improvise.

Une boule au creux de l'estomac, la jeune femme dut se forcer pour avaler quelques bouchées, tandis que Franck engloutissait le contenu de son assiette avec voracité, confirmant ainsi cette étonnante capacité que possèdent les hommes à manger et dormir, quelles que soient les circonstances. Un héritage de l'instinct de survie ancestral gravé dans leurs gènes, songea Lara en l'observant avec une pointe d'agacement mêlée d'envie.

Dix minutes plus tard, le motard sortit du bar et enfourcha son engin sans même leur jeter un regard. En quelques secondes, le hurlement de la machine s'évanouit dans le lointain. Le silence retomba sur la place, encore plus épais. Impassible, Franck finit d'essuyer méthodiquement son assiette.

— Tu veux un dessert ? ironisa Lara.

— J'allais te poser la question, rétorqua-t-il avec le plus grand sérieux.

— Je plaisantais, Franck.

Il ne se démonta pas.

— Un café, alors ?

Comme si elle avait suivi leur conversation, la femme du patron surgit à nouveau. À l'intérieur, le journal télévisé de TF1 venait de remplacer la radio.

— Vous aimer ? demanda-t-elle en débarrassant la table.

— C'était parfait, dit Lara, tentant de démentir son assiette à moitié pleine. Nous allons prendre deux cafés. Serrés... Et l'addition, s'il vous plaît.

Lorsque la jeune femme revint, Franck sortit son portefeuille. Tout en cherchant ses billets, il demanda négligemment :

— Vous savez où est la maison de l'apiculteur ?... Le monsieur des abeilles.

— Oui, j'ai compris, le coupa-t-elle rapidement, pour lui signifier qu'elle avait bien retenu le mot. Il faut prendre la route de Tarbes. Trois kilomètres après fin de la ville, il y a un petit chemin, à droite, qui monte sur la colline. C'est une très vieille maison. Toute seule.

Grand seigneur, le policier lui laissa un généreux pourboire de cinq euros. « À bientôt », dit-elle, avec un accent de sincérité émouvant, comme si leur brève conversation avait illuminé son quotidien sans surprise.

Dans la voiture, Franck appela Kermadec pour lui résumer la situation. Il suggéra au passage de faire colorier la moto en noir par un graphiste, avant de transmettre la photo à leurs collègues de Sète. Frustrée de ne pas entendre la réponse du commissaire, Lara bouillait d'impatience.

— Alors ? lâcha-t-elle, lorsque le rocker eut raccroché.

— Il nous rappelle dès qu'il aura la réaction du convoyeur. En attendant, on repère les lieux et on essaie d'en savoir plus.

La jeune femme aurait volontiers expliqué à Kermadec qu'il était plus facile de faire parler une huître que de demander l'heure aux autochtones, mais elle se devait de lui prouver qu'elle était capable d'aller au bout de cette affaire. À moins que ce ne fût à elle-même.

Il ne leur fallut pas longtemps pour trouver la maison de l'apiculteur. Dès la sortie du village, on la voyait trôner à flanc de colline : solide et trapue, enracinée dans le sol comme un vieil arbre. Ils parcoururent la distance annoncée, puis s'engagèrent dans le chemin en lacets, sommairement goudronné, qui les conduisit jusqu'au portail grand ouvert. Franck donna un petit coup de klaxon pour signaler leur présence, puis un autre mais personne ne se manifesta. Ils entrèrent dans la cour et s'arrêtèrent le long d'une haie de thuyas. Lorsqu'ils furent sortis de la voiture, ils aperçurent les rangées de ruches dans le pré en contrebas. Lara eut un pincement au cœur. Le souvenir du dimanche après-midi chez David s'imposait à elle avec une douloureuse acuité. Franck se dirigea vers la porte de la ferme et frappa deux coups appuyés. Devant l'absence de réponse, il réitéra son geste.

— Laisse tomber ! lui lança son équipière en sortant de sa rêverie. La moto n'est pas là.

Le policier recula un peu, leva la tête, puis longea la vieille bâtisse, jusqu'à une grande porte à double battant située sur le côté droit. Manifestement, il s'agissait d'une remise. Il souleva le loquet, qui s'ouvrit sans difficulté. Privée de fenêtre, la pièce baignait dans la pénombre. Lara le rejoignit tandis qu'il écartait le battant pour faire entrer la lumière.

— Sans mandat, c'est de la violation de domicile, lui rappela-t-elle pour la forme, car elle sentait une certaine excitation la gagner.

— Et ce que nous trouvons n'a aucune valeur légale, je sais. Pour l'instant, nous nous contentons de regarder.

Ils firent quelques pas à l'intérieur et découvrirent le fatras propre à ce genre d'endroit : un établi jonché d'outils et de boîtes de toutes sortes, une brouette, une vieille armoire, une paire de jougs accrochée au mur, une faux, une antique roue de chariot en bois, sans parler d'une flopée de caisses, de cartons et de planches, le tout recouvert d'une épaisse couche de poussière brune.

— On dirait le bureau de Carole, chuchota Franck en avançant avec précaution vers le fond de la pièce.

— Très drôle, répliqua sa partenaire, avant de désigner un curieux engin rangé sous l'établi, qui évoquait une espèce d'aspirateur.

— À quoi sert, ce truc-là, d'après toi ?

Le jeune homme se courba un peu et afficha un grand sourire.

— Banco !

— Oublie le Jeu des Mille francs et explique-toi ! s'agaça Lara.

— C'est un pistolet pulvérisateur électrique. Indispensable pour réaliser des travaux de peinture de qualité professionnelle.

— Comme peindre une moto en noir pour aller

commettre un hold-up, et la repeindre en bleu au retour ?

Le policier acquiesça, s'accroupit devant l'appareil et l'examina avec attention, mais celui-ci avait été soigneusement nettoyé. Sans se relever, il pivota sur la pointe des pieds et, du bout des doigts, balaya délicatement la poussière qui recouvrait le sol en ciment brut.

— Super Banco !

La jeune femme leva les yeux au ciel.

— Apparemment, ils avaient pris soin de protéger le sol tout autour de la moto lorsqu'ils l'ont peinte, mais de fines particules noires et bleues sont venues se déposer en périphérie... Les lapins blancs ne devraient pas avoir de mal à confirmer.

— Tu as fini, avec tes blagues idiotes ? dit Lara, excédée.

Franck éclata de rire.

— Ce n'est pas une blague ! C'est le surnom des techniciens de l'identification criminelle. À cause de leur tenue. Tu ne le savais pas ? insista-t-il lourdement, heureux de marquer un point.

Lorsqu'ils sortirent de la remise, le soleil d'automne les éblouit de ses rayons laiteux. Aucun bruit de moteur ne troublait le calme de la campagne. Ils décidèrent d'aller jeter un rapide coup d'œil au bâtiment rose planté une cinquantaine de mètres plus bas.

— C'est probablement la miellerie, suggéra Lara.

La façade était protégée par un auvent sous lequel s'empilaient une vingtaine de hausses vides

– ces éléments qu'on ajoute sur le corps des ruches pour augmenter leur capacité lorsque la récolte est abondante – que quelques abeilles en quête de nourriture facile finissaient de nettoyer.

Une fois encore, la porte se laissa ouvrir sans histoire mais, au contraire de la remise qu'ils venaient de quitter, l'endroit était d'une propreté clinique. Le sol et les murs carrelés, ainsi que le matériel en acier inoxydable, attestaient que la fabrication du miel exige des normes sanitaires draconiennes. Voyant son équipier contempler les différentes machines avec perplexité, la jeune femme lui fournit quelques explications techniques.

— La grosse machine au milieu, c'est l'extracteur, et à côté, c'est le bac à désoperculer.

— Tu peux traduire ?

— Pour extraire le miel des rayons, il faut d'abord retirer le petit couvercle de cire avec lequel les abeilles ferment chaque alvéole dès qu'elle est pleine. Ensuite, on met les cadres dans l'extracteur. C'est une centrifugeuse, électrique ou manuelle, qui éjecte le miel des cellules. Il s'écoule par ce robinet, on le filtre et on le laisse décanter deux ou trois jours dans le maturateur que tu vois dans le coin. Ensuite, on enlève la pellicule qui s'est formée en surface, et il ne reste plus qu'à mettre en pot. Comme en apiculture, rien ne se perd, on récupère la cire des opercules pour la recycler. On s'en sert beaucoup en cosmétologie et dermatologie, car elle est très pure.

Le rocker approuva de la tête. Lara se garda bien de lui préciser que, ces derniers temps, elle avait passé des heures à se documenter sur la vie des abeilles. Partager la passion de David, même à distance, c'était la meilleure façon qu'elle avait trouvée de « garder le contact » avec lui.

Franck se dirigea vers une porte ouverte au fond de la pièce. Celle-ci donnait accès à l'atelier où était entreposé le matériel apicole : lève-cadres, grattoirs, enfumoirs, fûts, seaux, bocaux, ruches en attente de réparation… Sur le mur de gauche se trouvait une nouvelle porte, coulissante cette fois. Dans un couinement qui agaça leurs tympans, le policier la fit glisser à demi, dévoilant un garage au milieu duquel trônait une camionnette blanche fatiguée. Franck s'avança et tenta d'ouvrir l'un des battants arrière, mais ils étaient verrouillés. Sortant la mini Mag-Lite qui ne le quittait jamais, il éclaira l'intérieur à travers l'une des deux lunettes et poussa un sifflement de satisfaction. Une rampe métallique posée sur le plancher, des sangles accrochées de chaque côté des parois : il y avait là tout le matériel nécessaire pour hisser une moto à l'intérieur du véhicule et l'arrimer solidement. Lara rejoignit le jeune homme, qui lui fit partager le spectacle. Les pièces du puzzle étaient enfin réunies. En savourant pour la première fois ce moment exceptionnel qui couronne une enquête, la jeune femme sut pourquoi elle avait choisi de faire ce métier. Malgré tout ce qui les séparait, elle ne put s'empêcher de songer combien David serait fier d'elle.

Ce sentiment de toute-puissance fut de courte durée. Un claquement d'une violence inouïe lui arracha un cri de frayeur. Derrière eux, la porte venait de se refermer brutalement, les plongeant dans l'obscurité la plus totale. Leur premier réflexe fut de retourner sur leurs pas. En longeant le mur à tâtons, ils retrouvèrent rapidement la porte, mais comprirent tout aussi rapidement qu'elle était verrouillée. La jeune femme appela d'une voix forte :

— Hé ! Ouvrez ! Ouvrez tout de suite !

Pragmatique, Franck sortit son portable avec fébrilité pour prévenir Kermadec, tout en se préparant aux reproches qu'il allait inévitablement subir.

— Comment ça, « échec réseau » ? maugréa-t-il, en appuyant sur la touche de rappel.

Au troisième essai, il dut se rendre à l'évidence. Sur l'écran, les barres de signal demeuraient obstinément grises. Le téléphone de Lara s'avéra tout aussi muet. Ils se trouvaient certainement dans une zone d'ombre. Le policier entreprit de faire le tour du garage. À côté de la porte qui donnait sur l'extérieur se trouvait un interrupteur, qu'il actionna sans conviction. Comme il s'y attendait, rien ne se produisit. Un terrible sentiment de frustration s'empara de lui.

— Qu'allons-nous faire ? demanda Lara en se rapprochant.

— La question serait plutôt : « Que vont-ils faire, eux ? » répliqua le policier.

— Et tu suggères quoi ?

Franck hésita.

— Selon toute probabilité, ils nous ont regardés fouiner et ils ont compris que nous étions des flics. Ils cherchent à gagner du temps pour organiser leur fuite.

L'anxiété gagna la jeune femme. Le visage atrocement boursouflé de Rancourt surgit de sa mémoire.

Son instinct lui fit entrevoir une éventualité beaucoup moins rassurante. Les deux hommes avaient prouvé leur détermination sans faille. S'ils se sentaient acculés, ils étaient capables de tout.

— Tu es sûr qu'ils n'envisagent pas une solution plus radicale ?

Franck la saisit fermement aux épaules.

— Tu es mon équipière. Il ne t'arrivera rien, d'accord ?...

Lara eut soudain le regard attiré par une minuscule source de lumière dans l'angle supérieur du garagc.

— Regarde là-haut. Ils ont enlevé la plaque de la trappe d'aération, dit-elle d'un ton où perçait une sourde inquiétude.

Le sang reflua de son visage. Confirmant ses pires craintes, le trou s'obscurcit soudainement. Une peur panique s'empara d'elle et lui tordit le ventre.

— Viens vite ! ordonna Franck en se précipitant vers l'arrière de la camionnette.

Arrivé devant la porte, il se plaça de côté et, tout en détournant la tête, fracassa la lunette d'un coup de coude magistral. Passant la main par l'ouverture, il débloqua la serrure et réussit à ouvrir. Les abeilles commençaient à s'abattre sur eux. Lara sentit les premières piqûres sur ses mains et son visage. Derrière elle, le rocker referma aussitôt, puis souleva la rampe métallique qu'il colla en un tournemain devant la vitre brisée. Les insectes qui avaient réussi à les suivre dans l'habitacle leur infligèrent quelques piqûres supplémentaires.

Tremblant de tous ses membres, la jeune femme tenta de retirer les dards plantés dans sa peau. Elle se souvint que David lui avait expliqué comment faire : surtout ne pas tirer verticalement, pour ne pas presser sur les glandes à venin qui restent accrochées à l'aiguillon, mais gratter l'épiderme à l'horizontale avec l'ongle. Elle expliqua la manœuvre à Franck, qui ne l'écouta pas.

— Laisse tomber ! Tiens plutôt ce truc à ma place.

— Où vas-tu ? demanda-t-elle, désemparée, en appuyant de toutes ses forces sur la rampe.

— Vérifier mes connaissances en mécanique.

Sous le regard angoissé de Lara, qui se tordait le cou pour l'observer, il s'installa sur le siège passager et donna de grands coups de talon dans le plastique qui entourait la colonne de direction jusqu'à ce qu'elle se brisât en mille morceaux. Puis il se mit à quatre pattes, alluma la Mag-Lite, qu'il coinça entre ses dents, et arracha le faisceau de fils électriques d'un geste brusque, avant de fouiller rageusement dans la masse multicolore durant de longues minutes. Pendant ce temps, le garage était progressivement envahi par un nuage d'insectes en furie qui s'agglutinaient sur les vitres de la camionnette. Les muscles tétanisés par la pression qu'elle exerçait sur son bouclier, la jeune femme éprouvait une sensation d'étouffement grandissante. Après ce qui lui sembla une éternité, le policier connecta deux fils dans une étincelle qui provoqua un hoquet du moteur.

— J'ai trouvé ! hurla-t-il en s'installant à la place du conducteur.

Il recommença la manœuvre, mais cette fois en exerçant simultanément deux brèves pressions sur l'accélérateur avec le pied. Le moteur se mit enfin en marche.

— Accroche-toi ! prévint Franck.

Lara ressentit une impression de déjà vu dont, pour une fois, elle connaissait parfaitement l'origine. Tout en maintenant solidement la plaque avec la main et le pied droits, elle enroula l'une des sangles accrochées à la paroi autour de l'autre main, et recula le pied gauche autant qu'elle le pouvait afin de s'assurer une bonne assise. Le policier recula jusqu'à toucher le mur du fond, enclencha la première et enfonça l'accélérateur avec la pointe du pied tout en gardant le talon sur le frein. Le moteur fit entendre un hurlement de désapprobation.

— On y va, annonça le jeune homme au moment de lâcher la pédale de frein.

La camionnette se cabra légèrement, puis bondit vers l'avant dans un crissement de pneus. Malgré le manque d'élan, le choc fut d'une extrême violence. La jeune femme eut l'impression que le garage leur tombait sur la tête. Après s'être arrachée du mur, dont elle fit voler en éclats les points d'accrochage, la porte resta quelques instants collée à l'avant du véhicule comme une feuille morte, avant de s'abattre sur le sol dans un vacarme de ferraille assourdissant. Franck s'arrêta net, rompant le fragile équilibre trouvé par la jeune femme. Durant quelques secondes, la plaque s'écarta du trou béant. Une vingtaine d'abeilles en profitèrent pour envahir l'habitacle.

Tout en agitant le bras gauche devant son visage, qu'il tentait de protéger tant bien que mal, le policier redémarra et gravit rapidement le chemin en direction de la ferme. Déstabilisée par les cahots, Lara dut déployer des efforts surhumains pour maintenir la pression sur la rampe, alors que les insectes affolés venaient se prendre au piège de ses cheveux. Dans l'impossibilité de se défendre, elle ferma les yeux. Ils franchirent le portail et descendirent jusqu'à la route, sur laquelle ils parcoururent environ un kilomètre à vive allure.

— Je crois que c'est bon, dit Franck en freinant brusquement, avant d'ouvrir sa fenêtre pour laisser s'échapper les derniers insectes.

— Qu'est-ce qui est bon ? demanda Lara, en résistant à la force qui, une nouvelle fois, l'entraînait vers l'avant du véhicule.

— Il n'y a plus d'abeilles. Tu peux lâcher la rampe.

— Tu es sûr ?

— Quasiment.

Elle rouvrit les yeux avec précaution. L'adverbe « quasiment », vestige d'un souvenir beaucoup plus agréable, laissait planer un doute qui ne se dissipa qu'après que la jeune femme eut décollé la plaque métallique avec la méticulosité d'un démineur chargé de désamorcer une mine anti-personnel. Une fois assurée de la disparition des insectes, elle la reposa au sol et alla prendre place sur le siège passager d'une démarche hésitante. En voyant le visage du jeune homme, elle eut un sursaut de frayeur. Celui-ci s'était déformé en plusieurs endroits sous l'action du venin et ses yeux s'étaient rétrécis, au point de le faire ressembler à un boxeur victime d'une sévère défaite.

Passant la main sur son propre visage engourdi, elle découvrit, dans le miroir de courtoisie, les même gonflements épouvantables qui l'horrifièrent tellement qu'elle préféra le relever aussitôt. Pendant ce temps, le rocker s'évertuait à effectuer un demi-tour délicat sur l'étroite départementale, en profitant d'un chemin de terre qui s'enfonçait dans le champ adjacent.

— On y retourne ? demanda Lara d'une voix blanche.

— Tu ne voudrais pas qu'ils nous échappent maintenant ? répondit-il, en reprenant la direction de la ferme.

Malgré son appréhension, la jeune femme était d'accord avec lui. À présent qu'elle avait traversé l'épreuve du feu, elle sentait un curieux sentiment s'emparer d'elle, qu'il ne lui fallut pas longtemps pour identifier, bien qu'elle n'en eût jamais éprouvé la puissance ravageuse : c'était de la vengeance à l'état brut.

— Les voilà ! cria-t-elle en tendant le doigt vers l'avant.

Environ deux cents mètres plus loin, la moto venait de sortir du chemin et fonçait droit vers eux. Chacun analysa la situation en un clin d'œil. La largeur de la route ne permettait pas de se croiser, et le fossé sur la droite des motards ne leur laissait qu'une option : passer à gauche de la camionnette, sur l'étroite bande herbeuse courant au pied du talus. C'est ce qu'ils firent, ou tentèrent de faire. Car, au moment précis, où ils entamaient cette périlleuse manœuvre, Franck donna un brusque coup de volant sur sa droite. Le choc se produisit juste au niveau de la portière de Lara, qui vit le passager tenter de repousser la camionnette avec la main, dans un geste dérisoire.

Totalement déséquilibré par l'impact, le pilote perdit le contrôle de sa machine et effectua plusieurs zigzags. Le passager fut le premier à être sèchement éjecté sur le côté, avant que le pilote ne subît à son tour le même sort dans une cabriole spectaculaire vers l'avant. La moto se coucha, partit en tournoyant dans une longue glissade agrémentée d'une gerbe d'étincelles provoquées par le frottement sur la route goudronnée, et acheva sa course folle dans le fossé à demi rempli d'eau. Le policier stoppa son véhicule, enclencha la marche arrière et recula à toute allure pour venir s'arrêter près des deux hommes qui gisaient à terre. Il sortit prestement de la camionnette, alla ouvrir les portes arrière, décrocha un paquet de sangles et s'agenouilla près du passager qui se tenait le bras en gémissant, la clavicule brisée, probablement. Sans tenir compte de ses cris de protestation, le rocker entreprit de le ficeler solidement avant d'enlever son casque intégral, découvrant le visage grimaçant de l'homme rencontré au café du village. Lara, qui les avait rejoints, s'aperçut tout à coup que le pilote, allongé une dizaine de mètres plus loin, venait de se relever et tentait de s'enfuir.

— Franck !

Celui-ci se redressa d'un bond, et se lança illico à ses trousses. Au passage, il ramassa le casque que le motard avait abandonné au sol et, après quelques secondes de course-poursuite, le lança violemment dans les jambes du fugitif avec l'adresse d'un pro du bowling, son loisir favori. L'homme s'étala de tout son long au milieu de la route. Le policier se jeta sur lui, posa un genou au creux de ses reins et l'immobilisa d'une clé au bras qui arracha un hurlement de douleur à sa victime.

— Apporte-moi des sangles ! cria le rocker à l'adresse de son équipière, tout en maintenant solidement sa prise.

Tandis qu'elle se dirigeait vers eux, la jeune femme fut prise d'un doute affreux. Cette silhouette sportive, cette coupe de cheveux… Tout, dans l'allure du motard, lui rappelait étrangement David. *Ce n'est pas possible*, se répétait-elle en approchant des deux hommes, comme pour mieux s'en convaincre. Parvenue à leur hauteur, elle tendit les sangles au policier, et respira profondément avant de regarder le visage du criminel…

Quel ne fut pas son soulagement lorsqu'elle découvrit le profil d'un parfait inconnu !... Elle s'en voulut d'avoir été, une fois encore, victime de son imagination, et réalisa combien il était urgent de provoquer une véritable explication avec David si elle voulait avoir une chance de sauver leur histoire. Lorsque Franck eut ligoté les bras de l'homme dans son dos, il le força à se relever et le ramena vers son complice, à côté duquel il l'assit sans ménagement. Lara observa les deux captifs. Maintenant qu'elle ne risquait plus rien, la raison reprenait ses droits, et elle se sentait impatiente de connaître en détail les ressorts psychologiques des deux criminels.

— Tu crois qu'on a du réseau, ici ? interrogea le policier.

La jeune femme prit son téléphone et commença de composer un numéro.

— Tu fais quoi ? demanda Franck, qui tenait au privilège d'être le premier à narrer leur épopée à Kermadec.

Elle sourit de son inquiétude et le rassura.

— J'appelle David.

21.

Conversation privée

Depuis la terrasse, où il était venu tromper son attente en tapant quelques balles, Artur Willmann observait le trafic qui s'intensifiait peu à peu à la base de « sa » tour. À cette hauteur, les voitures ressemblaient à des jouets qu'on pouvait disperser d'un coup de pied, et cette réjouissante perspective accentuait un sentiment de puissance qu'il avait toujours cru inaltérable. *Lorsque Dieu se penchait au-dessus de la Terre pour observer l'agitation stérile des hommes, il devait éprouver la même sensation*, songeait naguère le président, avant que les tragiques événements de ces dernières semaines ne vinssent sérieusement remettre en cause sa conception très personnelle du Créateur comme indéfectible allié. Dans l'adversité, certains hommes trouvent, ou retrouvent, la foi ; d'autres la perdent irrémédiablement.

Willmann consulta sa montre et laissa paraître un certain agacement. Cette journée était interminable. Jamais il n'avait autant attendu un rendez-vous, même avec la plus jolie femme, son immense fortune lui ayant conféré, dès l'adolescence, un charme forcément irrésistible. En principe, il n'accordait audience qu'aux gens de son milieu, ceux qu'il connaissait personnellement, ou qui avaient le privilège d'être recommandés par l'un de ses proches. Encore devaient-ils attendre son bon vouloir. Mais, pour l'homme qui, deux jours plus tôt, avait téléphoné en offrant de lui communiquer l'identité de l'assassin de son fils et ses collaborateurs, son agenda s'était libéré dans la seconde de toute obligation. Dès les premiers mots, il avait compris qu'il ne s'agissait pas d'une plaisanterie de mauvais goût, ni d'une tentative d'escroquerie car, non seulement son interlocuteur connaissait des détails que le grand public ignorait mais, surtout, il ne demandait pas un centime en échange de ses révélations. Il exigeait « simplement », si l'on pouvait qualifier ainsi son extravagante requête, un document officiel par lequel les laboratoires Willmann, reconnaissant les méfaits du « Prince » et du « Storm » sur l'apiculture, prenaient l'engagement d'en arrêter immédiatement la commercialisation et la fabrication. À l'évidence, c'était un apiculteur. Donc un idéaliste. Autant dire un illuminé, selon l'échelle de valeurs du président, qui avait accepté le marché sans discuter, à condition que son informateur lui apportât des éléments irréfutables.

L'homme avait garanti la fiabilité de ses assertions, et Willmann savait l'importance vitale que ce genre d'individu attache à la parole donnée. C'était d'ailleurs la raison pour laquelle tous ceux de son espèce étaient voués à échouer dans leurs entreprises, quelles qu'elles fussent.

David sentit le téléphone vibrer dans sa poche. Tout en gardant la main gauche sur le volant, il consulta l'écran, vit le nom de Lara s'afficher et remit l'appareil à sa place sans que son visage trahît la moindre émotion. Une heure plus tard, il s'engouffrait dans le parking souterrain du grand hôtel international qui dresse ses trente étages au cœur de Bruxelles. Pour préserver son anonymat, l'entretien devait se dérouler dans une absolue confidentialité, avait-il expliqué à Willmann. Il n'était donc pas question pour lui de se rendre au siège des laboratoires. Après s'être garé à proximité de l'accès piétons, le jeune homme prit le sac à dos posé au pied du siège passager, ferma la voiture et se dirigea vers les ascenseurs. Arrivé au rez-de-chaussée, il pénétra dans le hall majestueux grouillant de monde, dont l'ambiance vibrionnante lui rappela celle de la ruche, et récupéra la clé de la suite junior qu'il avait réservée quelques jours auparavant. Sa chambre était située au vingt-sixième étage, le plus haut qu'il eût pu obtenir. Vingt-six, comme la Drôme : bien qu'il ne fût pas superstitieux, la coïncidence lui plaisait.

Un peu avant 19 h 30, la Jaguar de Willmann s'arrêta devant l'hôtel. Il en sortit calmement et traversa le hall d'un pas mesuré. Quand les portes de l'ascenseur se refermèrent derrière lui, le brouhaha environnant fit place à l'ambiance feutrée qu'il affectionnait. Plus le temps passait, plus il détestait la foule ; les « autres » en général. Mélange de crainte et de mépris, avec un net avantage pour le second. « La bêtise humaine est la seule chose qui donne une idée exacte de l'infini », aimait-il à dire.

Quelques instants plus tard, le président frappait à la porte de la chambre. En découvrant David, il ne put dissimuler son étonnement, en même temps qu'un certain embarras.

— Nous étions convenus d'un tête-à-tête, fit remarquer le jeune homme, en découvrant l'armoire à glace plantée derrière son visiteur.

— Absolument, rétorqua ce dernier. Mais vous comprendrez que, depuis quelque temps, je me dois de respecter la plus élémentaire prudence. Si vous n'y voyez pas d'inconvénient, mon garde du corps va s'assurer qu'il n'y a aucun danger pour moi à rester en votre compagnie dans cet endroit.

David s'effaça pour les laisser entrer et nota au passage les Doc Martens du gorille.

— C'est une précaution tout à fait légitime.

Willmann se dirigea vers le petit salon et contempla la vue panoramique depuis l'immense fenêtre qui occupait tout un pan de mur.

— Bruxelles est une ville magnifique, n'est-ce pas ? demanda-t-il à son hôte sans le regarder.

Il n'attendait pas vraiment de réponse. Dans sa bouche, la locution « n'est-ce pas ? » constituait une simple formule de politesse toute britannique, l'opinion d'autrui n'ayant aucune importance à ses yeux.

David ouvrit la porte du mini-bar et lui proposa une boisson.

— Je suppose qu'ils n'ont pas de Southern Comfort ?... De toute façon, il n'y a pas de glaçons dans ces frigos. Donnez-moi un Jack Daniels, s'il vous plaît.

Le jeune homme prit deux mignonnettes de bourbon, une canette de Coca, et deux verres, qu'il vint déposer sur la table du salon, pendant que le cerbère faisait le tour du propriétaire, inspectant minutieusement la penderie, étagère par étagère, tiroir par tiroir, déplaçant les oreillers, soulevant la literie, vérifiant les tables de nuit, fouillant le sac à dos posé sur un fauteuil sans la moindre gêne. Lorsqu'il se mit à quatre pattes pour regarder sous le lit, on aurait dit un chien chargé de renifler les bagages dans les aéroports. Ne manquaient que les halètements. Il termina par la salle de bains et vint au rapport.

— Tout est clair, monsieur le président.

Willmann eut une moue rassurante.

— Je n'en ai jamais douté. M. Lorca est une vieille connaissance, si j'ose dire. Attendez-moi dans la voiture, Bruno. Je vous appellerai quand nous aurons fini.

Le président s'installa sur le canapé. Assis face à lui, David versa l'alcool dans les verres, puis ouvrit la canette.

— Pas pour moi, refusa le président de la main, avant même qu'il ne fît la proposition. C'est un crime de lèse-bourbon.

Le jeune homme se servit, prit son verre et but sans attendre.

— À ce que je vois, nous ne trinquons pas, sembla regretter Willmann.

— Nous n'avons rien à fêter, que je sache.

Le président but à son tour.

— Je conçois tout à fait que vous soyez mécontent de ce qui est arrivé le mois dernier… C'était un regrettable malentendu.

— Un malentendu ?... C'est ainsi que vous qualifiez une tentative de meurtre ? se moqua David. Il faudra me prêter votre dictionnaire des synonymes.

— Ces hommes avaient pour mission de vous interroger. Pas de vous supprimer. Votre fuite a dû les persuader que vous étiez l'assassin de mon fils.

— Ce qui les autorisait à me tirer dessus ?

Un silence pesant s'installa entre les deux hommes.

— Vous ne savez pas de quoi on est capable quand on perd son unique enfant, tenta de se justifier le président.

David ne se laissa pas attendrir.

— Pourquoi voulaient-ils m'interroger, moi ?

Willmann se fit un plaisir de fournir l'explication.

— Le matin du drame, j'ai reçu la visite du commissaire Brenner, en charge de l'affaire Rancourt à l'époque. Il était accompagné d'une charmante jeune femme, venue spécialement de Paris. Comme vous devez le savoir, c'est elle qui, la première, a fait le rapprochement entre « l'accident » de mon directeur financier et la disparition de mon directeur commercial.

Le jeune homme nota que, même après leur mort, la fonction des employés était plus importante que leur nom.

— J'ai tout suite décelé en elle une intelligence hors du commun, doublée d'une détermination sans faille. Avec de telles qualités, j'étais persuadé qu'elle nous mènerait tout droit au coupable. Aussi ai-je décidé de la faire surveiller… Et vous vous êtes présenté chez elle pour l'emmener à Deauville.

David s'efforça de ne rien montrer de son émotion à l'évocation de cette inoubliable journée, dont le souvenir serait dorénavant gâché par l'intrusion des voyeurs à la solde de Willmann.

— Avouez que vous étiez le suspect idéal. Membre actif du Syndicat des apiculteurs français, opposant de premier plan aux pesticides. Sans parler de vos séjours réguliers dans l'un des derniers bastions communistes... D'ailleurs, Mlle Varani vous a soupçonné aussi, non ?

L'allusion au mensonge de Lara agaça le jeune homme.

— J'avoue que, sur l'instant, je n'ai pas très bien compris votre relation. La coïncidence était tellement énorme. Certaines personnes de mon entourage ont même suggéré qu'elle pouvait être votre complice. Mais je n'y croyais pas. Une fille de gendarme. Au regard si pur…

Cette fois, David coupa court.

— Allons à l'essentiel. Vous avez le document ?

Willmann feignit l'étonnement.

— Vous croyez au hasard, monsieur Lorca ?

Perplexe, le jeune homme attendit la suite. Le président fit durer le suspense en avalant une nouvelle gorgée de bourbon.

— Il y a environ un quart d'heure, alors que j'étais en quête d'une vérité que vous seul pouviez m'offrir – du moins le pensais-je – le commissaire Brenner m'a appelé pour m'annoncer que la police française avait arrêté deux apiculteurs dans le sud-ouest du pays.

David ne broncha pas.

— Il venait de parler au commissaire Kermadec. Selon lui, il ne fait aucun doute que ce sont nos assassins… Et savez-vous qui est à l'origine de leur arrestation ?... Mlle Varani en personne !... Elle et le policier qui l'accompagnait ont échappé de justesse aux abeilles avec lesquelles ces hommes ont tenté de les tuer.

Le jeune homme reposa son verre sans ciller.

— Dans ce cas, pourquoi êtes-vous venu ?

— Je voulais savoir qui vous étiez. Contrairement à ce qu'on apprend aux enfants, la curiosité n'est pas un vilain défaut. C'est le moteur de l'intelligence humaine depuis la nuit des temps.

Willmann se laissa aller en arrière et croisa les doigts sur son ventre d'un air satisfait.

— Je voulais également vous dire que, même avant d'apprendre cette arrestation, je n'ai jamais eu l'intention de céder à votre exigence ridicule.

— Et vous croyez que je vous aurais donné les noms sans contrepartie ?

— Avec l'aide de ce cher Bruno, personne ne résiste à l'envie de se confier... Mais il aurait été regrettable d'en arriver à une telle extrémité, n'est-ce pas ?

Énoncée avec le plus grand calme, la phrase n'en était pas moins lourde de signification.

— Monsieur Lorca, regardez la réalité en face ! Vos insectes ne pèsent rien dans l'économie mondiale. Avec tout le respect que je dois à son génie, je ne crois pas une seconde que leur disparition provoquera la catastrophe annoncée par ce brave Einstein. Puisque leur activité contribue à 35 pour cent de la production de nourriture, il reste 65 pour cent qui ne leur doivent rien ! Lc riz, le maïs et le blé, entre autres, qui nourrissent la majorité des humains. Et vous pouvez faire confiance à nos chercheurs pour mettre très vite au point des techniques de pollinisation artificielle. Par avion, ou par hélicoptère, que sais-je ?... Ce sera un nouveau business. Il y a plus de six milliards d'êtres humains sur terre ! Bientôt dix ! L'agriculture ne peut pas se passer de pesticides ni d'OGM. C'est une question de survie.

— Ainsi, nous serions trop nombreux pour prétendre manger sainement ? Quelle réjouissante perspective !... Vous oubliez que, demain, les céréales serviront surtout à remplir les réservoirs parce que le pétrole sera devenu trop rare, ou trop cher. Or, cinquante litres de bio-carburant – que je préfère appeler agro-carburant – représentent plus de deux cents kilos de maïs ; soit la consommation annuelle d'un seul habitant dans les pays en voie de développement. Avec une moyenne de deux pleins par mois, dix millions de voitures dites « propres » brûleront en un an l'alimentation de deux cent cinquante millions de personnes !

Le président haussa les épaules.

— Allez donc expliquer aux milliards d'individus qui rêvent des bienfaits de la civilisation occidentale qu'ils doivent arrêter leurs climatiseurs et rouler à vélo ! Allez dire aux Chinois et aux Indiens de ralentir leur croissance pour sauver la planète !... Quant aux Américains... Personne n'a jamais pu entraver la marche du progrès. Depuis son apparition, l'homme n'a eu de cesse de dominer la Nature. C'est ce qui fait sa grandeur et sa force, ce qui le différencie de toutes les autres espèces, inférieures à lui, quoi qu'en prétendent les bonnes âmes dans votre genre. Nous ne sommes pas des chimpanzés !... Vivre en harmonie avec la Nature !... Vous enviez le sort des Africains ?

David interrompit ce discours véhément d'une voix calme.

— C'est pour cette raison que vous vouliez les laisser mourir du sida ?

— Ne soyez pas si naïf !... Dans ce domaine, leur vrai problème, c'est la polygamie et l'ignorance. L'extinction de certaines espèces est inéluctable. Seuls survivront ceux qui seront capables de s'adapter. Les faibles disparaîtront. Comme les dinosaures. S'obstiner à réintroduire le loup dans les Alpes ou l'ours dans les Pyrénées, c'est aller à l'encontre des lois de l'évolution qui gouvernent la Nature !... Désolé de vous l'apprendre, mais vos chères abeilles ne sont pas plus utiles à l'humanité que les baleines blanches ou les tortues des Galápagos.

— Vous savez ce qu'a dit Antoine de Saint-Exupéry ?... « Nous n'héritons pas de la terre de nos parents. Nous l'empruntons à nos enfants. »

— Balivernes d'écrivain ! Foutaises sentimentales !... Cessons ces jérémiades sur le réchauffement climatique. Du Mal naît toujours un Bien. D'ici peu, la fonte de la calotte glaciaire va nous permettre d'aller chercher du pétrole dans tout le continent Arctique. La Terre devra s'adapter, elle aussi. Elle n'a pas le choix.

— Et si elle n'y parvient pas ?

Willmann fit un geste désinvolte.

— L'humanité s'éteindra. La belle affaire !... Tout ce qui est né doit mourir un jour. Demain, après-demain, quelle importance ? En attendant, l'homme doit rester le maître du monde. C'est son destin.

David tendit la main vers le Coca.

— Vous parlez comme ces généraux qui n'hésitent pas à sacrifier des milliers d'hommes pour prendre une colline, ou tenir un village... Il est tellement plus facile de faire la guerre aux autres que la paix avec soi-même.

En inclinant la canette trop brutalement, il répandit du Coca sur sa main gauche.

— Excusez-moi une minute. Je vais me rincer, dit-il en se levant.

— Je vous avais dit que c'était un crime, plaisanta Willmann.

Le jeune homme éleva la voix au fur et à mesure qu'il s'éloignait.

— En réalité, vous ne craignez pas la catastrophe parce que vous savez qu'au moment du choc, les pauvres seront les premiers sacrifiés !... Comme sur le *Titanic* !

À peine arrivé dans la salle de bains, il ouvrit le robinet du lavabo en grand, et se précipita vers la cuvette des WC. Tout en continuant son monologue, il entreprit de soulever doucement le couvercle de la chasse d'eau, après en avoir dévissé le bouton de commande.

— Il y a quelques années, j'ai eu l'occasion de lire le rapport annuel du PNUD[1] sur la pauvreté. C'était très instructif.

L'intérieur du réservoir avait été vidé de son élément liquide. Parfaitement au sec, et entourés d'une couverture de survie, se trouvaient deux bocaux en plastique au couvercle percé de trous.

— Les trois personnes les plus riches du monde possèdent une fortune supérieure au produit intérieur brut des quarante-huit pays les plus pauvres.

David prit le voile de protection et la paire de gants placés entre les bocaux.

— La fortune des quinze plus riches est supérieure au PIB de toute l'Afrique sub-saharienne !...

Il couvrit sa tête et enfila les gants.

— Toujours d'après le PNUD, qui n'est pas exactement un organisme d'extrême gauche, il suffirait de prélever chaque année 4 pour cent de la fortune des deux cent vingt-cinq plus riches pour assurer au monde entier l'accès aux besoins élémentaires en matière d'alimentation, de santé et d'éducation !...

1. Programme des Nations unies pour le développement.

Il retira un bocal du réservoir, l'approcha de son visage afin de vérifier la tonicité de ses occupantes, puis referma le robinet du lavabo.

— Bien entendu, cela n'arrivera pas, et les gens de votre caste vont continuer de piller la planète pour satisfaire leur inextinguible soif de pouvoir et d'argent.

Il sortit de la salle de bains et regagna tranquillement le petit salon.

— Car vous ne serez jamais rassasiés... n'est-ce pas ?

En le voyant arriver, les yeux de Willmann s'écarquillèrent. Cocktail de panique et d'incompréhension.

— Comme vous l'avez justement dit, Artur : c'est une question de survie.

Il fallut quelques instants au président pour retrouver la parole.

— C'était vous ?... Je ne comprends pas…

— Vous ne pouvez pas comprendre. Il y a trop longtemps que vous n'écoutez plus que vous-même.

Willmann se leva, cherchant une issue du regard.

— C'est stupide et inutile. Ma mort ne sauvera pas vos abeilles.

David dévissa le couvercle.

— Qui sait ?... Les lois de la Nature sont implacables. Pour que certains vivent, il faut que d'autres meurent.

— Attendez !... Non !

Le jeune homme donna deux coups secs au fond du bocal. Les insectes s'échappèrent aussitôt en vagues enragées pour aller s'abattre sur le président, qui referma d'instinct les bras devant son visage. David recula rapidement, ferma la porte du salon, tira sur la poignée, dont il avait préalablement enlevé les vis, et entendit tomber l'autre partie.

Durant quelques secondes, Willmann tambourina frénétiquement contre la porte, puis il n'y eut plus que le bourdonnement sourd de l'essaim furieux. Mais, au moment où David allait s'éloigner, un fracas de verre brisé le fit sursauter. Par la fenêtre de la chambre, il entrevit la table basse du salon opérer une rapide pirouette avant d'entamer son plongeon vertical. Il courut vers la salle de bains, retira le deuxième bocal du réservoir et quitta la chambre en ramassant son sac à dos. Parvenu devant les ascenseurs, il appuya sur le bouton d'appel.

La table manqua d'un rien la Jaguar, et explosa juste devant le capot, sous les yeux stupéfaits du chauffeur et du garde du corps. Ce dernier jaillit de la voiture comme un beau diable, leva la tête, et eut à peine le temps d'apercevoir une masse sombre qui se rapprochait du sol à toute allure. Une fraction de seconde plus tard, le président Artur Willmann venait s'écraser à ses pieds dans un bruit écœurant de chairs éclatées. Le gorille se rua à l'intérieur de l'hôtel et se précipita vers les ascenseurs. Un coup d'œil sur les tableaux lumineux placés au-dessus des cabines lui indiqua que l'une d'elles était arrêtée au vingt-sixième étage.

David dévissa le couvercle du deuxième bocal, qu'il posa debout sur le plancher de l'ascenseur en le cognant violemment à deux ou trois reprises. Puis, alors que les premières abeilles jaillissaient de leur prison de verre, il se redressa rapidement et appuya sur le bouton « 0 ». Le temps nécessaire à la descente permettrait au bocal de se vider entièrement. Dès que les portes furent refermées, il appela une autre cabine.

Au rez-de-chaussée, fou de rage, le garde du corps regardait les numéros clignoter l'un après l'autre, en imaginant les atrocités qu'il allait faire subir à l'homme qui venait de tuer son patron. Les phalanges blanchies à force d'être serrées, ses poings étaient douloureux, mais la haine viscérale qu'il ressentait anesthésiait toute autre sensation. Lorsque la porte de l'ascenseur s'ouvrit, le mouvement qu'il s'apprêtait à opérer vers l'avant fut stoppé net et sa colère anéantie, remplacée en un instant par un sentiment de terreur absolue. L'énorme nuage grondant lui sauta au visage. Il se retourna, et tenta de s'enfuir à l'aveuglette, entraînant dans son sillage la plus grande partie des insectes, mais ceux-ci se divisèrent très vite en petites grappes autonomes qui semèrent une panique indescriptible dans le hall de l'hôtel, noir de monde à cette heure. Tous les gens se ruèrent vers les sorties dans une bousculade sauvage, au milieu de laquelle les appels au calme de quelques-uns tentaient de couvrir les hurlements hystériques de la foule affolée. Heureusement, les employés qui se trouvaient à l'extérieur – bagagistes, portiers, voituriers – eurent le bon réflexe de mettre immédiatement les battants des portes à tambour en mode normal, ce qui permit d'assurer une évacuation rapide de l'établissement, malgré d'inévitables bagarres, qui montrèrent une fois de plus la fragilité du vernis de la civilisation lorsque l'instinct de survie entre en jeu.

En quelques minutes, les milliers d'abeilles occupaient l'immense espace brusquement libéré de toute présence humaine, dont la seule trace tangible était constituée par le corps du cerbère, recroquevillé sur le carrelage étincelant, à l'extrémité du hall.

Dans l'ascenseur, David se débarrassa du voile et des gants, qu'il remit dans le sac à dos. Arrivé au sous-sol, il regagna sa voiture et quitta rapidement le parking. Dehors, il fut frappé par l'absence totale de vie, qui conférait aux abords immédiats de l'hôtel une ambiance de fin du monde. Ce n'est qu'après avoir parcouru plusieurs centaines de mètres qu'il aperçut les premiers fuyards, courant et gesticulant au beau milieu de la rue. Deux kilomètres plus loin, la plupart se tenaient à demi courbés, les mains sur les hanches, tentant de reprendre leur souffle, épuisés par la folle course qu'ils venaient d'effectuer, mais soulagés d'avoir enfin semé leurs poursuivantes. Les images de l'aventure rwandaise revinrent à l'esprit du jeune homme et soulevèrent en lui une onde de nostalgie. C'était un autre monde. Une autre vie. Il n'était même plus sûr que ce fût lui.

22.

Retour aux sources

Le pilote vira doucement sur tribord et coupa le moteur de la pirogue dont l'étrave vint entailler la rive dans une plainte rauque. Sous le choc, Lara faillit glisser du banc de bois qui lui meurtrissait les fesses depuis plus d'une heure. Elle se retourna vers son guide.

— Nous sommes arrivés ?

— Ginak ! répondit celui-ci avec un grand sourire, en hochant la tête de haut en bas à plusieurs reprises.

Elle se mit debout et fit trois pas vers l'avant en veillant à ne pas rompre le fragile équilibre de l'embarcation. Arrivée à son extrémité, elle exécuta un petit saut qui lui permit de prendre pied sur la grève sans mouiller ses baskets. Derrière elle, l'homme sauta directement dans l'eau en riant. Ils étaient drôles ces Blancs, avec leurs chaussures. Marcher pieds nus, c'est faire partie de la Terre nourricière. Pourquoi se priver de ce contact privilégié ? Lui ne se résignait à enfiler une paire de tongs que lorsqu'il se rendait en ville, où le sol était recouvert d'un affreux bitume qui fondait sous la chaleur et collait aux semelles en dégageant une odeur de charogne.

Debout sur la berge, Lara se demanda par quel miracle David avait pu dénicher cet endroit perdu à l'embouchure du Saloum, fleuve descendu du cœur du Sénégal, dont le delta s'étale sur une cinquantaine de kilomètres face à l'océan Atlantique, dans un entrelacs complexe de bras de mer entourant une multitude d'îles couvertes de palétuviers géants. Le village de Ginak était situé en bordure d'une de ces ramifications qui serpentent au milieu de la mangrove, juste en face de la frontière avec la Gambie, curieux pays tout en longueur enfoncé à l'intérieur du Sénégal. C'est d'ailleurs à Banjul, capitale de la Gambie, que la jeune femme avait atterri la veille au soir, car ses compagnes de voyage commençaient à souffrir du confinement. Passer par Dakar eût nécessité une journée de route supplémentaire pour parvenir jusqu'à ce sanctuaire dont les habitants vouent un véritable culte aux abeilles, considérées depuis des milliers d'années comme leurs protectrices.

À quelques mètres de l'endroit où elle venait de débarquer, trois femmes accroupies au bord de l'eau, qui procédaient au nettoyage des poissons arrachés au fleuve lors de la dernière levée des filets, la regardaient avec curiosité. À peine avait-elle fait quelques pas qu'elle fut entourée par une quinzaine de gamins sales et hilares, accourus au bruit du moteur de la pirogue, qui trépignaient et se bousculaient pour la toucher, comme s'ils voulaient vérifier qu'elle était bien réelle. Tous parlaient en même temps, mais la seule chose qui ressortait vaguement de leurs piaillements incompréhensibles, c'était un « Bonjour ! » qu'ils semblaient très fiers de lancer en français, à tue-tête et sur tous les tons.

Au moment où elle déboucha sur la place du village, en compagnie de sa joyeuse escorte, son guide tendit fièrement la main, pour bien montrer qu'il ne l'avait pas trompée sur la marchandise.

— Ginak !

La jeune femme s'arrêta, impressionnée par l'étrangeté et la majesté du décor. À l'ombre d'un immense frangipanier, une grande hutte en rondins, ouverte à tous vents, occupait le centre de la place. À l'intérieur, une vingtaine d'hommes de tous âges, torse nu pour la plupart, installés sur un lit qui devait mesurer environ sept mètres sur cinq, cessèrent leur conversation et tournèrent la tête vers elle. D'un coup, les enfants se turent eux aussi. Après un temps d'hésitation, Lara reprit sa marche dans leur direction, lentement, pour bien marquer le respect dû à cette assemblée. Arrivée au pied des quatre marches de bois, elle inclina la tête en direction de ses interlocuteurs, qui lui rendirent son salut. Au hasard, elle avisa l'un des plus anciens, la tête couronnée de blanc, qui serrait une longue pipe de terre cuite entre ce qui lui restait de dents.

— Je suis venue voir l'homme abeille. Vous pouvez me dire où il habite ?

L'homme leva un œil étonné et, de sa main droite, pointa l'index en direction du ciel sans un mot.

La jeune femme pâlit.

— Il est… mort ?

Le vieillard lui sourit avec indulgence.

— Non. L'homme abeille ne meurt pas.

Elle poussa un soupir de soulagement.

Il décrivit un arc de cercle avec les mains.

— Il vole dans le ciel, avec les abeilles sacrées.

Le ciel en question lui tomba sur la tête. Elle resta plantée là, tandis que l'homme tirait sur sa pipe à plusieurs reprises, avant de l'enlever de sa bouche et désigner de son bec l'autre côté de la place.

— La dernière maison, là-bas, c'est la sienne.

Lara murmura un « merci » à peine audible et repartit comme une automate, après avoir fait signe à son guide de l'attendre. Effondrée par ce qu'elle venait d'apprendre, elle marcha jusqu'à la dernière case, située un peu à l'écart du village, sous le soleil de plomb qui, malgré l'heure matinale, lui écrasait la nuque et ajoutait à son accablement. Parvenue devant la masure, toute la tension accumulée depuis des semaines se relâcha d'un coup. Un terrible sentiment de découragement l'envahit, comme si la dernière pièce du puzzle partait en poussière entre ses doigts au moment où elle allait la poser, et que le tableau restât à jamais inachevé. Avisant le petit banc à côté de la porte, elle s'y assit et ferma les yeux.

Au commissariat de Toulouse, où Kermadec était arrivé en début de soirée, la jeune femme avait

mar. Contrairement à ce
agresseurs, prénommés
ent aucun lien de parenté
ils s'occupaient du rucher
à la demande expresse de
ent les amis d'enfance.
-t-il ? » avait demandé le
ne que la réponse ne sortît
, Lara avait eu l'intuition
allait prononcer le nom
pas entendre. Le sentiment
ment de l'arrestation s'était
en défaite absolue. Ombre
it traversée de part en part.
vaient ensuite raconté avec
vid, bouleversé par la mort
mis en tête d'organiser cette
en niant toute participation
nent reconnu, face à l'évi-
cambriolage de Sète. Vers
hone du commissaire Bren-
errogatoire pour relater les
venus à Bruxelles, fit l'effet
Lara se laissa glisser le long
ù elle avait suivi Kermadec
ation sur le haut-parleur de
ar terre. « Vous aviez raison
eule consolation que le com-
i prodiguer.
n retour chez elle, la jeune
s sa boîte à lettres, un petit
compagné d'une enveloppe,

sans timbre, ni cachet. Une fois dans son studio, elle posa la boîte sur la table et ouvrit le courrier. Un billet d'avion s'échappa de la lettre et tomba à terre.

Avant même de le ramasser, la jeune femme examina la signature de la missive. David était venu chez elle !... Son rythme cardiaque s'emballa, tandis qu'elle se plongeait dans la lecture attentive des lignes serrées qui dansaient devant ses yeux.

Lara,

J'imagine parfaitement la colère que tu éprouves envers moi, et j'en suis désolé. Comme tu l'as certainement compris, tout ce que je t'ai raconté à propos de mon enfance était vrai, si ce n'est que j'avais modifié la géographie afin de brouiller les pistes. L'accident de voiture dans lequel mes parents ont trouvé la mort ne s'est pas produit à Sisteron, mais sur la route de Sérinac. C'est là qu'habitaient mes grands-parents maternels. En revenant de l'enterrement, mon grand-père et moi sommes allés nous asseoir au milieu du rucher. Il a raconté aux abeilles ce qui venait d'arriver et leur a expliqué qu'il fallait me rendre tout l'amour que je venais de perdre. C'était un moment d'une grande intensité. Elles volaient autour de nous, se posaient sur nos mains, nos têtes. J'avais la certitude qu'elles comprenaient tout ce qu'il disait. La communion était totale. Mille fois plus intense que ce que j'avais éprouvé à l'église durant la cérémonie. Comme si l'âme de mes parents était avec nous. Depuis ce jour, toute mon existence a été bercée par les abeilles.

On va certainement raconter que la mort de mon grand-père m'a fait perdre la tête mais, aussi surprenant que cela puisse paraître, l'idée de s'attaquer aux laboratoires Willmann venait de lui.

Il savait que leur fortune provenait d'une étroite collaboration avec les Allemands durant la dernière guerre et, pour un résistant de la première heure comme lui, qui connaissait le poids du mot « atrocité », c'était un crime impardonnable, que le temps n'a jamais prescrit.

Quand il a découvert que les produits fabriqués par cette société causaient la mort de ses chères abeilles et menaçaient l'équilibre de la planète, il n'a eu de cesse de répéter que c'était une nouvelle guerre qui commençait, et qu'on n'avait pas le droit de rester les bras croisés face à cette agression sauvage. Malgré l'amour des abeilles, que nous partagions depuis toujours, je lui soutenais au contraire que nous pouvions mener le combat, et le gagner, en toute légalité.

J'ai milité, discuté, protesté, manifesté pendant des années, avant de me rendre à l'évidence : notre cause ne progressait pas. Bien au contraire. Au problème des pesticides venait s'ajouter celui des OGM, et je voyais bien que les gouvernements successifs, prisonniers ou complices des lobbies, laissaient faire, comme toujours dans les problèmes d'écologie qui, malgré les grandes déclarations, n'aboutissent qu'à des demi-mesures que le temps finit par rendre dérisoires.

Depuis longtemps, je ne voulais plus que grand-père travaille, mais il était têtu comme une mule. Il a profité de mon absence – j'étais monté à Paris participer à une énième réunion du syndicat – pour aller aux ruches une fois de plus. Une fois de trop...

Dans l'avion du retour, je me suis souvenu de son argument favori, lorsque nous étions lancés dans l'une de nos discussions sans fin, au coin du feu : « Comment David a-t-il vaincu Goliath ?... En le frappant à la tête. » C'est là que j'ai pris la décision la plus difficile de toute mon existence. Pour lui. Pour moi...

Je sais que tu ne seras jamais d'accord avec cette option, mais il arrive un moment où seule la force peut répondre à la violence. Je suis donc allé m'installer à Die, où j'ai trouvé cette exploitation idéalement située, en laissant à Thomas et Jérémie le soin de reconstituer le rucher. J'ai tout planifié et organisé. J'ai même envoyé Jérémie à Cuba à ma place avec un faux passeport, afin d'avoir un alibi au cas où la police s'intéresserait à moi. Si tu n'avais pas fait cette chute, le jour où tu m'as suivi, tu aurais découvert la ruche africaine, que je m'apprêtais à aller visiter après avoir détruit celle qui servait à mes recherches sur le varroa.

Je tenais à ce que tu saches que je n'étais pour rien, en revanche, dans ce hold-up stupide, qui a trahi la mémoire de mon grand-père et dénaturé notre lutte aux yeux du public. Je pardonne d'autant moins leur irresponsabilité à mes anciens amis qu'ils ont causé la mort d'un innocent et failli te tuer.

Le plus délicat, enfin... Dans la petite boîte qui accompagne cette lettre, se trouve la reine africaine, que je suis allé chercher au Sénégal il y a deux ans.

Elle n'est en rien responsable de ce qui est arrivé, et tu es la seule personne à qui je puisse la confier. Je sais que c'est beaucoup te demander, mais je voudrais que tu la ramènes chez elle. Si tu acceptes, ce que j'espère de tout mon cœur, tu trouveras les détails nécessaires à ton voyage sur le papier qui accompagne cette lettre. Si tu refuses, ce que je comprendrai très bien, il te suffit de jeter la boîte à la poubelle, et tout sera terminé.

Je regrette sincèrement de t'avoir menti et causé autant d'ennuis. Sache que notre rencontre a sérieusement bousculé mes certitudes. À quelques mois près, tout aurait sans doute été différent. Nous ne le saurons jamais.

Je vais disparaître de ta vie, mais je continuerai à t'aimer.

David

Lara rouvrit les yeux. Vêtue du traditionnel boubou multicolore, une femme à l'âge incertain, le visage tout ridé, aussi menue qu'elle mais un peu plus grande, la regardait en souriant.

— Tu m'attendais ? demanda-t-elle simplement.

— Non… J'étais venue voir quelqu'un qui n'est plus là, répondit la jeune femme d'une voix éteinte.

— Mon père ?

Curieusement, la femme n'avait pas du tout l'air triste.

Ses yeux incroyablement perçants étaient emplis d'une infinie bonté.

— Vous êtes la fille de l'homme abeille ?

— Oui. Et toi, tu es une amie de David, affirma-t-elle, comme si c'était une évidence. Comment t'appelles-tu ?

— Lara, réussit à articuler cette dernière, malgré la surprise qui la laissa bouche bée.

— Moi, c'est Abusha. Sois la bienvenue, dit la femme en écartant le rideau de toile jaune élimé qui masquait l'entrée de la case.

Il fallut quelques secondes à Lara pour s'habituer à la pénombre et à l'odeur qui régnait dans la pièce, sommairement meublée d'une table basse, deux tabourets, un banc, une étagère et une natte posée le long du mur à même le sol en terre battue. Au milieu, d'un récipient posé sur quelques braises rougeoyantes, s'échappait une fumée nauséabonde provenant de substances à demi calcinées dont la jeune femme ne put déterminer la provenance.

— Comment savez-vous… ?

Abusha l'interrompit en riant franchement.

— Arrête de me dire « vous » ! Nos visiteurs ne sont pas si nombreux. Il est impossible de les oublier. David est venu voir mon père, il y a deux ans environ. Ils ont beaucoup parlé. C'était la première fois qu'un étranger montrait une telle connaissance et un tel amour des abeilles. Nous aurions aimé qu'il reste plus longtemps, mais il était pressé. Comme tous les Blancs. Il avait promis de revenir. Hélas, mon père n'a pas pu attendre. Quand je t'ai vue, j'ai su que c'était lui qui t'envoyait... Vous allez bien ensemble.

Embarrassée, Lara baissa la tête, fouilla dans la poche de son sac et en sortit la boîte en plastique.

— Il m'a chargée de les remettre à votre… à ton père, dit-elle en la tendant à Abusha.

Celle-ci la prit entre ses longs doigts fins, observa ses occupantes, puis l'approcha de ses lèvres et débita d'une voix sourde un murmure inintelligible à travers les trous du couvercle, avant de le soulever tout doucement sous le regard inquiet de Lara, qui recula légèrement.

— N'aie pas peur. Elles ne t'attaqueront pas. Le voyage a été long et elles sont très fatiguées… Pourquoi David ne les a pas ramenées lui-même ?... Il lui est arrivé quelque chose ?

— Non. Mais il ne pouvait vraiment pas venir.

— Il y avait beaucoup de colère en lui, la dernière fois. Et de tristesse aussi.

— C'est fini, maintenant… Enfin, je crois.

— Mais toi, tu es triste. Comme lui.

Abusha referma la boîte, se retourna et saisit un pot sur l'étagère.

— Suis-moi. Il ne faut pas la faire attendre plus longtemps.

Elles sortirent et se dirigèrent vers la forêt, située à une centaine de mètres de la case.

— Tu peux me dire ce que font tous ces hommes dans la hutte sur la place ? demanda Lara.

Abusha haussa les épaules.

— C'est le conseil du village. Ils discutent sous l'arbre aux palabres… Pendant que les femmes travaillent. Comme partout, non ?

À la lisière de la forêt, cinq énormes baobabs aux troncs noués, vieux de plusieurs siècles, semblaient monter la garde. Au pied de chacune de ces sentinelles immobiles se dressait une curieuse construction de bois, minuscule par rapport à son impressionnant voisin. De forme trapézoïdale, elles reposaient sur leur petite base, comme des pyramides inca renversées. Abusha remarqua l'étonnement de sa visiteuse.

— Ce sont des ruches du Kenya. Très faciles à fabriquer et à travailler. Il y en a beaucoup en Afrique de l'Est.

Lara s'arrêta, et écarta les bras.

— Je vais t'attendre ici. Je n'ai pas de combinaison, ni de chapeau.

Abusha sourit et lui tendit la main… Comme David l'avait fait la première fois.

— Tu es pleine d'amour… C'est tout ce qu'il te faut.

Elles s'approchèrent d'une des ruches. Abusha donna la boîte et le pot à la jeune femme.

— Hamat !

Surgi de l'ombre du baobab, contre lequel il était assis, un jeune garçon d'une quinzaine d'années, au visage angélique, s'avança timidement.

— Prépare la fumée, s'il te plaît.

Tandis qu'il s'éloignait, Abusha ferma les yeux, ouvrit les bras et entama une mélopée d'une beauté envoûtante qui semblait tout droit sortie de son âme. Sa voix, qui passait du grave à l'aigu avec une facilité déconcertante, prit possession de l'espace et s'envola jusqu'au sommet des arbres multi-centenaires.

Le temps ralentit son cours et le bourdonnement désordonné des abeilles se transforma en une mélodie harmonieuse qui faisait écho au chant d'Abusha. Un déluge de douceur, dont Lara ressentait les effets au plus profond de son être, pénétra au cœur de toutes les créatures, animales et végétales.

Accroupi à quelques mètres de là, Hamat s'affairait. En quelques minutes, au moyen de boules d'herbe séchée et de petits morceaux de toile de coton et de jute – un briquet à gaz constituant la seule concession au monde moderne – son enfumoir artisanal, constitué d'une vieille boîte de conserve cabossée, cracha une belle fumée blanche. Il se releva et attendit respectueusement que le chant de la femme abeille s'éteignît. Lorsqu'elle rouvrit les yeux, il lui tendit l'enfumoir, qu'elle approcha de sa bouche afin de souffler légèrement la fumée vers la ruche à petits coups réguliers. Hamat enleva alors le toit avec précaution et le posa à terre. Lara constata que de simples barrettes de bois posées à l'horizontale barraient l'ouverture dans le sens de la largeur. Abusha en prit une par chaque extrémité et la sortit doucement de la ruche en la tirant vers le haut. Sans aucun guide géométrique, les abeilles venaient de commencer la construction des rayons de cire à la verticale de la barrette, avec la même précision d'architecte que dans les ruches occidentales pré-formatées. Après avoir inspecté la population en émoi, Abusha remit le cadre en place. Ce n'est qu'au quatrième essai qu'elle trouva ce qu'elle cherchait. Elle fit un petit signe de la tête à Hamat, qui saisit la reine, marquée d'une tache jaune, entre le pouce et l'index et la porta à sa bouche pour la coincer entre ses lèvres. En quelques minutes, des milliers d'abeilles jaillirent de la ruche et se posèrent sur le corps du garçon, parfaitement stoïque.

— C'est bon, dit Abusha.

Couvert de sa tunique vivante, Hamat entreprit d'escalader les branches du baobab avec une souplesse de félin. Les yeux écarquillés par la stupeur, Lara ne put réprimer un frisson. Dans son livre, David avait décrit une scène au cours de laquelle un de ses guides rwandais était monté dans un arbre afin de capturer, selon la même technique, la reine d'un essaim sauvage qu'il avait ramené à terre. Il lui sembla qu'elle venait de refaire le chemin à l'envers.

— Elles ne le piquent pas ? s'inquiéta-t-elle.

Abusha secoua la tête.

— C'est un jeune essaim que je venais d'enrucher. Elles ont confiance en lui. Il connaît les bons endroits.

Médusée par cette scène, la jeune femme réalisa alors que des centaines d'abeilles voletaient autour d'elle, se posant fugacement sur ses bras et ses mains, comme pour un baiser de bienvenue. Abusha reprit le pot.

— Ouvre la boîte, maintenant, ct sors la reine.

La jeune femme s'exécuta. Plus rien ne l'étonnait. Il était trop tard pour reculer et, d'ailleurs, elle n'en avait pas envie. À Paris, après avoir découvert la reine africaine entourée de sa cour dans cette cage de plastique, Lara avait immédiatement compris qu'elle ne pouvait qu'accéder à la demande de David, car la vie qui battait sous ses yeux transcendait tout ce qui était arrivé par « sa faute ». Elle devait ramener cette créature innocente parmi les siennes et lui rendre une liberté injustement confisquée. La rendre à la vie, tout simplement. Pour qu'elle recommence à la donner.

Délicatement, comme elle venait de le voir faire, Lara saisit la reine entre ses doigts et la sortit de la boîte. Abusha dévissa le couvercle du pot. Une délicieuse odeur de miel, plus forte que celle à laquelle Lara était habituée, lui sauta aux narines. Abusha trempa son doigt dans le liquide odorant et en enduisit copieusement l'abdomen de l'animal.

— Tu es revenue, ma belle, dit-elle à voix basse.

— Je croyais qu'elle n'en avait plus besoin, dit la jeune femme.

— Ce n'est pas pour elle. C'est le cadeau qui la fera accepter. Approche.

Lara était juste au-dessus de la ruche, au cœur de ce nuage d'insectes qui, il n'y a pas si longtemps, lui auraient causé la plus terrible des frayeurs mais, à présent, elle ne ressentait rien d'autre qu'un étrange bien-être.

— Tu peux la remettre chez elle, murmura Abusha.

Tout doucement, la jeune femme posa la reine sur l'un des rayons de cire, puis ouvrit les doigts et retira lentement sa main. Aussitôt, les occupantes de la ruche se regroupèrent autour de leur nouvelle souveraine, qu'elles se mirent à lécher frénétiquement, s'imprégnant en profondeur du parfum de ses hormones. En quelques minutes, la reine se fondit dans le ballet de ses admiratrices.

Lara se rendit alors compte que le bourdonnement qui résonnait à ses oreilles dépassait en intensité tout ce qu'elle avait jamais entendu. Levant la tête, elle réalisa qu'il y avait vraisemblablement des centaines de milliers d'insectes dans les airs. *Avec cinq ruches seulement ?...* Comme si elle lisait dans son esprit, Abusha répondit à son interrogation muette.

— Bienvenue chez les abeilles sacrées de Ginak. Elles habitaient à l'intérieur de ces baobabs bien avant que l'homme n'arrive sur la Terre.

— Combien sont-elles ? demanda Lara, le souffle coupé.

Abusha laissa s'écouler un long silence.

— En réalité, il n'y en a qu'une.

Elle vit l'interrogation dans le regard de la jeune femme.

— Quand mon père m'a amenée ici pour la première fois, je n'étais encore qu'une enfant, mais je m'en souviens comme si c'était hier. Il a posé ses mains devant mes yeux et m'a dit : « Oublie ce que tu vois... Chacune des abeilles qui naît, meurt et renaît est une infime cellule de l'abeille éternelle que seul l'esprit peut voir. Elle est là depuis la nuit des temps... C'est la grande reine africaine. »

Table

Ce volume a été composé
par PCA
et achevé d'imprimer en mai 2008
par ***Bussière***
à Saint-Amand-Montrond (Cher)
pour le compte des Éditions Lattès

N° d'édition : 01 – N° d'impression : 081711/4
Dépôt légal : mai 2008
Imprimé en France